总 主 编：苏文菁
副总主编：许 通　陈 幸　曹宛红　李道振　谢小燕

闽商发展史
·异地商会卷

苏文菁　主编

厦门大学出版社　国家一级出版社
XIAMEN UNIVERSITY PRESS　全国百佳图书出版单位

图书在版编目(CIP)数据

闽商发展史.异地商会卷/苏文菁主编.—厦门:厦门大学出版社,2016.6
ISBN 978-7-5615-6110-2

Ⅰ.①闽… Ⅱ.①苏… Ⅲ.①商业史-福建省 Ⅳ.①F729

中国版本图书馆 CIP 数据核字(2016)第 130559 号

出 版 人	蒋东明
责任编辑	薛鹏志
装帧设计	李夏凌　张雨秋
责任印制	朱 楷

出版发行	厦门大李出版社
社　　址	厦门市软件园二期望海路39号
邮政编码	361008
总编办	0592-2182177　0592-2181253(传真)
营销中心	0592-2184458　0592-2181365
网　　址	http://www.xmupress.com
邮　　箱	xmupress@126.com
印　　刷	厦门集大印刷厂
开本	889mm×1194mm　1/16
印张	12.5
插页	4
字数	280千字
印数	1~2000 册
版次	2016年6月第1版
印次	2016年6月第1次印刷
定价	50.00 元

本书如有印装质量问题请直接寄承印厂调换

厦门大学出版社
微信二维码

厦门大学出版社
微博二维码

《闽商发展史》编纂委员会成员名单

编委会主任： 雷春美　张燮飞　王光远　李祖可

编委会副主任： 翁　卡　臧杰斌　王　玲　张剑珍　陈永正

编委会成员：

陈爱钦	陈春玖	陈　飞	陈国平	陈建强	陈鉴明	陈景河	陈其春
陈秋平	陈少平	陈祥健	陈小平	邓菊芳	冯潮华	冯志农	傅光明
郭锡文	洪　杰	洪仕建	胡　钢	黄海英	黄健平	黄　菱	黄如论
黄　涛	黄信燨	黄忠勇	黄子曦	江尔雄	江荣全	景　浓	柯希平
雷成才	李海波	李家荣	李建发	李建南	李　韧	李新炎	连　锋
林国耀	林积灿	林荣滨	林素钦	林腾蛟	林　云	林志进	刘登健
刘用辉	欧阳建	阮开森	苏文菁	王亚君	王炎平	翁祖根	吴国盛
吴华新	吴辉体	吴泉水	徐启源	许连捷	许明金	杨　辉	杨仁慧
姚佑波	姚志胜	游婉玲	张琳光	张轩松	张祯锦	张志猛	郑玉琳
周少雄	周永伟	庄奕贤	庄振生				

专家指导组成员：

苏文菁　徐晓望　王日根　唐文基　王连茂　洪卜仁　郑有国　罗肇前
黄家骅

总 主 编： 苏文菁

副总主编： 许　通　陈　幸　曹宛红　李道振　谢小燕

闽商发展史·异地商会卷
编委会

主　　任	王光远	王　玲	李祖可	张剑珍		
副 主 任	陈　峰	江荣全	李建南	陈建强	陈　飚	
编　　委	苏文菁	李君琳	刘　军	曹宛红	郑玉明	魏明蒂
	陈春玖	阮志雄	叶少华	赵文闪	戴洪九	倪新财
	陈金富	李建国	吴庆和	许荣茂	吴端革	韩世忠
	陈能豪	陈锦焰	陈涵霖	吴培辉	李贤义	许明金
	苏景昌	林秀才	黄祖仕	陈新贤	林明香	陈　湘
	尤文献	柯元枝	庄铭聪	林后辉	蔡少东	范国忠
	黄添进	洪本练	邹贤斌	吴建发	林法清	

闽商发展史·异地商会卷
编纂课题组成员

主　编	苏文菁				
撰　稿	苏文菁	王日根	章广博	程龙吟	高红霞

总　序

　　闽商是孕育于八闽大地并对福建、中国乃至世界都具有巨大贡献和影响的商人群体，是活跃于国际商界的劲旅，是福建进步和发展的重要力量。千百年来，为了开拓新天地，闽商奔走四方，闯荡大江南北；漂洋过海，足迹遍及五大洲，是海上丝绸之路最重要的参与者与见证者。他们以其吃苦耐劳的秉性，超人的胆略，纵横打拼于商海，展示了"善观时变、顺势有为，敢冒风险、爱拼会赢，合群团结、豪爽义气，恋祖爱乡、回馈桑梓"的闽商精神，赢得了世人的尊敬。

　　盛世修史，以史为鉴，利在当下，功在千秋。为了不断丰富闽商文化内涵，更好地打造闽文化品牌形象，持续提升"世界闽商大会"品牌价值，凝聚人心、汇聚力量，推进福建科学发展、跨越发展，我们把《闽商发展史》研究编纂工作作为闽商文化研究的重大工程，并于2010年8月正式启动。《闽商发展史》全书十五卷，除"总论卷"之外，还包含福建省九个设区市，港、澳、台、海外以及国内异地商会分卷，时间上从福建目前可追溯的文明史开始。2013年6月，我们在第四届世界闽商大会召开前夕出版了《闽商发展史·总论卷》，并以此作为献给大会的贺仪。今天，呈现在各位读者面前、还带着淡淡的油墨芳香的是《闽商发展史》各分卷。《闽商发展史·总论卷》和《闽商发展史》各分卷都是《闽商发展史》的重要组成部分。《闽商发展史·总论卷》的总论注重闽商发展历史的普遍性和统一性；设区市卷和港、澳、台、海外、国内异地商会卷侧重展示闽商发展历史的特殊性和多样性，以丰富的史料与鲜活的案例，为福建的21世纪"海上丝绸之路"核心区文化建设增添了厚实的基础，为中国海洋文化、商业文化建设提供了本土的文化基因。

　　欣逢伟大的时代，是我们每个八闽儿女的幸运；实现伟大的梦想，是我们每个八闽儿女的责任。今后，我们仍将一如既往地深入开展闽商文化研究，以闽商文化研究的优秀成果激励广大闽商，引领弘扬闽商精神，让广大闽商更加积极主动地把爱国热情、创业激情和自身优势转化成实际行动，融入"再上新台阶、建设新福建"的伟大实践中，为全面建成小康社会、实现中华民族伟大复兴的中国梦做出更大贡献！

中共福建省委常委
省委统战部部长　　

雷春美

前　言

　　商会是商业发展到一定的水平之后、商人们自觉的组织形式。在中国,商会发展有两个高峰期:清末民国时期,中国社会被欧洲的全球化纳入了全球的分工体系,商人们也从松散的个体被清政府"劝办"而建立起中国现代意义上的商会组织。应该说,在中国早期现代化过程中,商会有着积极的作用。改革开放以来,中国社会的活力被激发,个体工商业者逐渐成为社会最具创作力的新阶层,党与政府适时的出台了一系列政策,引导、鼓励商人们恢复商会组织。中国的商会发展迎来了另一个新的高峰。

　　福建作为中国海洋文明最为典型的区域,闽商作为海洋文化的践行者,行商全球、汇通天下是其文化性格。从现有的资料看,闽人在距今6000多年前就能够借季风洋流的力量,一方面不断地向海洋深处迁徙,在世界各地都留下了足迹;另一方面,闽人更是在东亚大陆东部的海岸线以及诸多岛屿上梯度开发,造就了闽人在北到长江口以南、东至台湾诸岛、南至海南诸岛的族群传播。我们认为中国近代意义的商人以及商人集团(阶级)的出现是在突破陆地经济的锁闭式结构、在海洋贸易拉动之下而产生的。闽商作为海商之不同与其他中国商帮的特别意义也就在于此。闽商文化最重要的特色就在于它的海洋性,具体表现在开拓、冒险、多元、包容、共享。

　　唐朝中叶,由于怛罗斯战役(751年)的失利与"安史之乱"(755—763年)的爆发,黄河流域生灵涂炭,陆上丝绸之路无以为续。中国的经济文化重心由黄河中上游开始向东、向南转移,海上丝绸之路进入一个大发展阶段。以福建为中心的中国东南沿海成为构建中古世界海洋经贸与文化交往的重要枢纽。闽人经商的能力与海洋族群的天性具备了生长为闽商群体的时代需求,闽商群体华丽亮相。我们看到,从唐宋元到明清时期、再到当代的改革开放,中国的经济文化重心共经历了三次"向海"发展的历程。唐开元年间,由于大海带来丰沛的资源和利润,中国在传统陆域经济之外,有了海洋经济的强力补充;明朝时期,东南沿海的闽商冲破朝廷的海禁,传承着海上丝绸之路的荣光,对接起欧洲人开启的大航海商船,开启了中国经济的白银时代。1978年至今,改革开放让东南沿海的海洋族群闽商推开了中国的南大门,中国经济文化的重心第三次奔流入海。当代闽籍异地商会所有的辉煌正是中国经济文化第三次"向海"时期应运而生的。

　　据史料记载,福建从宋代开始,人口即以迁出为主。20世纪80年代改革开放后,无疑又是闽地人口外迁的一个重要时期。而这种大规模、持续性的族群迁徙并非出于逃避天灾人祸,而是以追求更好的生活方式、实现人生更大的价值为目的。早年的迁徙者在地化了,他们将移居地建设成新的家乡。明代以降,闽商在经商所在地建立起了会馆,不仅沟通信息、联络乡谊,更是传递文化、互助互利的重要场域。遍布全球的闽籍商会与同乡组织成为闽商创建全球化经贸网络、拓展海上丝绸之路的有力佐证。改革开放30多年，闽人在外省经商的人数到底有多少？福建省卫计委从2010年开始组织在全省内开展流动人口动态监测调查，今天，我们看到，2013年福建省流动人口数量已达1100万，占福建人口总数的27%，相当于每四个福建人中就有一个是外出流动人口，其中相当部分是经商者。由于闽人的海洋个性，历史以来，福建一直是一个对外(国内的外省、国外)"输出"企业家的重要省份。改革开放初期，闽粤两地同为改革开放试验区，但是，两省在人口的迁徙上呈现出完全不同的状态。广东，一如在清代就确立下来的"十三行"、1949年以后的"广交会"一样，是一个人才、资金与技术的吸纳区。当年，人们用"孔雀东南飞"来形容内地、北方人才大量涌入广东省的现象。如果说，广东省的海洋文化表现为"海纳百川"的吸纳型，那么，福建省的海洋文化则是"惠及四海"的迁播型。

我们以南安市为例，据2010年第六次人口普查资料显示，南安市常住人口141万，在外经商者超过50万，且在异地成立了近50个异地商会，成为全国异地商会数量最多的县级市。改革开放初期，闽人大量迁出的最大目的地是广东省，依次为浙江、江苏与上海。这些区域不仅是地缘上有优势，更重要的是这些区域所能提供的商业机会。同为开放试验区的珠三角广东省与中国现代工商业最为发达的长三角区域无疑蕴含着无限的商机。闽籍异地商会第一家既是上海福建商会就是闽商这种选择的结果。历史以来，闽商对商机的把握往往就在于能洞察他人所未见，在成熟的市场里业绩赫赫，在未开垦的"商业处女地"也能够把握到机会。改革开放初期，除了西藏之外，闽人迁徙的足迹遍及全国，西藏自治区也就成为省级闽商异地商会最后的一家。

外省迁入福建人数最多的依次是四川、江西与浙江，而福建江西商会正是在福建省设立的外省首家省级异地商会(2006年)，福建浙江商会是在福建省设立的第二家外省省级异地商会(2007年)。同时，与遍布全国且数量第一的闽籍异地商会相比，异地在闽省级商会共有9家。香港贸发局驻闽代表处一家，海外的驻闽商务代表处三家。从这些数字看，无不反应了闽人"惠及四海"的迁播型海洋文化的族群个性。

从发展历程看，新时期福建省异地商会经历了三个发展历程。20世纪90年代中期之前是闽籍异地商会的萌芽期；1993—2003年为迅速发展期；2004—2010年为提升发展期。这三个阶段既体现了国家政策与制度安排的发展变化，又与闽人的自觉、闽地统战部工商联领导的顺势而为密切相关。工商联、商会、异地商会都是改革开发之后需要重新定位的"新鲜事物"，如何应对，需要一个认识、消化与调整的过程，不可避免地有一个从粗放管理到精确管理的历程。在这过程中，闽商的智慧与各级管理部门的积极有为，都为福建省异地商会的发展打下了深深的烙印，构成了福建省异地商会发展的鲜明特征。

闽商、闽籍异地商会与中国社会经济建设一样，都是发展变化中的主体。他们改变着世界，世界因闽商而精彩。正如前辈闽商在践行海洋文化中创建了海上丝绸之路，今天的闽商更是21世纪海上丝绸之路建设中的生力军。

上篇 闽籍会馆的商会功能

第一章 会馆与闽商概论/2

第二章 会馆的源流与演进/5

第一节 会馆的界定/5
第二节 会馆的发展/7
第三节 会馆与商业社会的发展/14

第三章 全国各地的闽籍会馆/18

第一节 闽籍商人与会馆的地域分布/18
第二节 从官绅会馆到商人会馆/30

中篇 会馆与商会的并存与交替(1903—1953)

第四章 商会与会馆的并存与交替/36

第五章 近代的商会与行会/38

第一节 清末商会的兴起/38
第二节 商会与行会的区别及其联系/42
第三节 近代异地闽商行会/45
第四节 近代上海商会中的杰出闽商/48

下篇　新时期福建省异地商会(1980—2010)

第六章　时代与商会概论/56

第一节　商会与异地商会概述/56
第二节　福建省异地商会发展的时代背景/59
第三节　福建省异地商会发展概述/65

第七章　福建省异地商会的萌发/75

第一节　时代的召唤/75
第二节　上海市福建商会的萌发与建设/77

第八章　福建省异地商会的迅速发展/85

第一节　阶段特点/85
第二节　分布特点/90
第三节　组织刊物/96
第四节　运作机制/97
第五节　典型人物/101

第九章　福建省异地商会的提升发展/109

第一节　阶段特点/109
第二节　分布特点/113
第三节　组织刊物/121
第四节　运作机制/123
第五节　典型人物/129

第十章　驻福建的外地(国)商会/139

第一节　驻福建的外地商会/139
第二节　在闽主要境外商(协)会机构/147
第三节　福建工商组织与驻福建的外地(国)商会的关系/151

第十一章　福建省异地商会的功能/153

第一节　福建省异地商会的特点/153
第二节　传承历史与创新机制的功能/156
第三节　市场经济与组织集成的功能/160
第四节　桥梁纽带与回馈社会的功能/165

第五节 和谐社会与应对危机的功能/172

第十二章 同业商(协)会/177

第一节 福建省内同业商(协)会概况/177

第二节 异地同业商(协)会的基本情况
——以北京福建茶业商会为例/181

第三节 典型人物/186

参考文献/190

后　记/192

上篇

闽籍会馆的商会功能

第一章

会馆与闽商概论

福建商帮是中国最为典型的海洋商帮,在建立商人会馆方面,福建商帮具有倡始性,尤其在江南的苏州、上海等地,数量与规模均较大。进入近代以后,随着中外商业活动的进一步增多,福建商帮势力进一步壮大,兴建与扩充会馆、公所的努力进一步得到彰显。

明代福建商民四出流寓颇具规模,在江西西北部的袁州府各县,有福建农民租山开垦,大概在万历年间,在这里垦山种麻的福建省籍农民"蔓延至十余万"①。在江西东部的宁都州,有福建建宁、宁化、上杭等县农民的移垦,他们中有的经过几代经营,"率皆致厚赀,立田宅于其祖里,彼然后召顶耕者,又获重价顶与之",有的则"尝赤贫任耕,往往驯至富饶,或挈家返本贯,或即本庄轮奂其居,役财自雄,比比而是"②。在浙江中部以南的山区,"山林深阻,人迹罕到,惟汀之菁民,力耕火耨,艺蓝为生,遍至各邑,结寮而居"③。有的就长期居于山中,在宣平县租山种麻种蓝者中,"闽人十居其七,利尽归焉"④。康熙年间,福建、广东两省人到龙泉县佃山,先种稻薯,后植杉苗,垦民有的以出卖树木致富,原山租主反而日渐贫困⑤。雍正年间(1723—1735)福建汀州人林上峰与当地人兰氏兄弟在浙江泰顺县合伙佃山,雇工种蓝,作靛发卖,经营资金达几百两⑥。福建人还移往江苏、山东、四川,直至东北。譬如在乾隆五十六年(1791)的锦州一带沿海地方,竟有闽人在彼搭寮居住并渐成村落,多至万余户⑦。在锦州经商的商人"惟江浙福建两帮,多称盛焉"⑧。福建人又向南移居广东潮汕,移往海南直至海外,向东则移往台湾。与福建人向外移民同时,外地也有移民移入福建,如在邵武的江西人有南昌帮、丰城帮、抚州帮、进贤帮、南丰帮、广昌帮、贵溪帮、乐安帮,总称江西帮⑨。在南平,有浙江、安徽、江西的商人

---

① 同治《袁州府志》卷五,《武事》。
② 魏礼:《魏季子文集》卷八,《与他邑侯书》。
③ 熊人霖:《南荣集》卷十。
④ 乾隆《宣平县志》卷九,《风俗》。
⑤ 同治《龙泉县志》卷一五,《风俗》。
⑥ 《刑科题本》,乾隆元年八月四日浙江巡抚嵇曾筠题。
⑦ 《清高宗实录》卷一三七六,第11页。
⑧ 《锦州市天后宫碑文》,转引自《清代东北史》,第388页。
⑨ 《邵武江西会馆概述》,《邵武文史资料》第3辑,1984年。

分别从事种菇、饮食、木工等行业①。移民的持续性在福建表现得也很明显，有的家族移动并非一次完成，往往移动了又移动。

对外界的隔膜使乡土之情特别显得重要，人们便由对家族的依附转向了对乡亲的依附，乡音、乡俗、乡土神灵直至乡土建筑都可成为乡人集合的纽带，从而显示出较强烈的地域内倾性，人们几乎无法由政府来安排好他们的命运，于是他们便自发地"互以乡谊联名建庙，把其故地名神，以资会合者，称为会馆"②。《宣汉县志》说会馆"其始皆由同乡共里之人，或游宦于其地，或商贩于其区，醵金以为公廨，因得与岁时会议有故，商筹以联桑梓之情，而使寄寓异地者均不致有孤零之叹"③。因此，会馆的出现有内驱力，即移民们虽然摆脱了传统的"安土重迁"观念的束缚，但面对举目无亲的陌生环境，怀念故土之情便作为人的一种文化本能或强或弱地表现出来。他们极容易在乡土的旗帜下结成一种自发而松散的联合，因为他们语言相通，习俗相同，思维方式也颇具一致性，这一个一个的联合便构成了一个个亚文化群体，形成一个个会馆组织的林立。会馆本身力图使移民们能够在异乡寻回乡土情感的失落，诚如万历时雷孟曾所说："诸君知会馆之所以建乎？……夫越人去国数日，见所知而喜；去国旬月，见所尝见于国中喜。逃虚空者，闻人足音跫然而喜，而况枌榆故旧之謦欬于数千里之外者乎？"④同时，建立会馆也是移民们力图保持与乡井文化联系的一种努力，因为事实上，移居外地的人们大多都不愿与故土割断一切联系，他们时时想在同乡中操起家乡话聊天，这在当时称为"打乡谈"，时时想从同乡人那儿了解故土的人情世事，时时要魂牵故土，或盼着早日衣锦荣归，或祈求富贵后泽惠故里，于是，会馆经常在联乡梓、固乡谊、祀神明、敬祖先、资贫困、助病弱、葬逝者、祭亡灵、相互保护、协同竞争等方面发挥作用。会馆在这个意义上实际上成为寄籍外地人辛勤经营的类于故土乡井的据点，集于会馆的同乡人易于产生如归之感。有的会馆甚至不惜重金，按家乡的建筑风格，用家乡的建筑材料，在异乡构建一个本乡人的所在，当寓居外地的乡人一见到会馆，便似乎回到了故乡。

福建省会福州是福建各地商人初试锋芒的舞台，在上杭街分布了建宁会馆、泰宁会馆、浦城会馆、绥宁会馆，在下杭街有兴安会馆，在横街有福安全馆、建郡会馆，在南台三保有古田馆、永福会馆，在铺前顶有延平会馆、宁德会馆，在夏醴泉有福鼎会馆，在后田有闽清会馆，在南寺有汀州会馆，各地商人"仰怀天妃拥护舟楫之灵"，纷纷集资建立会馆，众多的天后宫展示了闽商的经济实力，共同的天后信仰亦成为他们走向外部世界的精神支柱和凝聚纽带。另外在福建泉州有宁波郊组织宁波会馆，馆址在南门天妃宫，奉祀天妃，每年三月二十三日妈祖诞辰日，就是行东集会日，在天妃宫演戏十多天⑤。

闽商的足迹遍海内，他们设立的会馆亦遍寰宇，他们以天妃为保护神，依凭于她劈波

---

① 《南平同乡会和会馆》，《南平文史资料》第7辑，1985年。
② 民国《南充县志》卷五，《风俗》。
③ 民国《宣汉县志》卷三，《祠祀志》。
④ 李景铭：《闽中会馆志》卷三，《汀州会馆》。
⑤ 李玉昆：《略论闽台郊商》，《福建文博》1990年第1期。

斩浪,依凭于她,彼此团结又彼此分化,妈祖更多地成了福建商人的乡土神,供奉着妈祖的福建会馆天后宫亦所在多有。在福州有十余省份在此设立会馆,如江西会馆、湖南会馆、湖北会馆、河南会馆、两广会馆、奉直东会馆、广东会馆、安徽会馆、山陕会馆、蜀滇黔会馆、浙江会馆、全浙会馆、浙绍会馆、闽浙会馆、江苏会馆等,还有本省地方是兴安会馆、延平会馆、寿宁会馆、浦城会馆等①,都具有商业性质。

众多的福建商人怀着对财富的向往,忍受着商途的艰辛与离妻别子的伤痛,千里跋涉,至死不辞。在四川的大小城镇,随处可见福建商人的身影,亦随处可见福建商人建立的会馆。他们以"大丈夫志在四方,奚必株守桑梓"的气概开展着长途、短途与居间贸易,就连头发斑白的老妪们亦抱有"株守岂男儿事哉"的情怀鼓励后辈外出经商开拓道路,像福建上杭的廖兴潮"八龄即学贸易",十九岁时即乾隆四年便奉母命入川,"始至金堂,鲜所获,继贩烟叶于资州,余息稍丰,东驰西骤,经营数载。积银四百两,尽数携归奉母,旋复来川生理,自是于蜀于闽,不遑往返矣。"②正是这无数的行脚商人带着严母的嘱托,怀着一伸己志的心情,开辟着闽蜀、闽楚、闽湘的商业通道,明清时期的商业发展才臻于一个新的高度。

---

① 郑拔驾编:《福州旅行指南》第四编,《官署及公共事业》。
② 民国《续修资中廖氏族谱》。

第二章

会馆的源流与演进

第一节 会馆的界定

会馆既然是个老题目,必然不乏众多研究者,而众多研究者又形成了各自不同的对会馆的认识。但总体上说是两种意见,一种认为会馆是工商业者的行会,一种认为会馆是一种同乡组织。对于前者,日本学者加藤繁已指出与西欧封建社会中后期基尔特相对应的是中国唐宋以来的"行",他说:"欧美的中国研究者立即把会馆一词当作基尔特,但是相当于基尔特的却是行"。① 基尔特的特征在于:(一)它是一种排外组织,加入基尔特必须具备两个条件,即有一定的经济能力从事本行业的活动;(二)它又是一个特权组织,受到国家政权的保护,并要求遵循国家授意的规章制度。② 而中国的会馆与基尔特不可同日而语。

对于后者,则几乎是被学界普遍认可的一种定义,如"会馆是一种地方性的同乡组织,创建会馆的目的在于'以敦亲睦之谊,以叙桑梓之乐,虽异地宛若同乡',每逢年过节或每月之朔望,同乡欢聚一堂,祭神祀祖,聚餐演戏。北京是全国的心脏,皇室贵族以及各地官僚地主和富商大贾集聚在这里,并竞相成立会馆";③ 如"会馆是明清时期异乡人在客地建立的一种社会组织,它产生于明朝建都北京之后,发展于明朝中叶嘉靖万历时期,并逐渐在全国的通都大邑兴起,清朝已达到了它的兴旺时期,差不多有异乡人聚居较多的地方,就有会馆的出现,具有相当的普遍性,是研究明清历史不可忽视的一种社会结构";④ 又如"会馆是同乡人士在京师和其他异乡城市所建立,专为同乡停留聚会或推进

---

① 《唐宋时代的商人组织"行"》,.参见(日)加藤繁《中国经济史考证》(上),吴杰译,北京:商务印书馆,1973年。
② 张冠增:《中世纪西欧城市的商业经济垄断》,《历史研究》1993年第1期。
③ 李华:《明清以来北京工商会馆碑刻选编·前言》,北京:文物出版社,1980年。
④ 吕作燮:《南京会馆小志》,《南京史志》1984年第5期。

业务的场所,狭义的会馆指同乡所公立的建筑,广义的会馆指同乡组织。① 也有的人把会馆的存在与发展和商品经济的发展、人口流动等社会背景联系起来,有人把会馆分为一般同乡人的会馆和商人的会馆。② 有人认为会馆可以是同乡组织,但也可以是同行组织,它是商品经济发展的象征,商人在会馆设置中有重要作用,甚至试馆亦然。③ 有人指出"在北平有广东会馆、四川会馆等等,在上海有广东会馆、宁波会馆、湖广会馆等等,这些组织是以慈善的机能来助同乡人,我们认为毫无疑义的就是这些省区会馆首先是商业资本的组织"。④ 如海关监督说浙江的云贵会馆"这个会馆是这两省中有产阶级和商人的代表联合起来的"。而南京的会馆,"这些俱乐部的会员,当然是从商业阶级而来的"。山西各地会馆,"这些会馆的发生特别是由商人方面发起的"。⑤ 还有人则认为:"所谓会馆,系寓居异乡城市中同一乡贯的官绅商民所建的馆舍,这是中国封建社会中后期,由于商品经济不断发展,外出商民不断增加与城市中土著非土著矛盾日渐加剧而出现的一种封建组织"。⑥ 以上可谓众说纷纭,但也各有其合理性。也许由于各自研究的侧重点不同,因而就着重强调了会馆的某个方面,因而笔者认为,对会馆这样一种结构性的社会组织作一个全面面准确的界定是很有必要的。

首先,会馆是明清社会政治、经济、文化变迁的特定产物,它不仅是明清时期商品经济蓬勃发展的必然,亦与明清科举制度、人口流动相伴随。明清时期交通的便捷、生产力的发展为贩运商业的发展提供了广阔的天地,南来北往的商人推进了国内物资的流通,可是由地域文化熏染出的不同语言、文化习俗又构成了商人们谋求发展的障碍,同籍商人的会馆由此有了内驱力,他们起而模仿官绅会馆并发扬光大之。科举制度的发展助长了地方主义观念的盛行,人们为谋求本地人官数的增多,不惜由官捐、商捐来建立会馆为本籍应试子弟提供尽量周全的服务,如闽中会馆甚至为试子提供考前辅导和考后打通关节的服务。⑦ 在移民集中的区域,会馆则成为克服土客矛盾、客客矛盾的场所。

其次,在社会功能上,会馆最初是作为同籍在京之人聚集之所而出现的,其后在不断发展过程中,功能日益增加并规范化,"祀神、合乐、义举、公约"⑧是其基本功能。神灵崇拜为会馆树立了集体象征和精神纽带,合乐为流寓人士提供了聚会与娱乐的空间,人们会在节日期间"一堂谈笑,皆作乡音,雍雍如也"。⑨ 义举则不仅为生者在身处逆境时由

---

① 何炳棣:《中国会馆史论》,台北:学生书局,1966年,第11页。
② (日)加藤繁:《清代的北京商人会馆》,见《中国经济史考证》第3卷,第101页。
③ (日)寺田隆信:《清代北京的山西商人》,《郑天挺纪念论文集》,北京:中华书局,1900年,第561~582页。
④ 全汉昇:《中国行会制度史》,第104页。
⑤ 全汉昇:《中国行会制度史》,第104页。
⑥ 韩大成:《明代城市研究》,北京:中国人民大学出版社,1991年,第406页。
⑦ 王民、林国平:《明清两代北京闽中会馆的教育职能及其演变》,《教育评论》1911年第2期。
⑧ 《上海碑刻资料选辑》,上海:上海人民出版社,1984年,第359页。
⑨ 李景铭:《闽中会馆志·郭则云序》。

此解脱，更注重给死者创造暂厝、归葬的条件。而公约则要求会员遵循规章制度，维护集体利益，从而维护社会秩序的安定。有的人于会馆创建之初便要求会馆能发挥编户齐民、辅助治化的功能立足于此，会馆有时还可以在解决内外纠纷，以至反抗外国资本主义的压迫方而发挥作用。

再者，会馆的表现形式多种多样。从范围看，除了以行政区划为单位外，还有因经商的地区相同而建的会馆，如泉郊会馆，厦郊会馆；又有同业组织为应付当地土著的压迫和保护自己利益而组合的会馆，如颜料行会馆，药行会馆等；从建置看，有的会馆规模宏大，有正殿、附殿、戏台、看楼、义冢、义田、议事厅，有的会馆仅为一小室，以供一神或数神为满足；从经费来源看，有官捐、商捐、喜金、租金、抽厘、放债生息等名目，各个会馆又各有侧重；再从内部管理看，有的官绅掌印，有的是商人主管，有的还可能是手工业者或农民自理。

总之，会馆是明代以来同乡人士在客地设立的一种社会组织，它适应社会的变迁而产生，又不断改变着自己的形态，在对内实行有效整合的同时，又不断谋求与外部世界的整合。在会馆的演进过程中不仅存在着时代发展的阶段性，而且又包含了地域发展的差异性。

第二节　会馆的发展

包容了多重身份的会馆作为民间自设组织从明初开始出现，同样也在海外华人社会中继续勃兴，国内也有某些会馆再度复兴的趋势。七个世纪以来，随着社会的发展演变，会馆的发展演进也呈现出明显的阶段性，这是会馆动态性发展的基本表现。

一、崭露头角

从明初开始，到明中叶，可以看作是会馆的形成时期。

会馆的出现，依据目前发掘的史料大体可以上溯到明永乐年间。首先是安徽芜湖人在北京设置了芜湖会馆：

> 京师芜湖会馆在前门外长巷上三条胡同。明永乐间邑人俞谟捐资购屋数椽并基地一块创建。①

俞谟，字克端，永乐元年选贡，任南京户部主事，转北京工部主事。在京师前门外置旅舍数椽并基地一块，买自路姓者，归里时付同邑京官晋俭等为芜湖会馆。正统间路姓后人构讼争地，谟子日升持契入质，归芜湖会馆。至今公车谒选胥攸

---

① 民国《芜湖县志》卷一三，《建置》。

赖焉。①

这里,俞谟作为京官买地建造旅舍,或许是作亲朋寓居之所,或者可看作官吏涉足商业活动的开始。当他辞官归里时把这份产业交给同乡京官晋俭作为芜湖会馆,我们可以把它看作是芜湖乡人聚会的一个场所。这实际上是芜湖京官已形成同乡团体的表现,势必又将有利于芜湖的公车谒选。对于寓居京师的官员来说,能集中于会馆共叙乡情乡音,这也是人之本能的一种驱动,这时的会馆体现的是最直观的意义,即集会之馆舍。它没有正式的规制,也没有顾及其后的维持办法,因为寓京的芜湖人士尚不太多,因而也毋需作任何限定。应该说,这种状况维持了一个相当长的时期,直到明中叶后社会经济积累到一定程度,商业活动大量增加之后才发生变化。因为这一时期流寓京师者亦多为官绅,他们毕竟是循规蹈矩,颇有积极进取精神和强烈社会责任感的一群儒家知识人。

会馆在这一阶段出现在北京,显然是和永乐帝迁都北京相关的。永乐帝迁都北京后,南方各省官员对鼎建会馆便投入了极大的热情,在他们的积极倡导下,会馆这种同乡官员聚会之所便以民间自助的形式出现于历史舞台之上。这一阶段出现的会馆还有江西浮梁会馆、江西南城会馆、江西永丰县会馆、广东会馆、福州会馆等。作为留都的南京也有类似的会馆组织,见于文献记载的有福建莆田文献会馆在明朝嘉靖年间建于广艺衡,广东潮州会馆亦于此时创建。

当然,此时我们也能见到京师以外会馆的特例。在明正德时(1506—1521),"姚江王守仁令……安福邹宁益徙游青原山,讲良知之学,其后会讲者吉水罗洪先……皆相继会青原,当道为创潜心堂于僧舍右,又建五贤祠祀王守仁,配以邹、罗、聂[豹]、欧[阳德],万历间吉水邹元标……倡姚江之学……于谷口之旁,建九邑会馆"。② 这是当地非经常性讲学聚众的所在,也可称为"会馆",在王学极盛的16世纪,吉安每个属县都有"会馆",而且不久都有"公田备饩",这虽是自16世纪初叶起江西一个区域的现象,却也体现了会馆设计者对理想道德的追求,以及"以道德化俗"的期盼,与京师的会馆有着一致的目标追求。虽然它们都没有严密的规制,但这一时期的会馆已奠定了一个基调,它们都是志同道合的同乡人的聚会之所,后世效仿和景从者不绝若缕。

二、群星璀璨

我们把明中叶到清代咸同时期称作"群星璀璨",是因为在此期间,各类会馆纷起频出、竞相争胜,呈现出会馆繁荣兴盛的景象。

正像安徽芜湖会馆在创建后很自然地转向服务于"公车谒选"一样,明中叶以后,会馆服务于科举一时蔚成风气。来自不同地域的官吏非常渴望自己乡井的子弟科举及第以便入朝为官,他们开始把会馆逐渐转而作为安顿来京应试之子弟的理想场所。他们在

---

① 民国《芜湖县志》卷四八,《人物志·宦绩》。
② 乾隆《青原山志》卷一八。

每逢春闱秋闱时便搬出会馆，为应试士子提供住所、饮食之便利，也有的在原会馆之外再添设新的会馆作为接待应试子弟的场所。如《高安县会馆记》说："前朝惟吾乡会馆最多而高安之馆有二：一在内城，毁于明季；一在外城，为匪人所鬻。"①

道光北京《山阴会稽两邑会馆记》②勾画了会馆之服务于科举的大体演变过程："古者征举至都，国中有馆舍以处之，厥后名存实亡，诸馆皆系于学，其入馆也有常数。明时，乡贡士及庠生之优者，皆令居太学，学舍不能尽容，多馆于其乡在朝者之邸第，未闻立馆以萃试子者。自举人不隶太学，而乡贡额加宏，于是朝官各辟一馆，以止居其乡人，始有省馆，既而扩以郡，分以邑，筑室几遍都市，是不徒夸科目之盛，竞闾里之荣，特虑就试之士离群废学，有以聚而振之也。"史料记载，为了满足进京应科举的试子的食宿需要，早在南宋时，都城临安每于"八月十五日放贡举应试……其诸处贡院前赁待试房舍，虽一榻之屋，赁金不下数十楮"。③这表明出赁房舍供赴试举子食宿的事情在宋代已普遍。词人辛弃疾早年赴金中都燕京（今北京）应试时，住在城西南的悯忠寺里，说明寺院亦可成为赴试举子的食宿之处。元杂剧《金凤钗》中有"闭了选场，在状元店中修习一年"的情节，又说明了宋元时民间已有挂"状元店"招牌专门接待举子的客店。明清时，北京的一些民户在临近考期的时候，便出赁单间客房以供赴试举子食宿。清《天咫偶闻》中记载："每春秋二试之年，去棘闱最近诸巷，西则观音寺、水磨胡同、福建寺营、顶银胡同，南则裱褙胡同，东则牌坊胡同，北则总捕胡同，家家出赁考寓，谓之'状元吉寓'。"不过这种"状元吉寓"房租昂贵，一般举子负担不起。正因为如此，举子们有的只好依傍同乡的京官，京官或辟出一室以寓乡人，或干脆捐出作为公产，由此，专门服务于科举的会馆便应运而生。

为了维护会馆的固有精神风貌，有些会馆一改过去兼容并包的习惯，对住馆人员作了一定的限制，因为寓京人员有日渐增多的趋势，成分上也日渐复杂。万历时人沈德符也敏锐地发现了这一变化。他说：

> 京师五方所聚，其乡各有会馆，为初至居停，相沿甚便，惟吾乡无之，先人在史局时首议兴创，会假归未成。予再入都，则巍然华构矣，然往往为同乡贵游所据，薄宦及士人辈不得一庇宇下，大失初意。④

这里，"其乡各有会馆"是说有余资的在京官吏一般都会竭力设置代表故乡利益和实力的会馆，作者先人也曾倡议设置，并马上得到同乡官员的响应，遂兴建会馆，并成为"巍然华构"。既然是同乡贵游创设，当然首先为同乡贵游所据。朱国祯也说当时的部分会馆"止供乡绅之用，其迁除应朝者皆不堪居也"，⑤应该说这表明作为专供官绅聚会的会馆继续存在。

---

① 朱轼：《朱文端公集》卷一。
② 仁井田陞：《北京工商会馆资料集》第1册，第101页。
③ 吴自牧：《梦粱录》。
④ 沈德符：《万历野获编·正禽原序》卷二四。
⑤ 朱国祯：《涌幢小品》卷四。

从会馆的区位看,崇祯年间(1628—1644)刘侗、于奕正说:"内城馆者,绅是主;外城馆者,公车岁贡是寓"。① 这正好反映了两类会馆的分野。我们可以更恰当地说,这时会馆依其服务对象已可分为三种:由官绅设于内城并为官绅服务的会馆,设在内城兼顾官绅与科举的会馆,设在外城专服务于士子的会馆。其中,第三种会馆呈迅猛发展趋势。据乾隆嘉庆时人汪启淑《水曹清暇录》记载:"数十年来,各省争建会馆,甚至大县亦建一馆,以至外城房屋基地价值昂贵"。当时人还总结说:"盖士之至京师者多,则设会馆不能俭。"②

李景铭《闽中会馆志》记载了在北京的10所创建于明代的福建会馆,大体反映了它们之作为服务于官绅又兼顾科举的基本情形。

(一)福州会馆,又称福州老馆,创建于万历年间,由叶向高独资购置,馆址在东城某巷。(二)漳州东馆,创建于明末,由旅京漳州官僚集资购置,馆址在冰窖胡同。

(三)建宁会馆,创建于明末,由旅京建宁官僚集资购置,馆址在粉房琉璃街下洼南首。

(四)邵武会馆,创建于万历三十四年(1606),由黄克谦等捐资购置,馆址在正阳门外东草厂二条。

(五)汀州北馆,创建于万历十五年(1587),由裴应章等捐资购置,馆址在前门长巷下二条。

(六)延平会馆,创建于万历年间(1573—1620),由旅京延平官僚集资购置,馆址在粉房琉璃街。

(七)同安会馆,创建于明末,由旅京同安官僚集资购置,馆址在内城。

(八)福清会馆,创建于万历年间(1573—1620),由叶向高独资购置,馆址在内城。

(九)莆阳会馆,创建于明末,由旅京莆田官僚集资购置,馆址在高家寨。

(十)漳浦会馆,创建于明末,由旅京漳浦官僚集资购置,馆址在小椿树胡同。

闽县程树德说:"京师之有会馆,肇自有明,其始专为便于公车而设,为士子会试之用,故称会馆。自清季科举停罢,遂专为乡人旅京者杂居之地,其制已稍异于前矣。"③这里明确表明了会馆的阶段性。会馆首先是公车聚停之所,后加入服务科举的功能。清代闽县陈宗蕃也说:"会馆之设,始自明代,或曰试馆。盖平时则以聚乡人,联旧谊,大比之岁,则为乡中试子来京假馆之所,恤寒畯而启后进也。"④两者兼顾,既显得经济又相得益彰。像漳郡会馆,"凡缙绅先生与夫孝廉明经上舍游宦之往来,莫不送迎有礼,至有依而去,有思春秋享祀,岁时伏腊而聚膝欢呼,以故宾至如归,万里天涯犹然戚里过从也。由是百余年间,科名与宦绩并盛,冠盖络绎如织,吾郡一隅,遂甲七闽而与天下名郡邑相雄

---

① 刘侗、于奕正:《帝京景物略》卷四。
② 李家瑞:《北平风俗类征·市肆·会馆》。
③ 李景铭:《闽中会馆志》卷首,《程树德序》。
④ 李景铭:《闽中会馆志》卷首,《陈宗蕃序》。

长"。① 这里表明会馆有两方面的基本功能：一是会馆作为同乡送往迎来的基本场所，二是会馆成为寓外人士节日聚欢的所在，它建立起的乡井氛围使人们解除了旅外客居之愁思，产生了全然回到故乡的感觉。

明清时代各地在京的会馆，既有一省独立的会馆，也有的两省共建一所会馆，有的一县竟有数所会馆。这种情况，一是由"各地京官之多寡贫富"的原因所造成。譬如江西籍官员较多，故京师江西会馆独占鳌头。新城会馆创于嘉靖后期，南昌会馆创建于隆庆、万历之间。新建会馆和吉安府因奉祀文天祥而得名的怀忠会馆，创建于万历前期。上高和新昌两县在万历丁未(1607)已因"旧馆湫陋"而重购新址另建扩充。乐平县会馆为"买余干(会馆)旧址"创建。像袁州府属萍乡等四邑合建之府馆，鄱阳、德化、高安等县的会馆也都创建于明季。清人统计江西在京会馆达66所。② 二是由明清时代各地文化发达程度的不同所致。江南与东南沿海各省文化比较发达，应试者众，会馆就较多。福建素有"海滨邹鲁"之称，明清福建在京会馆亦达27所，以致形成了"顶子多"的盛况。三是由这一时期商业发展所促成。创自明代嘉靖年间甚至更早时期的歙县会馆，商人在其中就有重要作用。入清以后，商人捐资数量更增，徽州商人在兴办社会公益事业中起着示范性的作用。乾隆时福建龙岩旅京烟商段潭波亦愿舍宅为馆，馆址设在石头胡同，主要服务于同乡子弟入京应试，同时京员也可以侨居。其规约规定："住馆之例，京官让候补候选，候补候选让乡试会试廷试，不得占住，以妨后人，其余杂事人等，不许住宿。"③商人为服务于官绅和服务于科举的会馆捐资出力反映了商人对于封建政治的依附和投靠。这种会馆在各省府城市亦纷纷建成。

不过，这一时期由商人设置专门服务于商业的会馆也不断出现。因此，与其说是商人对官僚设置会馆的一种模仿，不如说是商人们势力强大之后对官僚会馆、试子会馆对商人"不许住宿"禁令的一种示威，一种抗争，同时也在谋求一种承认。京师会馆过去多鄙视商人，哪怕是商人出资兴建的会馆一般也不让商人使用，而商人作为流寓之人，他们也需要同乡人之间的交往，他们设置会馆，还可以共同对抗牙行，实施自我管理和自我约束。金华北京临襄会馆碑记言"油市之设，创自前明，后于清康熙年间移至临襄会馆，迄今已数百年……履信蹈义，弊端毫无，足征当初定法良善"。④ 这里说明油市亦归于会馆的管理之下，实在是社会管理完备化的标志。作为联络乡情，寄托乡思，同时也为了沟通商情，使商人更明确了建立为商人服务的会馆的意义。山西众商在商业会馆的建设上就颇为致力。如颜料会馆、临襄会馆、晋翼会馆、潞安会馆、河东会馆等是纯粹的商业会馆，也有的是士商合建的会馆，如太平会馆，"太平固凤推大邑，不惟赴试闱应铨选者踵趾相

---

① 光绪《漳郡会馆录·原序》。
② 王仁兴：《中国旅馆史话》，北京：中国旅游出版社，1984年，第95页。
③ 李景铭：《闽中会馆志》卷四，《龙岩会馆》。
④ 《明清以来北京工商会馆碑刻选编》，《山右临襄会馆为油市成立始末缘由专事记载碑记》，第26页。

错,即挟赀财通贸易逐什一之利者更猥集纷纭"。① 其他如临汾会馆(东馆、西馆)、孟县会馆、襄陵会馆(南馆、北馆)、浮山会馆亦为商人会馆,会馆成为商业发展的重要表征,同时又推进了山西商人在北京的势力的发展。

应该说,会馆的兴盛不仅仅体现在新会馆的创建上,而且也表现在建立后的会馆的严格管理上,各类会馆的新旧规约集中反映了会馆管理的加强及其对社会变迁的新适应。会馆的严格管理与稳定维持成为明清会馆兴盛的又一表征。以福建漳州会馆为例,其规制经历几次更易而逐渐完备。顺治时期的规约对会馆的经费来源(包括喜金、房租等)、会馆支出(包括香烛祭仪、待客茶果、饮宴等)、会馆内部运行(包括执掌、簿籍、修缮、保管、移交等)都作了明确具体的规定,②这就在很大程度上克服了过去仅靠官吏临时的、偶发的自愿捐助的不稳定性,使会馆能够大体保有经常性的运作经费,使会馆的各项功能得以正常发挥。笔者翻阅这一时期的其他规约,内容也基本相同只是房租喜金收入及宴祭开支的具体数目因各馆实际情况不同而存在差异。康熙二年漳州会馆又新增规约,弥补之前规约的漏洞,更具有可操作性,也更切实际。各商业会馆以自己日臻完备的规约来延续自己的存在和发展。

在工商业都市或市镇,商业性会馆对商业秩序的追求也成为其得以发展的重要前提。一些会馆的"行规"、"条规"、"章程"和"俗例"等,往往经同行议定,有的还经过报官立案,得到官方的批准承认,在发生业务纠纷时成为行业内部调处和官方裁判的准则。内容涉及从业资格、入会费用、行业质量和计算标准、原料分配与生产规模、货物价格、招收雇工的手续、工价和人数限制、开业地点选址、为违规者的处罚方式以及供奉和祭祀的神灵等方面。按照这些详备的规定运行者往往能保持健康发展的态势。

值得一提的是,京师众多会馆因为服务了科举,因为有经常的送往迎来,宴饮、娱乐是其基本功能之一,故会馆在建筑设置上有趋宏之势。戏台几乎成了会馆的必备构件,有的会馆甚至是在娱乐场所的基础上建成。如李家瑞在《北平风俗类征》中记载:"宣武门外大街南行近菜市口有财神会馆,少东铁门有文昌会馆,皆为宴集之所,西城命酒征歌者,多在此,皆戏园也。"③"凡得鼎甲省分,是日同乡京官开会馆,设宴演戏,遍请以前各科鼎甲,迎新状元,其榜眼探花亦如之,鼎甲传胪用大红长条贴门,与得试差同。"④由此可见,这类娱乐场所经常用作同籍官员为本籍科举考试成绩优异者举行庆贺的场所。据夏蔚如《旧京琐记》云:"堂会演戏,多在宣外财神馆、铁门文昌馆。至光绪甲午后,则湖广馆、广州新馆、全浙会馆继起,而江西馆尤为后进,率为士大夫团拜宴集之所,以此记载观之,是财神馆当时本为堂会演戏之所,非专寓于闽人,他省人亦可借用之。郑稚辛孝廉孝桱亦云同光间常至该馆观剧,闽浙总督巡抚新到任者,出京时,闽之同乡京官恒借此演剧

---

① (日)仁井田陞:《北京工商会馆资料集》第 2 册,第 887 页。
② 光绪《漳郡会馆录》卷一,《漳州会馆规约》。
③ 李家瑞:《北平风俗类征·宴集》,第 317 页,引《京尘杂录》。
④ 李家瑞:《北平风俗类征·宴集》,第 328 页,引《南京旧事》。

饯之,成为定例。光绪初年,始改作福建会馆,是王可庄殿撰之所倡也。"①除了财神会馆变而为福建会馆外,还有天和会馆演为浙绍乡祠之例。有的会馆规模也很庞大,水榭楼台,应有尽有,这恐与当时整个社会风俗是相适应的。

可以说,在会馆发展时期,会馆几乎遍布了全国各地,北至东北、内蒙古、甘肃等地,南至闽粤台直到海外,东至沿海,西至新疆,会馆以各自不同的姿态活跃于该时期的历史舞台上,呈现出群星璀璨的兴盛景象。

三、蜕变分化

我们把咸同以后看作是会馆的蜕变分化时期,是因为1840年的鸦片战争改变了中国历史的进程,外国资本主义的入侵首先从经济领域开始,然后再向政治、文化领域延展。因此,我们看到作为工商性的会馆对此作出了积极的反应。

它们中有的更加强了自己行业组合的特色,如重庆的浙江会馆做了如下规定:一议公信。为"避独行病商之弊",凡瓷货投行发售,本行厘金减半,本客粗瓷每子3厘,细瓷每子1分9厘,"照数归公,以资公用"。若有差徭杂费则"归行承办",并在公项内每年每帮给银200两,"免其侵移客本之患"。二议别帮。向来江浙瓷货与河南、湖北、川省一体,自乾隆五十五、五十六年间(1750—1751),"紊乱前规,分开彼此",今后仍按旧规,凡有瓷帮公事,"无分江浙,合而为一,永以为好"。三议公所。结算之后如有盈余,"存于各司栈,代理生息,以作修葺置业守成之举"。四议过江。水客无论粗细瓷器仍纳厘金,"每子银六厘"。五议阳奉。凡阳奉阴谋者一经查出,"另罚修葺码头",罚银"每瓷一子二分以充公用"。② 由以上会馆碑文条款可以看到,会馆虽称"浙江会馆",但实是由"瓷帮众商公建",当然其中是以浙江商人为主,但这种规约的制定却表明了重庆整个瓷业市场的有序化和规范化,至少维持住了一种和谐调适平稳的状态。另外,有人统计过上海会馆的演变:1840年以前地缘性会馆占商人组织的30%,而到1840年以后(统计至1911年)则锐减为3%,汉口的情形也相类似,地缘性会馆从50%降至6%。

有的会馆则把自己的经营目标直接转向对外。据统计,到1911年时,上海共有工商业行会92个,其中成立于1840年以后者达71个。③ 清代汉口有114个会馆,清前期有30个,嘉庆到咸丰有15个,咸丰之后建立的就有69个。由此证明,会馆设立与汉口在清代前期发展较快、中期因社会动乱发展停顿、至开埠之后迅速发展的过程大体一致,且中西接触后此种商业组织仍强劲发展。④ 这充分表明会馆组织不可忽视的内在生命力与外在适应性。

还有的通过集合会馆与分散公所的形式来壮大自己的集团力量,如上海的万世丰会

---

① 李景铭:《闽中会馆志》卷一,《福建会馆》。
② 《嘉庆六年仲夏月磁帮众商士公建浙江会馆碑文》,《巴县档案》嘉庆财政卷二。
③ 虞和平:《鸦片战争后通商口岸行会的近代化》,《历史研究》1991年第6期。
④ 郭莹:《晚清汉口城市控制系统的演迁》,《江汉论坛》1994年第1期。

馆,潮州八邑会馆的组合与分化都是为了争取在对外贸易中处于有利地位。① 像李鸿章即已经认识到利用商人团体树立经营上的民族主义意识,与外国势力开展竞争。由此,会馆的建立便常得到在上海做官的同乡官员可观的财政、政治支持。这些官员成为会馆的重要政治庇护力量,体现了官方与非官方的相互配合。由于会馆的连接,同乡商业网络还超越上海一地范围,形成跨越地域的网络系统,从而在商业竞争和慈善救助方面更加具有力量。顾德曼的研究显示:上海的各地会馆组织不仅把捐助的范围推及家乡,也在上海的公共建设上投入自己的力量,进一步扩大了会馆组织的社会影响力。②

上海的各地会馆为官府分担了不少事务,甚至官府常借会馆的会所举行会议,给人留下会馆与政府利益一致的印象。会馆在预防盗匪和暴动、在大众节日时维持秩序、调解争端闹事和防止罢工等方面也都为政府作出了贡献,因而也赢得了一定的权威。会馆参与城市社会管理,体现了会馆与当地官方利益的协调和互补。顾德曼说:"国家对会馆的依赖、上海的同乡官员频繁出席会馆会议、会馆经常承担官方机构维护秩序的职能,使同乡组织日益进入全市性的官僚网络之中。"③因此,从这些方面来说会馆几乎成了准官僚机构。另外,会馆功能的增益还体现它能成为近代社会中推进技术革新和制度变革的重要基地。上海的会馆领导们与其他商业精英一起参与自强、求富运动,成为其中的积极倡导者、投资者和参与者。会馆的团体性便于集中资本,以与外国企业竞争。像上海的拜石山房和同文书局分别属于宁波帮和广东帮,在引进外国技术方面构成成功的榜样。

在京师等政治中心的官绅、试子会馆的蜕变显然不像工商性会馆的蜕变那样迅速,但科举制度的逐渐被动摇乃至最后被废除都迫使这类会馆不断地发生着适应社会变迁的变化。科举制度废除后,北京的许多会馆演成同乡会,如薛肇基所说:"辛亥以后,乡人之旅京者十数倍于曩时,品流不一,分谊因之疏逖。"但在此前后也有不少革命志士、文人学者纷纷借助于会馆,取得了他们从事自己事业的相对安稳的一席之地。康有为两次进京应试就住于南海会馆,其后该会馆成为康有为策划戊戌变法的重要据点。孙中山1912年入居过香山会馆。鲁迅在北京早期就住在绍兴会馆,开始了文学创作。

透过上述的繁复现象,我们可以看到会馆作为一种历史存在已处于蜕变和衰微之中,但在很长一段时期内都没有消失,还在发挥着一定的积极作用。

第三节 会馆与商业社会的发展

明清时期在经济日益发展、社会秩序的相对安定、国力与民力的增强等因素的作用

---

① 唐力行:《商人与中国近世社会》,杭州:浙江人民出版社,1993年,第279页。
② 顾德曼:《家乡、城市和国家——上海的地域网络与认同,1853—1937》,上海:上海古籍出版社,2004年,第89~90页。
③ 顾德曼:《家乡、城市和国家——上海的地域网络与认同,1853—1937》,上海:上海古籍出版社,2004年,第98页。

下，国内交通日益发达便捷。交通的发达，进一步促进了社会经济的繁荣和商品流通，同时国内长途贩运贸易和商业也迅速发展。商业的发展，商业利润的增加以及贩运商人的占籍使商人得以在会馆组织的兴办中扮演主要的角色。会馆的创立，服务商人，规范经营，对明清商业社会的构建和发展发挥着不可小视的作用。

由于各省寓外商人纷纷建立自己的会馆，为商帮的发展创造了便利条件。像山西商人这便为地域性的商亲朋关系为纽带，形成许多商业组织一开始就以本乡本土挚友随着山西商人势力的发展，又进一步在国内各大商埠先后建立了许多团结同乡商人的会馆。在同乡会馆中又产生了以行业为区分标准的"帮"，各自都有自己的帮规，这样既能在困难中得到同乡商人的支持、又必须以帮规为准则，合法地开展自己的经商活动，这实际上是商业进一步发展、市场更加有序的体现。再譬如徽商，正如顾炎武所说，徽商在外"遇乡里之讼，不啻身尝之，醵金出死力，则又以众帮众，无非为己身地也。近江右（商人）在外，亦多效之"。① 其实，不仅江西商人效仿，其他各地商人也都形成实力不等的帮。清人徐珂说："客商之携货远行者，咸以同乡或同业之关系，结成团体，俗称客帮。"② 应该说，这种以亲族同乡或同行业为纽带而组合成的商人集团，是较为松散的，也多具有临时性。在这类结合体中，每个商人都有各自经营的商品货物，但其中如有人亏负或发生意外，则众人共同扶持帮衬。显然，这是同乡或同业之间的互助互保形式，而不是一种经营的方式。其意义主要不是经济上的，而更是社会上的。

闽商是明清经济史上一支有名的商人队伍，会馆的建立是他们发展的重要基地和助推力。闽商远适江南都市集镇，单在苏州福建八府商人就都建有会馆，其中福州三山会馆于明万历时便首先开其端，继而到清代，康熙三十六年（1697）建漳州会馆，乾隆二十二年（1757）增建，康熙五十年（1711）建邵武会馆，康熙五十六年（1717）建汀州会馆，当时，"贸迁有无，邀游于斯者不下数千万人"。③ 兴化府的兴安会馆、泉州府的温陵会馆皆建于康熙年间，延平、建宁两府的延建会馆则创始于雍正十一年（1733），落成于乾隆九年（1744）。雍正年间（1723—1735），苏州织造胡凤翚惊奇地发现"阊门南濠一带客商辐辏，大半福建之民，几及万有余人"。④ 福建商人更远走关东，如乾隆五十六年（1791），山海关监督巴宁阿奏报"锦州、盖州、牛庄等处，每年俱有福建商船到彼贸易，即有无业闽人在彼居住，渐聚渐多"。经查锦州"天桥厂、龙王庙二处，寓居闽人只一九一名，因贸易索帐等事以致羁留"。⑤ 同年，对辽东沿海"详查牛庄、盖州、金州、灿岩等海口二十一处，流寓闽人除领票回籍外，尚有千四百余口"。⑥ 福建商人至辽东沿海经商寓居最多高达万余户，其中长期留居者有1400余人，可见商贩之多，其设立的会馆也较为显眼在邻省广东

---

① 顾炎武：《肇域志》第3册。
② 徐珂：《清稗类钞》第5册，《农商类·客商》。
③ 乾隆《吴县志》卷一〇六，《艺文·汀州会馆天后宫碑记》。
④ 雍正《朱批谕旨》，雍正二年四月五日胡凤翚奏。
⑤ 《清高宗实录》卷一三六，第11页。
⑥ 《清高宗实录》卷一三八，第12页。

的广州、佛山、潮州,浙江的宁波、嘉兴,江西的九江等地亦随处可见福建商人及其会馆。其他如陕西商人、山东商人、洞庭商人、龙游商人、宁波商人等亦所到即形成团体,建设会馆,共谋发展。由此可见,会馆的发展与商帮的壮大如影随形。

会馆促进商业市镇的发展。在明清时期,会馆数量的多少甚至可以作为衡量商业繁荣的一个标志。我们觉得,明清市镇的勃兴是明清商业发展的重要特色,它奠基于社会经济的积累与外地商人的介入上,而这后一方面使市镇不再表现为内向的封闭,而转为外向的开放,从而取得了不断发展壮大的广阔空间,会馆这种组织形式从城市播向广大的市镇,使得市镇成为乡村逐渐都市化的据点,其进步意义是不可小视的。如盛泽镇,倘若没有外地商人的介入,它便不可能想象会有乾隆年间的那般繁荣:"会馆、旅邸,歌楼舞榭,繁阜喧盛,如一都会。"①嘉庆四年(1809),徽州和宁国州商人在镇上建立徽宁会馆,捐输钱款的是在盛泽镇及其附近的新塍、平望、王江径、黄家澳、谢天港、坛丘、周家溪经商的徽宁两州的商人共五十五人。② 诸商共同协力扶助一市镇会馆建设,便把这一市镇更推向都市化的轨道,并进而映照周围乡村。

会馆促进国内的商业贸易发展,即使活跃于边疆偏远地区的商人建立会馆也使这些地区的商品经济得到发展。在甘肃兰州府治下皋兰县有山陕会馆(建于康熙四十七年,1708),浙江会馆、江南会馆、江西会馆(皆建于道光中叶)、豫章会馆、两湖会馆、四川会馆(皆建于同治十三年1874)、江南新馆、广东会馆(皆建于光绪初年)。在辽东,江浙闽广来的商人纷纷在各沿海海口分别建立会馆,如"盖州口事宜"载:"三江会馆香资银十二两福建会馆香资银八两,山东会馆香资银八两"。③ 这表明三个会馆共同支撑着一个事业。在辽东沿海的港口,通过会馆形成山东帮、福建帮、广东帮等,从而控制了东北与关内的海上贸易。在台湾,闽粤移民比较集中,故这里有泉郊会馆、厦郊会馆、汀州会馆等。在广西,道光《普洱府志》梁星源序说:"威远、宁洱产盐,思茅产茶,民之衣食资焉。客籍之商民于各属地或开垦田土,或通商贸易,而流寓焉。"雍正年间(1723—1735)梧州府容县有江苏、浙江人在此经商,南宁府城沙街,有山西、陕西商人在此建立了秦晋会馆(或称"秦晋书院"),安徽商人在此建立了安徽会馆。在邕宁,会馆更加集中,浙江乡祠在城内西门大街。三楚书院,在沙街,两湖商民所建。江西会馆亦在沙街。秦晋书院在沙街,山西陕西商人所建。二邑会馆,在城西三界坊街,广东东莞南海商民所建。要明书院,在城西上郭街,广东高要、高民商民所建。粤东会馆,在城西会馆街。福建书院,在城西上郭街。顺德书院,在城西会馆街,广东混的商民建。钦灵会馆,在城西上郭街,民国三年(1914)广东灵山钦州商民建。边远地区都因为外地商人的介入被程度不同地牵入商品经济的体系中。

会馆尤其是商业性会馆和专业性会馆对商业秩序的追求对于商业社会的构建和发展有很大的促进作用。一些会馆的"行规"、"条规"、"章程"和"俗例"等,往往经同行议

---

① 沈云:《盛湖杂录·绸业调查录》。
② 嘉庆《徽宁会馆碑记》,《明清苏州工商业碑刻集》,第356~357页。
③ 《山海钞关榷政便览》卷四。

定,有的还经过报官立案,得到官方的批准承认,在发生业务纠纷时成为行业内部调处和官方裁判的准则。内容涉及从业资格、入会费用、行业质量和计算标准、原料分配与生产规模、货物价格、招收雇工的手续、工价和人数限制、开业地点选址、为违规者的处罚方式以及供奉和祭祀的神灵等方面。按照这些详备的规定运行即是保持会馆健康发展也是促进商业社会发展的动力。

我们觉得,会馆的广泛存在也表明了一个显而易见的事实,即明清时期商人数量庞大,而商业资本却并不集中的社会现实。广布于社会各个角落的中小商人并没有因为大商帮的形成而失去生存空间,反而在大多在大商帮的庇护下能求得存活,因而大商帮的形成是会馆事业的产物,其区别于行会的一个重要方面就在于它不以限制同行的发展为目标,而是鼓励同乡人或同行人谋求发展。也许我们可以说:中小商人的普遍存在反映了中国传统经济土壤对贫富分化的一种自发调节。因此,会馆对于整个时期的商业社会的发展来说是发挥着巨大作用的。

第三章

全国各地的闽籍会馆

第一节 闽籍商人与会馆的地域分布

一、会馆的地域分布

会馆在近七个世纪的发展历程中,随着社会经济和商业的持续发展,它几乎遍布全国各地以至于海外许多国家。总的来说,会馆在国内的地域分布呈现出下面几个特点:

(一)沿海沿河地区分布多,内陆腹地分布少

明清时期河海运输业的发展为长途贩运商提供了良好的活动舞台,从而在滨海近河地区便商人麇集,譬如"古称津地为幽燕沙漠之区,僻处荒凉,人烟稀少。自国朝(清朝——引者注)定鼎以来,海宇永定升平,居民渐臻繁茂,而远方来贸易者,云集其间,至今称极盛焉"。① 山西商人捷足先登,史称"西商辐辏,事剧人稠,几所以仰沐神庥,理应报祀,上输以国课,须集众思,兼之办公事,联乡谊,历久分散借地,从无定所,虽河东建有会馆,又苦于地势逼窄,隔水不便,爰是相其阴阳,度其原隰,于嘉庆十二年公同立议创起会馆,购买锅店街至侯家后地址"创建会馆。远在东南的福建南平纸商亦多"由闽航海"至津,再转贩北京。② 江浙商人贩运丝绸、布匹到天津,闽广的蔗糖、蓝靛、茶叶、海货、木料、果品,景德镇的瓷器,江南的竹木制品都纷纷运入天津,至康熙时,"天津去神京二百余里,当南北往来之冲,南运数万之嘈悉道经于此,舟楫之所式临,商贾之所萃集,五方之民所杂处……名虽曰卫,实在一大都会所莫能过也"。③ 商业贸易的繁荣使天津发生了明显的变化。城北、城东一带出现了河北大街、北大关、锅店街、宫南大街、宫北大街等商业

---

① 《初建山西会馆碑记》,见《郑天挺纪念论文集》,北京:中华书局,1991年。
② 《延邵纸商会馆碑文》,见《郑天挺纪念论文集》,北京:中华书局,1991年。
③ 康熙《天津卫志·序》。

区,乾隆四年(1739),广州、潮州、福建的闽广帮商人便建了"闽粤会馆",俗称"洋蛮会馆"。① 乾隆二十六年(1761),山西商人冯承凝、贾汉英等在河东杂粮店街建立山西会馆,以此作为"西客烟行聚议之所"。在道光年间,还有建于北门外护城河北、估衣街万寿宫内的江西会馆,建立在杨柳青镇的山西会馆等。会馆的密集成为当时天津城市经济发展的重要标识。

又如苏州地处南北交通转运点上,万历时期就有包括洋帮、干果帮、丝帮、花帮、紫竹帮等福建商人设置的三山会馆,康熙时有山东登莱、青州、潍县、诸城、胶州等地290多家不同行业的商贾建立的齐东会馆,乾隆年间(1736—1795)有杭州丝绸商人在桃花坞设置的钱江会馆,康熙到乾隆年间广东潮州府海阳、澄海、潮阳、饶平、惠来、普宁、揭阳等县商人在经营潮州会馆中仅购置房地就值银三万零六百两。苏州的繁盛亦得益于海运的便捷。其他如青岛、宁波、厦门、潮州也同样深受海运之惠,会馆的设置亦较多。

(二)东部地区分布多,西部地区分布少

在北到辽东,南到两广,东到上海,西延及江西、湖南、四川的沿江地带,会馆遍布。在沈阳设有闽江会馆、浙江会馆、湖广会馆、山东会馆、山西会馆、安徽会馆、畿辅会馆。在辽宁海城县有"关岳庙,康熙二十一年知县郑绣建,后晋商捐资重修,用作山西会馆。天后宫,在城大南门外,乾隆初年,山东黄县同乡会捐资购地,建筑会馆,因祀海神,称天后宫三义庙,在城大南门内……为本城直隶会馆"。在北京、天津、济南、青岛、苏州、上海、宁波、福州、潮州、广州等沿海经济带上的城市都是会馆遍布,而在西部地区,除不沿长江而上的成都、重庆外,由于与外界的联系相对较少,因而会馆的出现就较为稀疏。据可考的材料,如青海西宁直到光绪十四年(1888)时才有山陕会馆的建立。② 承湖广移四川之余绪,在云南、贵州、陕西等地才偶有江西会馆、湖广会馆和闽粤会馆。③ 如道光《贵阳府志》卷三十六"祠宇附记"即列举了不少贵阳四乡和府属广顺州、龙里等县"江西客民"所建的万寿宫,"楚人"所建的"万寿寺"和"禹王庙","蜀民"所建的"川主庙"以及"湖南客民"所建的"寿佛宫"。会馆的分布与其地域的开发及经济发展程度关系密切。

(三)会馆建设与商帮发展相辅相成

对于行商而言,人们较早就认识到"惟思泉贝之流通,每与人情之萃涣相表里,人情聚则亦财聚,此不易之理也。矧桑梓之情,在家尚不觉其可贵,出外则愈见其相亲……无论旧识新知,莫不休戚与共,痛痒相关"。④ 桑梓之情成为旅外同乡商人最易接受的纽带,也正是依靠这种联系纽带,各区域商帮才得以不断拓展自己的活动空间。闽粤商人

---

① 《津门纪略》,卷《局所》。
② 任斌:《略论青海"山陕会馆"和山陕商帮的性质及其历史作用》,《青海师范大学学报》1984年第3期。
③ 黄友良:《从"湖广填四川"看四川的会馆》,《文史杂志》1989年第4期。
④ (嘉庆十八年)《嘉应会馆碑记》,《明清苏州工商业碑刻集》,第350页。

颇富开拓意识,即使远在东北,福建人建立的会馆数量也堪称最多。在天津,最早建立的会馆就是闽粤会馆,建于乾隆四年(1739),在针市街竹竿巷。在此之前,粤、潮、闽三帮商人各有自己的公所,如粤帮为常丰盛公所,潮帮为万世盛公所,闽帮为苏公利公所,粤帮还长期租用岭南栈房作为本帮客商长期交易的处所以及供流动粤商随时住用。随着社会经济的发展,南北商民互需的货品逐年增加,贸易额不断扩大,且利润优厚,再加上天津钞关对三帮商人实行减半交纳捐税的优待条件,使各帮得以抽积大量储金,于是三帮商人在针市街购得地址,发起组织闽粤会馆,馆务由三帮轮流主持。由于闽粤商人的倡导,在天津又陆续出现了众多会馆,如乾隆十八年(1753)在估衣街建的江西会馆,乾隆二十六年(1761)建的山西会馆,并因山西商帮势力的盛大,会馆规棋也最为宏大。紧随其后的有安徽会馆、浙江会馆、江苏会馆和山东会馆。在上海,豫园的点春堂是贩运花、糖的福建商人出资兴建,俗称花糖公墅。乾隆年间,福建泉漳商人来沪贸易者,集资所建会馆,"其规模之宏远,气象之堂皇,横览各帮,洵无多让","公捐集资置买会馆之邻近房屋及田地,逐年收取租息",房产之多为各帮之冠。在四川这样的移民区域,闽粤籍的商人会馆所占分量亦大。在海南,"由闽粤来者亦属不少,闽人尤多"。① 因此在海南也有闽粤会馆,明万历丁酉吏目周行率商人在儋县城东门外建天后宫(一名朝天宫),到清初演为广府会馆,而销皮街的天后宫则在清初定为福潮会馆。② 闽粤商人在建设商人会馆中确实颇为致力,甚至是倡风气之先,其他商帮亦纷起效仿,以至在许多地方形成众多地域商帮并举的局面。

二、会馆与闽籍商人的分布

沿海贸易和内陆贸易线上都活跃着福建商人,像厦门商人"北至宁波、上海、天津、锦州,南至粤东,对渡台湾,一岁往来数次"。③ 平和商人"散而四方,吴楚荆广"。④ 永定商人"远贩吴楚滇蜀,不乏寄旅"。⑤

福建的商人既有山地商人,又有沿海商人,因而形成了大商帮中的小商帮,可谓帮中套帮,有的会馆下又或依行业分帮,有的会馆下又或按地域集结,前者如苏州的三山会馆内又有干果帮、青果帮、洋帮、丝帮、花、紫竹帮等,后者如潮州的汀龙会馆分成篓纸纲、福纸纲、龙岩纲、履泰纲、本立纲、九州岛纲、运河纲、武平纲、上杭纲、莲峰纲、永定纲、白沙纲和袍季等,在汉口的福建会馆由巷岩福、龙川福、致和福和宝树福所组成,在重庆的福建会馆内又有文华会和鄞江会等。⑥

---

① 李待琛编译:《海南岛之现状》,北京:世界书局,第18页。
② 李待琛编译:《海南岛之现状》,北京:世界书局,第18页。
③ 道光《厦门志》卷一五,《风俗》。
④ 康熙《平和县志》卷一〇,《风俗》。
⑤ 道光《永定县志》卷一六,《风俗志》。
⑥ 《清代康雍干巴县档案选编》上,成都:四川大学出版社,1989年,第61页。

福建商人既往北走,亦不乏南拓、西行乃至东渡的事例。他们的足迹遍海内,他们设立的会馆亦遍寰宇,他们以天妃为保护神,依凭于她劈波斩浪,依凭于她,彼此团结又彼此分化,妈祖更多地成了福建商人的乡土神,供奉着妈祖的福建会馆天后宫亦所在多有。在福州有十余省份在此设立会馆,如江西会馆、湖南会馆、湖北会馆、河南会馆、两广会馆、奉直东会馆、广东会馆、安徽会馆、山陕会馆、蜀滇黔会馆、浙江会馆、全浙会馆、浙绍会馆、闽浙会馆、江苏会馆等,还有本省地方是兴安会馆、延平会馆、寿宁会馆、浦城会馆等[①]。都具有商业性质。

在浙江宁波,明末清初政府的禁海政策使该地颓衰,可到了康熙二十三年(1684)后,海禁既弛,"闽粤商贾辐辏其地,海中屡显灵异,捐资修建会馆,金碧辉煌,为城东巨观"。[②] 在温州,有两座天妃宫由福建商人创立,"一在西门外,乾隆元年汀州八县商建,又一在大南门外,乾隆六年兴化莆田商建"。[③] 临海的天后宫于乾隆二年(1737)由福建商人建立,咸丰十一年庙毁,同治十年(1871)福建商人林益谦等又行重建。[④] 在镇海南熏门外有福建浙江商人于雍正十二年(1734)合建的天后宫。嵊县的天后宫"在东门内,乾隆间闽汀烟、靛、纸三业建。"[⑤]福建商人又在衢县的天王巷、大洲下街、大洲上街、漳树潭、航埠河东都建立了会馆或天后宫,在嘉兴的南十三庄北,在象山的南田外、盐仓前建立闽粤会馆、三山会馆、兴化天后宫,在松阳的县西熙宁庄、缙云的县西南临好溪、松溪的城西、建德府治南、乍浦的城南门、萧山街、总营街都有会馆或天后宫的设置,在乍浦,"自海禁既弛之后,闽人之商于乍者,各建会馆祀天后,用酬航海安澜之庇,亦称天后宫,在南门外为三山会馆……康熙四十五年福州诸商江聚公、张明敬、郑锡侯等建……在南门外萧山街为莆阳会馆,乾隆十三年兴化诸商陈文芹、林大岳、吴云裕等建……总管弄为鄞江会馆,乾隆十四年汀州请商何元瑞等建"[⑥]邻省浙江是福建商人捷足先登的商业舞台,也是进一步向北挺进的第一站。

上海的开发与发展离不开福建商人的努力,矗立在小东门外的天后宫(古称顺济庙)便是于宋咸淳七年(1271)由福建海商创立,直到清同治年间,这里仍然是"香火之盛,甲于一方"。[⑦] 在有清一代,由泉漳商众于乾隆二十二年(1757)建于咸瓜街的泉漳会馆,由建宁、汀州商人于道光五年(1825)建于翠微街的建汀会馆,由福州、建宁商众于光绪二十三年(1897)建于福州路的三山会馆和由莆田、仙游商众于光绪年间建于南市复兴东路的兴安会馆等都鲜明地记载了近代以前福建商帮在开发上海事业中的历史功绩。

跨过浙江是江苏,这里是社会经济发展水平较高的地区,商业繁荣鼎盛,其中出现了

---

① 郑拔驾编:《福州旅行指南》第4编,《官署及公共事业》。
② 民国《鄞县通志》卷一〇。
③ 同治《温州府志》卷九,《祠祀》。
④ 民国《临海县志》卷一一,《祠祀》。
⑤ 同治《嵊县志》卷七,《祠祀志》。
⑥ 乾隆《乍浦志》卷六,《祠祀》。
⑦ 同治《上海县志》卷一〇。

由大都市带动周围乡镇共同繁荣的局面,这与福建商人的活动关系更为直接。单说苏州,福建八府竟都有会馆。万历年间,闽商便首建三山会馆而开其端,康熙三十五年和道光十年等相继修葺,扩充增宏。漳州会馆始创于康熙三十六年,增建于乾隆二十二年,共费银两万余两,邵武会馆建于康熙五十六年,落成于雍正七年,共耗费银三万余两。兴化府的兴安会馆建于康熙年间,延平、建宁二府的延建会馆建于雍正十一年,成于乾隆九年,泉州府的温陵会馆建于康熙年间,仅汀州一府在康雍之际,"贸迁有无,遨游于斯地者不下数千百人"。① 雍正初年苏州织造胡凤翚曾惊奇地发现"阊门南濠一带,客商辐辏,大半福建之民,几及万有余人"。② 难怪有人说:就会馆之多,商人来源地域分布之广,人数之众,清代福建商人在苏州是最为突出的。③ 扬州是淮盐汇兑之地,商业较为发达,"相传明中叶,闽估客泛海飓风,舟落大洋,众饥渴欲死,仰见空中有神女,知见为天妃也。""于是醵金造宫于迁水之南。"④福建商人在娄县、淮安、宿迁、泰州等地建立会馆,把商人活动推进到商业不甚发达的苏北地区。在江苏泰州,福建人有闽中会馆。(城内歌舞巷。)

在山东半岛,民间于北宋末年便建立起妈祖信仰,那是因为宣和四年(1122)福建海商就在庙岛建立了天后宫,⑤庙岛"名为漠岛,因建海庙于其上,土人又称为庙岛"。⑥ 可见,庙岛地名的出现与福建商人的活动密不可分。在山东省城济南,从道光朝至光绪朝,客居济南的官绅商人就曾按籍隶先后在济南建立山陕会馆(道光)、湖广会馆(同治)、浙闽会馆(同治)、中州会馆(光绪初)、安徽会馆(光绪)以及江南会馆和浙绍乡祠。这些会馆除山陕会馆以商人为主外,其余大部分是以官绅为主。⑦ 山东省城济南的会馆,绅与商的组合是基本特征,但其指向在商。湖广会馆建于清初,同治九年重修,由湖南、湖北两省绅商设立。浙闽会馆建于嘉庆年间(1796—1820),由浙江、福建两省绅商组建,约二百多人,商人居多数。山陕会馆亦由二省绅商创立,商人居多数⑧。这些都体现了商人与官绅的相互依存关系。在烟台北大街建有福建会馆,在峄县台儿庄亦建有福建商人供奉的"天后圣母宫"。⑨

在河南开封,福建会馆设于理事厅街,乾隆年间由林义兴、谢开泰发起。南阳县赊旗镇是清代河南的名镇。这里的山陕会馆,原名山陕同乡会馆,因敬奉关公,并有鉴、官、

---

① 乾隆《吴县志》卷一〇六,《艺文》。
② 雍正《朱批谕旨》,雍正元年四月五日胡凤翚奏。
③ 洪焕椿、罗仑主编:《长江三角洲地区社会经济史研究》,南京:南京大学出版社,1989年,第229页。
④ 乾隆《江都县志》卷一七,《寺观》。
⑤ 泉州海外交通史博物馆调查组:《天后史迹的初步调查》,《海交史研究》1987年第1期。
⑥ 道光《重修蓬莱县志》卷一一,《艺文志上》。
⑦ 庄维民:《近代山东市场经济的变迁》,北京:中华书局,2000年,第307页。
⑧ 庄维民:《近代山东的商人组织》,《东岳论丛》1996年第2期。
⑨ 光绪《峄县志》卷一〇,《祠祀》。

僧、道，又名山陕庙、关公庙。该镇还有江西会馆、福建会馆、湖北会馆等。① 河南商丘姚村还有广东、福建商人共同捐资建立的天上圣母宫。

在天津，乾隆四年(1739)，闽广帮商人建"闽粤会馆"，俗称"洋蛮会馆"。② 这是外地商人在天津建立的第一个会馆。

福建商人更远走关东，如乾隆五十六年(1781)山海关监督巴宁阿奏报"锦州、盖州、牛庄等处，每年俱有福建商船到彼贸易，即有无业闽人在彼居住，渐聚渐多"，经查锦州"天桥厂、龙王庙二处，寓居闽人至一九一名，因贸易索账等事以致羁留"。③ 同年对辽东沿海"详查牛庄、盖州、金州、岫岩等海口二十一处，流寓闽人除票回籍外，尚有千四百余口"。④ 福建商人至辽东沿海经商寓居最多时高达万余户，其中长期留居者有一千四百余人，可见闽商之多，其设立的会馆见于沈阳、海城、盖平等地。在辽东沿海的港口，通过会馆形成山东帮、福建帮、广东帮等，从而控制了东北与关内的海上贸易。

福建商人也向南发展。潮州是明代以来粤东、闽西南、赣南物资集散地与出入口岸，明代广东三条主要商路之一的东路即是潮州大埔县的石上埠，从广州溯东江经河源、龙州、长乐、兴宁诸县，与梅溪、韩江、潭河三支流相接，再经石上埠与闽上杭县鄞江、汀水相通，故石上埠为明代广东通往福建的主要通道，称为"东关"，当时"凡潮惠士宦商贾赴京入闽及江浙，舟止此处转输，络绎不绝"⑤。潮州又有近海的地理优势，能够为内地人走向沿海提供便利。这里有一所汀龙会馆，因为"汀龙二州密边毗连，据闽之上游，下与潮属为邻，地壤相接，且鄞汀一水南流直通潮郡，舟楫往来，众皆称便"⑥。凭借便利的交通，汀龙商人在潮州建立起了自己的会馆。

在琼州，有闽浙会馆，又称福建会馆，由清乾隆嘉庆年间福建、浙江两省到赤坎贸易经商的士绅、商贾、船户门所建。嘉庆二十一年(1816)《韶安港客船户出海次开列碑记》记载了在赤坎经商的闽浙商人共45户以及船户出海人姓名。韶安港是闽浙商人到赤坎以后用福建地名命名的一个停船出海小港，码头在闽浙会馆左侧。在闽浙会馆内还存有福建商人于嘉庆二十四年(1819)在赤坎购地以福建地名命名的云霄港、漳浦港等碑刻。据1942年《大广州湾》记载："赤坎初为一僻静小镇，甚少船只驶至。清康熙末年，有福建商人方某载货到此贸易，颇与土人相得，寻且陆续招致起同乡到赤坎经营。"乾隆年间(1736—1795)，闽浙商民纷纷到此定居经商，出现福建村、福建街等，接着，潮州、广州、高州、雷州地区商民向此云集，于是赤坎出现了"商船蚁集，懋迁者多"和"商旅攘熙，舟车辐辏"的景象。

在台湾，银同会馆创建于道光二年(1822)祀妈祖、吴真人、陈圣王、五文昌、朱夫子、

---

① 《社旗县文史资料》第2辑，第71页。
② 《津门杂记》卷上。
③ 《清高宗实录》卷一三六。
④ 《清高宗实录》卷一三八。
⑤ 嘉靖《大埔县志》卷三。
⑥ 同治《汀龙会馆志》(一册)。

蓝先贤等神。在彰化有汀州会馆,乾隆二十六年(1761)由汀籍总兵张世英及汀籍人士捐助而成,主祀守护神定光古佛。三山会馆创建于清同治七年(1868),三山会馆为清代福州人来台南所捐建。在淡水,有汀州会馆,为道光三年(1823)汀州人张鸣岗等捐建。光绪十九年(1893)《鄞山寺碑记》说:"昔汀人在沪尾街后庄仔内,于道光三年建造庙宇,名为鄞山寺,供奉定光古佛,为汀州会馆"①。在台湾,由于闽粤移民比较集中,故这里有泉郊会馆、厦郊会馆、汀州会馆等②。

在内陆,福建商人一样活跃,在本省、江西、湖北、湖南、四川、贵州、云南和陕西等地均建立了会馆。在漳州,"清乾隆、嘉庆时龙岩商人便醵资购置了定威南路(断蛙池)约四千平方米土地"。③ 在厦门,龙岩商人开设的南泰成、永康成等百货店,以"货色齐全,应有尽有,而且货真价实,绝不欺妄诈取,店员真诚待客"而闻名,在闽北的建瓯、泰宁两地也有龙岩商人活动,在清流、宁化、明溪、永安、沙县、南平、顺昌、建宁等亦有大量岩商。

离开家乡,凭借手艺以谋生计,以壮家业,自然是商业性的活动,在崇安县,"江西及汀州人为多",④在咸同至光绪年间的建瓯由于茶价甚高,引来各处之人开垦茶山,"第一汀州人,第二下府永春人、泉州人,第三本地与江西广东人,延建之茶山遍地,不知凡几矣"。⑤ 道光《永安续志》说,靛青客和采蓝工几乎是清一色的汀州人,铸锅匠业也是汀州人和广东人的垄断行业,在崇安,修风车的则全是上杭人。

凭着自己家乡的土特产品和身怀的绝技,汀龙商人又不断向省外开拓,譬如在浙东:"括婺大木间……山林深阻,人迹罕至,惟汀之菁民刀耕火耨,艺蓝为生,偏生各邑结寮而居。"⑥"大抵宣(平)山多田少,颇宜麻靛,闽人十居其七。"⑦人们都说"岩烟夙者驰名,长江南北索在有岩人烟铺"。⑧ 岩商蒋辉堂在安徽梁县开办泰烟店,蒋载宏"开烟肆于楚南津市"。⑨ 吴洗西"往四川铜梁县开烟铺,因家焉"。⑩ 这样的事例还有:

> 谢陈氏,适中社人,许聘维灵,年十二,归谢为养媳,时维灵随父贾江西……维灵没于瑞金。⑪

> 翁氏,魏士睿妻,龙岩西坊人,于归时年未及笄,结缡数载,夫出外经商,没

---

① 周宗贤:《血浓于水的会馆》第 7 章。
② 周宗贤:《血浓于水的会馆》。
③ 《龙岩往外经商综述》,《龙岩文史资料》第 18 辑。
④ 嘉庆《崇安县志》卷一,《风俗》。
⑤ 《中国近代农业史资料》第 1 辑,第 447 页。
⑥ 熊人霖:《南荣集》卷一〇,《平菁寇凯歌叙》。
⑦ 乾隆《宣平县志》卷九,《风俗》。
⑧ 民国《龙岩县志》卷七,《社会志》。
⑨ 《蒋钟英族谱》卷首,《蒋先生行状》。
⑩ 民国《龙岩县志》卷二九,《杂录》。
⑪ 民国《龙岩县志》卷三三,《列女传》。

于楚。①

公讳允经,字绪群,乃馥齐公五子,生于康熙二十五年丙寅二月念四日戌时,娶苏氏,生二子,长材次枕,往川生理。②

吾乡山多田少,人多逐末,长江流域如川、鄂、赣、浙、苏、皖等省经商者常数百人。③

众多的福建商人怀着对财富的向往,忍受着商途的艰辛与离妻别子的伤痛,千里跋涉,至死不辞。在四川的大小城镇,随处可见福建商人的身影,亦随处可见福建商人建立的会馆。他们以"大丈夫志在四方,奚必株守桑梓"的气概开展着长途、短途与居间贸易,就连头发斑白的老妪们亦抱有"株守岂男儿事哉"的情怀鼓励后辈外出经商开拓道路,像福建上杭的廖兴潮"八龄即学贸易",十九岁时即乾隆四年便奉母命入川,"始至金堂,鲜所获,继贩烟叶于资州,余息稍丰,东驰西骤,经营数载。积银四百两,尽数携归奉母,旋复来川生理,自是于蜀于闽,不遑往返矣"。④ 在湖南会同县有一个福建会馆等。正是这无数的行脚商人带着严母的嘱托,怀着一伸己志的心情,开辟着闽蜀、闽楚、闽湘的商业通道,明清时期的商业发展才臻于一个新的高度。

明清时期商人数量庞大,而商业资本却并不集中的社会现实。广布于社会各个角落的中小商人并没有因为大商帮的形成而失去生存空间,反而大多在大商帮的庇护下能求得存活,因而大商帮的形成是会馆事业的产物,其区别于行会的一个重要方面就在于它不以限制同行的发展为目标,而是鼓励同乡人或同行业人谋求发展。也许我们可以说:中小商人的普遍存在反映了中国传统经济土壤对贫富分化的一种自发调节。因此,我们看明清时期的商业从业人员,有的是把商业作为副业或临时性职业,有的人经商则是季节性的,但正是因为会馆的存在,使他们有机会由商致富而改变自己的贫困境地。有的人离开资源贫乏的故土,以经商者身份来到新居地,他们甚至挈眷扶弱,以求在新居地落籍,或谋求由科举升格到统治阶层中去。无论是升入统治阶层中的人,抑或企求由贫入富而进入会馆的人,都对会馆的建设倾注了心力。然而,无论是入官,抑或经商,都无定数,依靠这些力量而运作的会馆势必也都有着各自不同的荣衰的节律。

---

① 道光《龙岩州志》卷一三,《人物志下》。
② 龙岩《陈氏族谱》卷五,《列传》。
③ 《罗陈文安族谱》卷首《谱序》。
④ 民国《续修资中廖氏族谱》。

表 3-1　明清福建商人所建会馆一览表①

福建商帮会馆所在地	名称	建立时间	资料来源
福建涵江霞徐新开河	兴安会馆	1750 年	民国《建宁县志》卷六
涵江宁海	水南会馆	1769 年	同上
泉州涂山街胭脂巷	兴化会馆	清代	张大任《妈祖宫集》(7)
泉州县后街	三山会馆	清代	同上
福州横街	福安会馆	清代	《福州便览》(7)
福州横街	建郡会馆	清代	同上
福州夏醴泉	福鼎会馆	清代	同上
福州后田	闽清会馆	清代	同上
福州南寺	汀州会馆	清代	同上
福州上杭街	泰宁会馆	清代	同上
福州上杭街	建宁会馆	清代	同上
福州上杭街	浦城会馆	清代	同上
福州台江路	泉美会馆	清代	同上
福州下杭街	兴安会馆	清代	同上
福州春育亭	三山会馆	清代	同上
福州真庵	三山会馆	清代	同上
福州南台三保	古田会馆	清代	同上
福州南台三保	永福会馆	清代	同上
福州铺前顶	延平会馆	清代	同上
铅山	福建会馆	明代	万历《铅书》卷一
温州西门外	汀商天后宫	1736 年	乾隆《温州府志》卷九
温州大南门外	莆商天后宫	1741 年	同上
缙云县西南临好溪	闽商天后宫	乾隆间	光绪《处州府志》卷一二
松阳县溪熙宁庄	闽商天后宫	1749 年	同上
衢州城天王巷	福建会馆	1801 年	嘉庆《西安县志》卷四三
兰溪六坊	闽商公所	1709 年	光绪《兰溪县志》卷三
金华长仙门外	闽商会馆	康熙年间	民国《金华县志》卷一三

---

①　陈尚胜:《清代的天后宫与会馆》,《清史研究》1997 年第 3 期。根据本人的研究,做了一些增删。

续表

福建商帮会馆所在地	名称	建立时间	资料来源
建德三元坊	福建会馆	1751年	乾隆《建德县志》卷三
临海城南垣外	八闽会馆	1737年	民国《临海县志》卷8
象山南门外	闽广会馆	1839年	道光《象山县志》卷一二
象山盐仓前	三山会馆	1804年	同上
象山盐仓前	兴化后宫	1855年	同上
鄞县东门外	福建会馆	康熙末	《天后史迹的初步调查》(8)
鄞县东门外	安潮会馆	清代	同上
鄞县东门外	庆安会馆	1850年	同上
镇海招宝山	闽浙商人	1735年	民国《镇海县志》卷一三
定海南门外	八闽会馆	康熙末	民国《定海县志》卷二
乍浦萧山街	莆阳会馆	1748年	光绪《平湖县志》卷九
乍浦城南门	三山会馆	1709年	同上
乍浦总营街	汀州会馆	1748年	同上
嘉兴南十三庄	福建会馆	1785年	光绪《嘉兴府志》卷一〇
娄县谷阳门外	兴安会馆	1845年	光绪《松江府志》卷一〇
上海南市咸瓜弄	泉漳会馆	1757年	《上海碑刻资料选辑》(9)
上海南市翠微庵	建汀会馆	嘉庆初年	同上
上海里仓桥	三山会馆	1877年	同上
上海南市复兴东路	兴安会馆	光绪间	同上
吴县胥江溪岸夏驾桥	三山会馆	1696年	民国《吴县志》卷三三
吴县11都22图市晖桥	漳州会馆	康熙间	同上
吴县11都28图雁宕村	温陵会馆	康熙间	同上
吴县11都22图新巷	邵武会馆	清代	同上
吴县11都2图姚家巷	兴化会馆	康熙间	同上
吴县28都5图上津桥	汀州会馆	清代	同上
盛泽南栅陈家土墩	闽公所	清代	同上
如皋县治东南	龙岩商人	1770年	嘉庆《如皋县志》卷二
泰州北门内大街	福建会馆	清代	道光《泰州志》卷七
淮安城北莲花街	十闽堂	1828年	《天后史迹的初步调查》
盐城北门外	海舶商人	乾隆年间	光绪《盐城县志》卷二

续表

福建商帮会馆所在地	名称	建立时间	资料来源
宿迁新盛街	福建会馆	清代	同治《宿迁县志》卷一一
峄县台庄闸	福建士商	1853年	光绪《峄县志》卷一〇
即墨金口	福建商人	1768年	新编《即墨县志》
烟台新世界	福建会馆	1884年	《天后史迹的初步调查》
周口沙河西岸	天后宫	清代	杨永德主编:《周口大观》,郑州:中原农民出版社,1993年,第7页
南阳	福建会馆	清代	民国《南阳县志》卷二
天津针街	闽粤会馆	乾隆间	《天津天后宫》(7)
沈阳地载关	闽江会馆	乾隆间	民国《沈阳县志》卷一三
盖平城南门	福建会馆	嘉庆间	民国《盖平县志》卷二
芜湖陶塘埂西	福建会馆	1886年	民国《芜湖县志》卷一三
合肥城桥东	福建会馆	1802年	光绪《庐江府志》卷一八
上饶城外南街皇华坊	闽商	1708年	同治《上饶县志》卷六
赣州城内	福建会馆	清代	同治《赣州府志》卷一一
长沙八角亭	福建会馆	清代	同治《长沙县志》卷一四
长沙鱼塘口	福建会馆	清代	同治《善化县志》卷一四
湘潭十八总	福建会馆	清代	光绪《湘潭县志》卷七
芷江沅水河西岸	福建会馆	1748年	同治《沅州府志》卷七
安陆城外河街	福建会馆	清代	光绪《德安府志》卷五
应城城内	福建会馆	乾隆间	同上
石首城南三里店	福建会馆	清代	光绪《荆州府志》卷二七
宜昌忠义街	福建会馆	1761年	同治《宜昌府志》卷四
万县城内	福建会馆	清代	同治《万县志》卷七
重庆朝天门	福建会馆	不详	嘉庆《巴县志》卷二
成都简州	天后宫	清代	咸丰《简州志》卷三
崇庆	天后宫	清代	乾隆《崇庆州志》卷三
汉州	天后宫	清代	嘉庆《汉州志》卷一七
成都	天后宫	清代	同治《成都府志》卷二
双流	天后宫	清代	民国《双流县志》卷一
温江	天后宫	清代	民国《温江县志》卷四

续表

福建商帮会馆所在地	名称	建立时间	资料来源
新繁	天后宫	清代	民国《新繁县志》卷一
金堂	天后宫	清代	民国《金堂县续志》卷二
新都	天后宫	清代	民国《重修新都县志》第2编
崇宁	天后宫	清代	民国《崇宁县志》卷二
南充	福建会馆	清代	民国《南充县志》卷五
中江北门外	福建会馆	清代	民国《中江县志》卷四
德阳县城南街	福建会馆	清代	民国《德阳县志》卷二
德阳县孝泉场内	福建会馆	清代	同上
绵阳吉祥街	闽人公建	1755年	民国《绵阳县志》卷二
绵阳马石场	闽人公建	清代	同上
江油城内	福建会馆	清代	乾隆《江油县志》卷上
绵竹城大北街	福建会馆	1837年	民国《绵竹县志》卷一二
华阳黄龙溪场	福建会馆	1755年	民国《华阳县志》卷三〇
华阳总府街	福建会馆	清代	同上
双流东城外	福建会馆	不详	民国《双流县志》卷一
荣县城西街	福建会馆	嘉庆间	民国《荣县志》卷一一
荣县程家场	福建会馆	乾隆间	同上
荣县孝子桥	福建会馆	咸丰间	同上
荣县李家堰	福建会馆	光绪间	同上
荣县鼎兴场	福建会馆	1807年	同上
荣县桥头铺	福建会馆	1879年	同上
荣县杨家场	福建会馆	1794年	同上
荣县铁场铺	福建会馆	1786年	同上
荣县长山桥	福建会馆	1863年	同上
犍为城内馆驿街	福建会馆	1748年	民国《犍为县志》卷二
犍为清溪镇中河街	福建会馆	1755年	同上
犍为石溪镇正街	福建会馆	雍正间	同上
昆明丽正门外校场	福建会馆	清代	光绪《昆明县志》卷四
蒙自南门	福建会馆	清代	宣统《续蒙自县志》卷三
思南东门外	福建会馆	1812年	道光《思南府续志》卷二
临桂王辅坪大街	福建会馆	1733年	光绪《临桂县志》卷一五

续表

福建商帮会馆所在地	名称	建立时间	资料来源
雷州赤坎	福建会馆	清代	《湛江文史资料》第15辑,第128页
雷州赤坎	闽浙会馆	嘉庆年间	《湛江县文物志稿》1986
南雄	福建会馆	清代	《南雄文史》第2辑,1985年
韶州城内中大街平治巷口	福建会馆	清代	《韶关市区文物志》,1986年油印本
佛山	上杭会馆	清代	《中国工商行会史料集》下册,第637页
海口水口巷	福建会馆	道光十九年	小叶田淳著,张迅斋译:《海南岛史》,第252页。
海口白沙门	漳泉会馆	道光年间	同上
海阳城内	汀龙会馆	不详	光绪《海阳县志》卷七
儋县销皮街	福潮会馆	清初	道光《琼州府志》卷七

以上所列均为直接标明为福建会馆的,其它有些只标明是海商或与粤商合建的均未列入,在四川,因为清代推行鼓励移民政策,福建商民几乎在成都府、重庆府、保宁府、顺庆府、叙州府、宁远府、夔州府、龙安府、雅州府、嘉定府、绥定府、潼川府等各县均建有天后宫,可见闽商在国内各地均有涉足。

第二节 从官绅会馆到商人会馆

早期的会馆特别是在京师开办的会馆一般是不对商人开放的,哪怕是商人出资兴建的会馆一般也不让商人使用,而商人作为流寓之人,他们也需要同乡人之间的交往,他们设置会馆,还可以共同对抗牙行,实施自我管理和自我约束。此外会馆作为联络乡情,寄托乡思,同时也为了沟通商情,使商人更明确了建立为商人服务的会馆的意义。因此,从明中后期开始,商人建立的商业性会馆逐渐增多,并日益占据着主流的趋势。这些会馆不同于官绅类的会馆,商人在商业性会馆的创建、日常管理和发展运作中发挥着主导作用。

会馆的构建规模与商人力量大小有很大的关系。我们可以通过苏州一地的会馆来看实际存在的情况。由力量雄厚的杭州绸缎商人建立的钱江会馆,在乾隆三十年(1765)以七千二百两银买下"凡为楹者计一百三十有奇"的建筑物,当时这些建筑物"垣墉高而瓴壁坚,堂构焕而栋宇壮,冬有温炉,夏有凉荫"。这可使本籍经商者"得以捆载而来,赁无所费,不畏寇盗,亦不患燥湿"。① 武林杭线会馆,创于乾隆初年,在生意大盛时,规模甚宏大,其时"择地于阊关内蒋家桥弄,设有照墙头门正殿,悉皆砖砌,制造精工,听楼后堂五间,题'集益堂'。两厢楼各三间,以联桑梓聚合之所,尚有后楼五间,两傍余屋,以备同乡宾檄之需。会馆正殿,供奉武帝,一年圣诞两次及三节敬神,每年修理及看管之人,其费向由杭庄扣除厘头"。可是到道光时,却因黄河水决口,生意大衰,"以致会馆日形竭蹶"。② 东越会馆在兴盛时有公善堂的设置,"堂基周围八十五丈,外堵以墙,内建殡舍八大间,分别上次,遇有同业尊重先人灵柩,择寄上房,必须照章慨纳寄资,稗充本堂修葺经费"。③

由上可知,每个会馆都各有自己的兴盛期,都各有自己的经费来源,有的是靠官或商的自愿捐助,有的是靠商人的抽厘,有的还可依靠房租,也有的可能只有始创者却无以为继。但是,无论如何,一栋专属建筑物的存在毕竟是会馆得以产生的基本前提。这栋建筑物是由团体成员所拥有的共同产业,而且必须在创建与维修的过程中,都能得到成员较多的关注与捐款经营,才能得以维持与壮大。从上可以说,会馆的规模大小与运作的好坏经常与该籍商人经营活动的成败密切相关。

因为会馆的经费来源并不稳定,但又要使会馆长期维持,许多会馆发展出自己如何经理团体捐款和管理团体产业的内部规章。乾隆四十九年(1784)的《潮州会馆碑记》上即说:"延请董事经理,三年一更,七邑轮举,一应存馆契据,递交董事收执,先后更替,照簿点交,永为定例。"嘉庆十八年(1813)《嘉应会馆碑记》则不仅强调"凡经手收入及放出生息,必须经理得宜,始免侵亏之弊"。光绪十一年(1885)云锦公所碑文说:由同业中轮当司年司月经理,互相稽查。延请董事和其他管理人员,一般是有能力和实力的商人,他们在会馆规章的规定下,管理会馆的财富,使会馆维持稳定和发展。

商人在商业会馆中运营作用及商业会馆的内部结构我们可以通过至今仍遗留的一本反映潮州的福建汀龙会馆简史的《汀龙会馆志》悉知一二。

汀龙会馆是清代潮州最大的一座会馆,其倡建的起因在于:"汀龙二州密迩毗连,据闽之上游,下与潮属为邻,地壤相接,且鄞汀一水南流直通潮郡,舟楫往来,众皆称便。凡商贾贩运,托业于斯者,歌乐上焉。盖时当承平,清晏日久,海国江乡,无复向时鳄波瘴雨矣,由是议建会馆,将上以妥神灵,下以通乡谊,岁时祭赛,博酒言欢,联一堂桑梓弟兄,甚盛事也。金曰:宜然。因而相地裁定,鸠工庀材,自春徂秋,九阅月而告竣。考其时岁在癸未,为乾隆二十八年。"交通的便利沟通了两地的商业联系,商人队伍的壮大必然呼唤着会馆的诞生。

会馆建成以后,规模就颇为庞大。"馆在潮州城开元街之西福胜庙右手下畔,坐北朝南,馆门当街,正中为大门,门馆外加木栅门,左右二角门,门侧左右各一门房直入中门,内为春秋演戏台,正中为天井雨坪,左右二廊,道光戊戌年改建东西二酒楼,正厅堂为奉

---

① 乾隆《吴阊钱江会馆碑记》,《明清苏州工商业碑刻集》,第19页。
② 光绪《兴复武林杭线会馆碑记》,《明清苏州工商业碑刻集》,第221页。
③ 咸丰《东越会馆公善堂碑记》,《明清苏州工商业碑刻集》,第274页。

祀天后圣母，正殿左耳厢为财神殿，右耳脂为福德祠，均祀木主，设神完，前为天井，俱有门与酒楼相通。财神殿左横屋一直深与馆基等，上为客厅，咸丰癸丑年改修，兹仍京都汀州乡馆堂额为旅萃堂，厅屏后为小眠房，厅前开小天井，左出留天空，下开一水井，中用花窗屏扇隔一小厅，坐东面西，为祭祀更衣所厅右隔小房再出为厨房中开大门当街路，门外左侧抽一厕所，馆后并左右俱黄姓房宅馆右抽开小巷以通，然路墙枪下有滴水坑出街沟，馆门距街正对照墙一面，其墙下基趾属馆内地。"凡会馆的正殿、附殿及其他配套设施如戏楼、神位等都一应俱全会馆通过祭祀天后、财神、福德正神等聚合会众。

会馆的管理是"依其里邑之所近"联络为纲，在汀龙会馆之下分为篓纸纲、龙岩纲、履泰纲、本立纲、福纸纲、九州纲、运河纲、武平纲、上杭纲、莲峰纲、水定纲、白沙纲和袍季等。会馆根据每年开支的预算按不同的比例分推给各纲，包括不同节日的祭祀与演戏也分别由不同的纲来分担，如馆规规定"汀龙众帮未经抽厘，并无公项，其馆中神前香灯，每月额定壹仟伍佰文，守馆工食每月额定边银壹两零伍分，均照向规以三分派龙岩纲、本立纲、履泰纲，共派缴四月，篓纸纲派缴四月，福纸纲派缴四月，闰月均派"。"汀龙众帮春秋庆祝公祭香蜡戏金及主与祭执事二席及费照向规以九分派，篓纸纲派缴三分，福纸纲派缴四分，龙岩纲派缴一分，履泰纲派缴一分，倘有修葺馆宇亦同"。"馆中众帮并未议额有津贴花红程仪及各项喜资，倘有甲科以上及出仕现任司道各大员至馆行香悬匾者临时酌议"。"馆中奉祀圣母神像袍服制绣更换及费俱由换袍季内措办"。由上可知会馆内的各帮实力有大有小，因而也不平均承担义务，而是根据各自的实力来承担不同份额的义务，这样便把具体责任落实到各纲头上，且可以承担，容易兑现。

各不同的纲再根据本贩运集团的特点，或向会员征帐饷银，或买房出租办店以取得收入。如福纸纲饷规规定："各庄福纸由上山采办盖用各字号戳记，所有双合纸黄纸每四十二张为一刀，每五十刀为一片，合二片共壹百刀为一捆，船送至东关，每捆完饷银四分陆厘，大包各庄纸每八十四把为一球，每球完正饷银三分八厘，向规每饷银壹佰两加耗银解费三两，补库平银三钱。至道光十六年再议每百两加费银四两，合前共加银七两三钱，纹佛各半缴完。"①这些规定使会馆有比较稳定的收入，加上房屋店面的租金收入，从而达到"答神庥而联乡谊"的目的。由此，会馆的兴盛就直接意味着商业的兴盛，会馆的规约为商业的良性发展奠定了基础。

在汉口的商人会馆亦多征收厘金，如汉口江西会馆规定："（甲）凡新开店者，当出钱一串二百文。（乙）新来汉口为店员者，当出入帮钱四百文。（丙）自他帮雇人之徒弟，当出钱五百文。（丁）徒弟入会者，当出钱五百文。（戊）新来汉口贸易者，一年之内，届出于会馆，若入帮延迟一月者，公同议罚。（己）目下在汉口之商人不分明者，查出后当遵规约入帮。"在上海的绍兴会馆也规定："凡我同业者，卖大箱之茶课四分，小箱课一分五厘，按期纳付，不得有误。"②这些会馆规约其实是为了规范商人的商业活动。

---

① 同治《汀龙会馆志》（一册），由康晓峰先生提供，谨致谢意！
② 全汉升：《中国行会制度史》。

从史料中我们看到,商业性会馆下设"福"、"会"、"纲"、"堂"等子机构是会馆管理中的一种普遍现象。除了上述的汀龙会馆外,像广东南海、番禺、顺德、新会四县商人在湘潭合建会馆,其内祭祀关羽,初本四县人共同祭奠,后则分开,南海有粤魁堂,番禺有禺山堂,顺德有凤城堂,新会有古岗堂,各自设立规约,处理同县人事务。清乾嘉年间的汉口福建会馆的日常经费是由馆内的"福会"(即巷岩福、龙川福、致和福、宝树福)提拨,福会会产由热心人出钱认股,作为基金,建置产业,每年生息,以供给会馆的开支。又如九江龙岩会馆亦以福产维持生存。① 还有重庆的福建会馆有文华会、郸江会。苏州的东越会馆有公善堂等。傅衣凌先生早年曾研究过福州的汀州会馆,认为这个会馆原是长汀、上杭二县的经营纸靛的商人所组织的"纸靛纲",后由"纸靛纲"扩充为"四县纲",再进而为汀州会馆。傅先生认为:凡货物之结合同行者,曰纲,盖原是一种官营运输组合。② 我们循此推衍,即会馆的一支是由官营的"纲"转化而来,官营日渐演化为私营,成为相互组合、相互帮助的自我管理团体。

正因为商业性会馆把自我管理作为自己的首要任务,因而它们都特别注意发挥娱乐与义举的功能,这些也需要必要的经济基础。从佛山的道光三十年(1850)《重修山陕会馆福地碑记》中,可以看到该会馆的一份收支表,其中"祭神演戏会馆福地一应杂项支银九千五百九十八两五钱零二厘",③因此娱乐支出应该是很大的。有些会馆各有出入,像江西会馆设立了义庄一所、义山一座,以作义冢之地。④ 徽州商人也随其足迹所至,到处设置会馆义庄,在上海、苏州、天津、汉口等地都可找到会馆建立义庄、义冢的事例,这表明会馆不仅为生人及其商业,而且恤及死者,更显出其稳定会馆的本意。有的会馆因为祀神,还设有住持,以司香火,以司洒扫。

总而言之,商业性会馆是明清市场经济机制下的商人自我管理团体,其设置各不相同,但大体包括了议事厅、神殿、戏台、客厅、厨室、丙舍、义冢,有的设有义庄,有的则装点了园池假山。其管理经常由殷实德厚者为之,收入来源包括捐项、厘金、香资、房租、利息、批头等项,支出则包括会馆的修缮费、祭祀费、演戏娱乐费、日常接待费、义棺义冢费等。商业性会馆是由商人集资构建而成,以顺应商业发展的需要。会馆构建后,同样是由商人集体根据商业需要制定出合理可行的规章,由商人自主管理,保证会馆的正常运作和长远发展。

---

① 郭翔:《龙岩会馆》,《龙岩文史资料》第8辑。
② 傅衣凌:《我是怎样研究中国社会经济史的》,《文史哲》1983年第2期。
③ 《重修山陕会馆福地碑记》,《明清佛山碑刻文献经济资料》,第144页。
④ 《禅镇汀西义庄官示抄刻碑记》,《明清佛山碑刻文献经济资料》,第154页。

中篇

会馆与商会的并存与交替

(1903—1953)

第四章

商会与会馆的并存与交替

近代福建商人组织的发展呈现出新的样态,大体包含三个方面:一是传统的会馆、公所继续存在,时有兴建,且呈现出兴盛局面,这类组织既集中于省城福州,也在像厦门、泉州、龙岩、建阳等地有所体现。在省外,福建商帮还将他们的组织建到了国内各地,举凡上海、苏州、天津、烟台、宁波等地都有福建商帮的集合场所——福建会馆。商业性会馆继续发挥着促进工商业发展的重要作用。二是随着近代商战的时代潮流涌现,福州、厦门建立起了商务总会,该两商务总会均受到《商会法》的推动,且由政府干预组建,该两商务总会统管全省各地的商务分会,实际上是建立起了对全省商会的集中管理。这些商务总会受到传统会馆、公所、同业公会的积极影响,或者说承继了传统会馆的基本遗产,厦门商务总会就成立于广东会馆内,福州的商务总会建于下杭街,也是会馆集中之区。异地闽商也积极参与到各地的商会之中,为商会的发展贡献了很大的力量。

商会是一种行业组织,在加强同行业企业间的联系以及与其他行业的交流,沟通企业与政府间的关系,协调同行业利益,维护会员企业的合法权益,促进行业发展方面有很大的作用。中国近代行会起源于清末。近代,由于西方列强的入侵给中国带来了深重的经济危机,外国商会与列强的勾结,重重阻碍中国民族资本主义的发展。因此,在新兴的民族资产阶级中兴起了商战和建立商会的思想。1903年,清政府设立了商部,作为统辖农工商实业的最高管理机构,商部即奏请清政府设立商会。1904年,根据商部的意见,清廷谕令颁布了《奏定商会简明章程》、《商会章程附则六条》,这些法律文件成为商会成立的法律依据。随后,上海、北京、天津等地商会相继成立。到1908年,全国已有58个总商会(其中9个建于海外)和223个分会。清末的商会由于清政府的强力干预,具有明显的"官督商办"性质。民国成立后,商会发展更为迅速,1912年商会总数猛增至794个,1915年更激增到1262个。1915年,参议院代行立法院职权,于第二期常会议定《商会法》,并于12月予以公布。次年2月,又颁布了《修正商会法施行细则》。1927年,南京国民政府成立后,重新修订了《商会法》和《商会法实施细则》。1929年,工商部拟定《商会法》草案,同年8月15日公布施行。商会从创立时起,就是具有强烈的独立意识的社团组织,与其他形式的社团比较而言,它是当时清政府最为重视的新型商办民间社团。

在清末建立商会政策的推动下,福建在省内设立了两个总商会,即厦门商务总会和福州商务总会。在省外的闽商则积极参与其他地方商会的兴建,许多还担任重要的领导职务。商会的建立对福建商人和商业的发展发挥了重要作用,另外,商会发起的运动对整个社会都有很大影响。如以上海闽商曾铸发起的抵制美货运动,对促进商人独立意识、民族工商业、民族反抗意识等都有很大作用。民国商会的兴起,广大闽商更有发挥作用的舞台。

行会作为一种同业组织,在中国起源比较早,约在唐代就有行的组织。在明清时期行会更具规模,起着保护行业发展、避免业内竞争的作用。清末商会迅速发展,但是作为同业组织的会馆、公所等并没有立即衰落下去,有些还获得了一定的发展。清末的商会与行会的关系是互相渗透,互相结合,互相依赖,两者之间的配合难免有摩擦,但总体上看还是比较融洽的。行会是商会联结广大会员的中间环节,有了这个中间环节,商会才能把早已归入各行的广大会员联结起来,形成较大规模团体,从事较大规模活动,没有这个中间环节,商会就成了无源之水,无本之木;没有商会,行会之间难以真正沟通以至联合,从而形成大的气候,往往陷入散漫的境地。①

以商业性会馆为代表的行会组织在近代也有所转变和发展。商业性会馆在行业管理、商业发展发挥着行会的作用。会馆的"行规"、"条规"、"章程"和"俗例"等,往往经同行议定,有的还经过报官立案,得到官方的批准承认,在发生业务纠纷时成为行业内部调处和官方裁判的准则。内容涉及从业资格、入会费用、行业质量和计算标准、原料分配与生产规模、货物价格、招收雇工的手续、工价和人数限制、开业地点选址、为违规者的处罚方式以及供奉和祭祀的神灵等方面。按照这些详备的规定运行保持行业健康发展的态势。而作为同业组织的行会所起的作用也包含商业性会馆的作用,闽籍行会也往往以商业性会馆的形式出现。例如上海地区的泉漳会馆,是泉州、漳州船户行业商人组成;三山会馆,由福州果橘业农民和商人组成;桂圆公所,由福建桂圆业、黑枣业商人组成;点春堂最初由福建花糖洋货业商人建立,后来发展成为上海市糖业同业公会。

---

① 黄福才、李永乐:《论清末商会与行会并存的原因》,《中国社会经济史研究》1999 年第 3 期,第 61 页。

第五章

近代的商会与行会

第一节　清末商会的兴起

一、商会兴起的时代背景

西方国家的侵略造成深重的民族经济危机。近代西方国家对中国的经济侵略与军事、政治的侵略几乎是同时进行的,但在经济侵略方面,一开始远不如军事侵略那么顺畅,出现过很大的起伏。第一次鸦片战争结束后,《中英南京条约》等一系列不平等条约的签订,中国被迫开放了广州、福州、厦门、宁波、上海等五处通商口岸。中国的大门打开了,西方商品开始涌入中国的市场。但是由于中国农村传统经济和市场体系的稳固,西方列强的入侵并没有给商品倾销打开多大的缝隙。因此,列强又发动了新的侵略战争,迫使清政府签订了《天津条约》、《北京条约》、《中法新约》、《烟台条约》、《辛丑条约》等,攫取越来越多的侵略权益。此外,还有中日《马关条约》,西方列强通过利益一体均沾,获得了日本的侵华权益。通过这一系列不平等条约,中国逐渐并且最终沦为半封建半殖民社会,中国经济被迫卷入世界资本主义市场,在许多方面沦为西方列强经济的附庸。西方的侵略给中国经济带来深重的危机,中国传统经济被打破,沦为西方的原料产地和商品市场,在19世纪后期还成为西方列强的资本输出地,严重影响中国经济尤其是民族资本主义经济的生成和发展。甲午战争后,列强加快了对中国的资本输出,从1895年到1905年的10年中,列强在中国开辟的通商口岸从34个增加到50个;各国商人在中国设立的从事商业贸易的洋行,由603家激增至1693家;在华外国人数从10991人增加到38001人;中外贸易总值从31499万两增至67499万两;外资在华工厂数从10家增至74家,并夺取了中国修筑铁路的权利;外国在华投资总额从近3亿美元增加到15亿美元(1902年数)。①

---

① 虞和平:《商会史话》,北京:社会科学文献出版社,2000年,第5页。

民族资产阶级"商战"与建立商会思想的兴起。西方的侵略严重阻碍中国民族资本主义经济发展,引自中国民族资产阶级的强烈反抗,在这种形势下产生了一种重要的反侵略思想——商战。"商战"首先由著名的维新思想家、实业家郑观应在甲午战争时期提出的。他把外国资本主义的侵略手段归结为"兵战"(军事侵略)和"商战"(经济侵略),并认为后者比前者更为隐蔽、更有威胁性,因而中国在反侵略方面也应该把反对经济侵略放在比反对军事侵略更为优先的地位。在他看来,"商战"系对应于"兵战"而言。兵战,指军事冲突。商战则指在市场上进行竞争。他在《盛世危言》中提出"习兵战不如习商战"。① 说的是学习西方,仅仅热衷于购铁舰、建炮台、造枪械、制水雷、设海军、操陆阵,讲求战事不遗余力,远不如像西方各国那样倾其全力振兴商务。为进行"商战"就必须破除以农为本、以商为末、重本抑末的成见。为改变中国重本抑末以及工商阶级落后状况,全面提高工商业者及相关行政管理者的素质,郑观应要求在中央于六部之外特设商部,分设商务局于各省水陆通衢,由素有声望的绅商为局董,支撑和保护工商业者发展实业,"必使中国所需于外洋者,皆能自制;外国所需于中国者,皆可运售"。同时,于各府、州、县设之商务公所,由工商业者自行选举商董,"毋恃官势,毋杂绅权",由他们自己研究谋划,决定兴废,以使"上下之情通,官商之势合,利无不兴,害无不革"。可见,郑观应的商战思想代表了新兴的民族资产阶级发展民族经济的愿望。在他的商战思想中已经包含了建立工商业商会的思想,对后来商会的产生有很大的作用。1896年,著名实业家张謇即提出应设商会,由各省督抚予以保护。戊戌变法时期康有为作为新兴工商业者的代言人,也曾奏请光绪帝谕令创设商会,以使"上下通气,通同商办,庶几振兴"。但由于百日维新很快失败,商会终未能应运而出。进入20世纪之后,成立商会的呼声愈益强烈。有的指出:"欲兴商务,必以各设商会,始行之有效,各商会再联一大商会,庶由点成线,由线成面,内可与政府通商人之情况,外可与各国持商务之交涉,非设商会不为功也。"甚至说:"无商会以维持其间,微论官与商既多隔阂,即商与商亦复纷歧。""提纲挈领,保卫维持,俾商务日有进步者,实惟商会是赖"。②

西方列强在中国建立商会,官商结合进行经济侵略。跟随侵略者而来的是享受种种特权的西方商人,他们以通商口岸为基地,以外国洋行和外资工厂为依托,在列强枪炮政策的保护下对中国进行经济侵略。来华的外国商人纷纷仿照其国内的形式组建商会等团体,以团体的形式进行侵略扩张。早在鸦片战争前,来华的英国商人就成立了英商商会,1836年又进一步建立了包括所有来华外国商人的洋商总商会。在打开中国大门之后,1847年外国商人在上海成立了上海洋商总商会。1861年在香港的外国洋行组建了香港洋商总商会。外国商人凭借商会团体与侵略者一起行动,对华商战,进行经济掠夺,进一步扩大他们在华的经济利益。如果说列强驻华使节是其对华商战的最高指挥官,那么各洋商商会就是其对华商战的参谋部,它们一方面给各国驻华使节出谋划策,一方面

---

① 郑观应:《盛世危言》,沈阳:辽宁人民出版社,1994年,第238页。
② 朱英:《清末商会的成立与官商关系的发展演变》,《社会科学战线》1990年第2期,第205页。

组织各国商人开展对华商战。① 列强官商勾结，对中国经济侵略日益加深，商会在其中起着为虎作伥的角色。如1902年清政府委派商务大臣吕海寰和盛宣怀与英国、美国、日本、葡萄牙等过代表在上海进行修订商约的谈判。这次谈判事关外商在中国的商税和行船等重大问题，而外国谈判代表事先就得到了商会的意见，按照商会的意见还进行了实际考察，因此在谈判开始时就先发制人，向中国代表提出了24条一揽子方案，给中国代表一个下马威，在谈判中处处处于优势地位。没有商会协助的中国代表，事先无所准备，对外国代表提出的方案一无了解，事事处于被动状态。作为中国代表的盛宣怀深感把中国商人组织起来的必要，这就直接促成了中国商会雏形——上海商业会议公所的成立。

二、清末商会的建立

西方列强官方和商会勾结对中国进行经济掠夺和侵略，给中国造成了深重的经济危机。在西方侵略和早期"商战"思想影响下的民族资产阶级才逐渐意识到成立商会的重要。以郑观应为代表的早期改良主义思想家就曾呼吁立商部、设商会，以"恤商情、振商务、保商权"。戊戌变法期间，康有为也屡次提出兴商学、办商报、设商会的条陈。但均遭到以慈禧太后为首的顽固派的反对。及至20世纪初年，清政府处于风雨飘摇之中，被迫推行"新政"，企图维持没落的统治。鉴于西方的侵略方式以及发展起来的民族资产阶级的要求，清朝统治者也开始意识到发展工商实业的重要作用，试图以振兴实业挽救"库储一空如洗"的危机，因此提出了振兴商务、奖励实业的政策，这为商会的诞生创造了直接的条件。1903年4月，清廷颁发"通商惠工"谕旨，②表示要革故鼎新发展民族工商业。同年9月，清朝首先设立商部以专司工商事务。1904年元月，商部即奏请朝廷劝办商会。奏称："纵览东西诸国，交通互市，殆莫不以商战角胜，驯至富强。而揆厥由来，实皆得力于商会。"反观中国，"历来商务素未讲求，不特官与商隔阂，即商与商亦不相闻问。不特彼业与此业隔阂，即同业之商亦不相闻问。"因而"坐使利权旁落，浸成绝大漏卮"，故"今日当务之急，非设立商会不为功"。③ 此奏上达不久，即经谕允颁行各省，令各级地方官积极倡导，妥速办理。自此以后，创办商会即由下层民间人士的迭撅呼吁，一变而为上层官府所倡行。

在上海，原先成立的具有商会雏形的上海行业会议公所，由商部首先札文将其改组更名为上海商务总会。北京是所谓"首善之区"，商部认为也应"先行劝办商会，以为各省之倡"，故主动选派有关人员向当地声望素孚的行业帮董"剀切劝告"，促成京师商务总会于1904年成立。是年底，商部左参议王清穆致函天津绅商宁世福等人，告知京沪商会业已成立，希望"迅速联合绅商，斟酌时宜，参照沪会章程，克日举办报部"。于是，天津各业商董几经磋商，推举总理、协理报部批准，也将天津商务公所改为商务总会。这样，中国

---

① 虞和平：《商会史话》，北京：社会科学文献出版社，2000年，第6页。
② 《光绪朝东华录》（五）总5013页。
③ 《光绪朝东华录》（五）总5122～5123页。

最早的一批商会相继应运而生。由此可见,清末商会之所以能正式产生,与清朝官府有着十分密切的联系。在此之后,为推动各地有更多的商会成立,商部还曾先后数次向各省地方官员和商人札送劝办商会谕帖。到1911年,全国已有五十余处成立了商务总会,八百八十余地设立了商务分会。①

三、清末商会的性质

清末商会的产生与发展,对中国近代政治、经济、文教以及资产阶级的成长壮大,都产生了不可忽视的影响。国内外学者对商会的研究已比较多,取得了一些可喜的研究成果。但对清末商会的性质认识,有的认为是官办机构,有的认为是半官方组织,还有一些认为商会是完全商办的民间社团。众说纷纭,歧异甚大。而据著名近代史研究学者朱英先生的研究,清末商会既不是官办机构,也不是半官方的组织,而是带有一定"官督"色彩的商办民间社团。② 这一点已经取得了学界越来越多的共识。

上面的论述已经指出,清末商会的正式产生,与清朝官府有着十分密切的联系。清末商部的奏请直接促成了商会的生成,各地按照清政府的谕旨组建起来商会。但是清政府由于害怕商人因之滋长对权力的追求危及封建统治,因此在鼓励提倡的同时,又采取各种办法实行监督限制,从而给清末商会抹上了一层浓郁的"官督"色彩。首先,在各地商会成立之前,商部即一手包办,拟定了一个《商会简明章程》,奏准朝廷颁行。该章程总共26条,虽然一定程度地反映了清统治者试图以设商会而联商情、兴商务的愿望,但也从各方面对商会作了原则性的强行限制,如商会的领导人选、资格、人数、任命等都受清政府稽查和限制,商会权力和运行受到很大掣肘。商部是清政府监督和限制各地商会的直接机构,往往以商会顶头上司的姿态对商会发号施令。如《奏定商会简明章程》第十四款虽然说明,商会为就地分设,"各处商情不同,各商会总理应就地与各会董议定便宜章程",但同时又指定以"无背商部定章为断"。当时,不论是商务总会还是分会,订立的章程都要上报商部审核。查《商务官报》各期"要批一览表",有关商会所订章程不合部章而被驳回的记载在在皆是,有的甚至来回折腾数次仍不得通过,其官督限制,十分明显。

比较起来,清政府对各地商会监督限制最严者,主要是商会的活动内容及权限范围。具体说即是试图将商会活动与权限牢牢限制在商务的狭小范围之内,不允许商会参与地方政务和过问国家的内政外交。商部在其奏定章程中对此已有明确规定,之后又三令五申,告诫各商会"会议之内凡所论断,一以商情利弊为宗旨,不得涉及商界以外之事"。并特别强调"一丝不容稍溢",务须"格遵定章,认真经理"。其所忧者,无非仍是害怕商会涉足政治运动,增长政治权力,造成对封建统治的危害。此外,清政府还时刻提防商会干预

---

① 朱英:《清末商会"官督商办"的性质与特点》,《历史研究》1987年第6期,第137~138页。
② 朱英:《清末商会"官督商办"的性质与特点》,《历史研究》1987年第6期,第137~149页。本节即节选自此文。

地方其他事务,侵犯地方官府权限。

由此可见,商会不仅在人事、权限等方面不同程度地受到清政府的束缚,而且在活动内容和方式上也承受着来自清政府特别是商部的某些监督限制,具有较为浓厚的"官督"色彩。但商会毕竟是按照清政府谕旨和商部颁布的《奏定商会简明章程》的基础上由各地商人建立的,享有一些与商事有关的权益,可以处理一些基本的商业事务,具有商会的组织形式和某些权利,而且商会的重要组成部分民族资产阶级也在为争取商会的权益不断努力,并按照现有的规章来进行商会的活动,因此商会也具有基本的自主性。因此,综合来说清末的商会是"官督商办"的社会组织。

第二节 商会与行会的区别及其联系

一、商会与行会的区别

商会与行会都是商业组织,但是两者之间有很大的区别。行会是工商业发展产生了行业组织。在商品经济有了一定发展时,为了调整同业关系,解决同业矛盾,保护同行利益,协调与政府的关系,同业或相关行业联合起来组成行会,这种行会带有地域和行业两重性。中国的行会产生于唐代。唐代工商业组织大都称"行",行有"行头",源于同业商店的街区。工商业者往往在一条街上开设同类的店铺,故称"行",如"织锦行"、"金银行"等。到了宋代,行会组织更加发展。明清时期,商业性会馆、公所又发挥着行会的作用。在封建社会,行会通过事无巨细的种种规章,例如行业生产数量、质量、生产技术、生产规模、师徒制度、市场分配,保护同行手工业者的利益不受外人的侵犯,阻止外来手工业者的竞争和限制本地同行业的手工业者之间的竞争,保护既得利益,维持行业生产秩序的稳定。行会的这些规章只能在短时间内保护行内生产者和商人的利益,但是随着生产的发展和社会的进步,这些规定就成了行会和行业发展的绊脚石。行会后期的种种规定,不只限制了自由竞争,限制了从业人员数量,限制了商品的大量生产,而且限制了新生产工具的应用。行会的目的不在于增长,而在于维持、稳定和有序。① 因此,行会最终阻碍了行业和社会生产的发展,并最终被社会的发展所打破。

商会是西方国家的产物,其作用的形成也有着历史的传统。就欧美和日本各国商会的功能而言,主要有四个方面:一是连结众商自卫和自治能力,如欧洲商会之产生,因"欧洲之中古,商事法律缺而不定,商人惧保护之不固也,结成团体,以互相维持"。二是促进工商业之发展;三是传播工商业之科学知识;四是参与国家的工商业行政管理和立法工

---

① 罗伯特·L.海尔布罗纳、威廉·米尔博格:《经济社会的起源》,上海:格致出版社,2012年,第29页。

作。① 中国近代商会是受西方商会的影响而诞生的。1904年商部奏请清政府设立商会时说："纵览东西诸国,交通互市,殆莫不以商战角胜,驯至富强。而揆厥由来,实皆得力于商会。"而中国"历来商务素未讲求,不特官与商隔阂,即商与商亦不相闻问。不特彼业与此业隔阂,即同业之商亦不相闻问。"因而"坐使利权旁落,浸成绝大漏厄",故"今日当务之急,非设立商会不为功"。② 中国素来"重本抑末",不但不讲求商业的发展,反而处处阻碍商业的进行,官商之间少有正当的联系。而商人与商人、行业与行业之间更是讳莫如深,缺乏必要的联系与支持,以致在近代遭受西方经济侵略的巨大冲击而无多大还手之力。因此,成立商会,加强官方与商人、商人与商人、行业与行业之间的联系,成为清末的一种时代追求。1904年,在商部奏请之后,商会终于在中国各地成立。商会诞生后,工商各业资产者有了本阶级统一的领导机构,旋即改变了过去商与官周旋时以个人或行帮落后形象出现的状况。与岭域分明、互相排斥的传统行会判然有别,商会对会员和会友无籍贯和行业限制,是联结工商各业的中枢组织。因此它成立之后,有史以来第一次改变了工商资产者互不联系的孤立隔绝态势,将各业分散的资产者凝聚成为一个相对统一的整体。从全国范围看,各省的商务总会虽互不统属,尚未建立全国性的商会联合会,但在比较重要的社会活动中遥相呼应,密切配合,以其"登高一呼,众商皆应"之势,使全国的工商业者通过商会这一轴心,建立起相互紧密联系的广泛网络,成为资产阶级初步发展成一支独立阶级队伍的重要标志。同时,商会经清廷谕允成立,由商部颁给关防印记,享有合法的社会地位。这样,工商业者从此得以通过商会以社团"法人"的新姿态,斡旋于官场之中。③

二、商会与行会的联系

近代商会的产生,是对传统行会的一种历史否定。然而历史的否定是辩证的、具体的否定,并不意味着否定者与被否定对象渺不相干。中国近代特殊的历史背景和条件,更使商会在否定行会的同时,又同其保持着千丝万缕的血缘联系,二者在本质的"异"中又有非本质的"同"或"类似性"。商会以公所和客帮为根据,是商会与行会存在血缘联系的具体反映和描述。然而首先需要明确,这里所说的引为根据,并不意味着各业公所和客帮就是商会的基层组织。因为组织系统间的相互融合或纳入是有前提和条件的,也就是说二者之间必须存在某种可能导致融合或纳入的共同系统质。因此,商会与行会之间的历史联系,其实是一种组织系统间的起源关系。换句话说,既存的会馆、公所等旧式工商行帮组织,是商会组织建构的历史起点和基础。这里面包含有两层意思:其一,商会的创设和开展活动,需要获得公所、会馆各行帮人力及财力的支持。商会并不是一个空架

---

① 高旭晨:《中国商会制度的创立》,《环球法律评论》2002年第2期,第157页。
② 《光绪朝东华录》(五)总5122~5123页。
③ 朱英:《清末商会的成立与官商关系的发展演变》,《社会科学战线》1990年第2期,第206~207页。

子,而是由具体的商人所组成。但早在商会出现之前,这些商人就已经被纳入到会馆、公所等组织形式之中了,因此,商会不得不对行会有所依赖。其二、各公所和商帮势力的大小,在商会内部领导层中也有相应体现。商会的骨干通常早就是各公所和行帮的头面人物,如苏州商会议董杭祖良、李文模即长期担任纱缎业文锦公所董事,苏绍柄也是以福建汀州会馆和福建烟业董事身份跻身于商会领导层的。不过,这种并存互赖的局面,也是以公所为代表的旧式行会不断解体更新,逐渐发展成近代意义的同业公会作为前提和基础的。中国近代商会组织同传统行会组织结下不解之缘,归根结底是为半殖民地、半封建社会的总体社会性质所决定。①

清末商会数量增长很快,到1911年,全国已有五十余处成立了商务总会,八百八十余地设立了商务分会。但是,在中国商会的兴起并没有使行会立即衰落和消灭,传统形式的会馆、公所等行会组织在商会成立后仍然继续存在,成为商会的组织基础和支柱,商会与行会在近代中国社会长期并存。② 商会以公所和客帮为根据,这种历史联系,使商会与行会的关系是互相渗透,互相结合,互相依赖,两者之间的配合难免有摩擦,但总体上看还是比较融洽的。行会是商会联结广大会员的中间环节,有了这个中间环节,商会才能把早已归入各行的广大会员联结起来,形成较大规模团体,从事较大规模活动、没有这个中间环节,商会就成了无源之水,无本之木;没有商会,行会之间难以真正沟通以至联合,从而形成大的气候,往往陷入散漫的境地。③ 因此,在清末民初商会与行会经常相互配合发挥作用。

商会与行会互相配合的例子并不少。在苏州,1907年1月,洋货业商人拟将业中漏捐罚款拨办公所善举,经商会鼎力担保,遂很快获官方批准。同年7月,稻香村等茶食糖果店谋设糖果公所,其公所简章由当局转交商会核议,商会建议改名粮食公所,以免与糖果作业公所同名而生纠纷,稻香村等欣然相从,该公所很快获得批准。煤炭业申请成立坤震公所,当局搁置经年未予批复,1909年底,一经商会调处担保,商会"昨复",而当局"今准"。在清末苏州反对印花税和反对统捐的几次斗争中,凡是商会与行会配合较好的,斗争的成效就不错,反之,斗争往往归于失败。北京颜料行行规载明:"本行如有债务讼端,知会会首,报知商务总会处理。"商会和行会的配合也是建立在行会在近代不断变革的基础之上的,这种配合才能使行会在近代的激烈竞争继续存在,并在一定程度上继续发挥保护和促进行业发展的作用。

---

① 马敏、朱英:《浅谈晚清苏州商会与行会的区别及其联系》,《中国经济史研究》1988年第3期,第86～87页。

② 黄福才、李永乐:《论清末商会与行会并存的原因》,《中国社会经济史研究》1999年第3期,第60页。

③ 黄福才、李永乐:《论清末商会与行会并存的原因》,《中国社会经济史研究》1999年第3期,第61页。

第三节　近代异地闽商行会

明清以来闽商几乎遍布中国,他们在各地建立了大大小小的会馆。会馆虽然是主旨为"聚乡人,联乡谊"的同乡组织,但是随着商业和会馆本身的发展,也不能认为会馆与行会毫无联系。由于会馆本身不断发展变化,某些地域性会馆脱颖而成同业性会馆之后,即初步具有了行会性质。① 行业性会馆或行业性公所的发展实际上是会馆趋新发展的一个重要体现,说明会馆发展到一定阶段,它所要解决的主要时代课题有所变化。② 近代以来,异地闽商行会大多就是以会馆的形式出现,这样的行会在经济发达的江南地区就很常见,在近代上海开埠之后,闽商在上海也建立了许多会馆和公所类的同业组织。

表 5-1　上海闽商会馆公所一览表③

名称	时间	会员身份	经费来源
泉漳会馆	1757	泉漳两属商号船主	商行集资、房地产租金
建汀会馆	1796—1805	建汀纸棕商	抽厘
三山公所	1863 年左右	福州建宁果橘商	集资典房
三山会馆	1916	福州寿果福橘业	抽储货钱
花糖洋货业所	1821	汀、泉、漳花糖洋货商	
桂圆公所（兴安公所）	1736—1795	闽籍桂圆、黑枣商	
晋惠会馆		晋江、惠安进出口商	募捐
兴安会馆	1878		
海味公所			

闽粤会馆,"最盛者,闽为泉漳,粤为惠潮"。④ 泉漳会馆位于东门外滨浦地(今太平弄北,里、外咸瓜街之间),清乾隆二十二年(1757)(也有乾隆十九年、二十五年之说)福建泉州国安和漳州龙溪、海澄船商集资所建。泉漳会馆是上海近代福建商人的一个同乡、

---

① 马敏、朱英:《浅谈晚清苏州商会与行会的区别及其联系》,《中国经济史研究》1988 年第 3 期,第 79 页。
② 王日根:《中国会馆史》,上海:东方出版中心,2007 年,第 223 页。
③ 高红霞主编:《上海福建人(1843—2008)》,上海:上海人民出版社,2008 年,第 243～244 页。
④ 王韬:《瀛壖杂志》,上海:上海古籍出版社,1989 年,第 8 页。

同业组织。会馆前殿祀天后,后殿祀关帝,殿东、西分别为敦聚堂、议事厅。咸丰年间,小刀会起义时会馆损毁,后数次重修,在民国二十六年(1937)淞沪战争中被毁。泉漳两府的商人大多为船商,以贩运为主,载糖、靛、鱼翅到上海,小船拨运姑苏行市,船回则载布匹、纱缎、凉暖帽子、牛油、火腿、惠泉酒等,贸易数量巨大,利润丰厚。航海作业,生命在风口浪尖上颠簸,求得天神、天后的保佑便是头等大事。船一靠码头,就要举行祭祀仪式,已成为旅沪福建船民必修的功课。王韬的《瀛壖杂志》记载,在三月二十三天后诞辰时"灯彩辉煌,笙歌喧沸,大、小东门一带尤盛","沿街店铺,赌胜争奇,陈设彝鼎字画,精雅绝伦。宝蜡光腾,金炉篆绕,所焚沈檀迦南,氤氲馥郁,香彻数里。于时,航海帆樯,远近毕集浦滨,金铙聒耳,彻夜不绝"。① 东门正是泉漳会馆所在之处,在天后诞辰时的盛况可见闽商在上海之众。泉漳会馆是由商人缔结和运作的同乡组织,它不同于其他省市的一些移民会馆和试子会馆,从20世纪40年代泉漳会馆留下的大事年表、会馆章程可知,协调商务,关注商情一直是泉漳会馆的重要功能之一。② 比较各同乡团体的章程,关注商情也属普遍,但泉漳会馆的特别之处在于,专门设置商务股,"处理调解会员商行间所发生纠葛事件,并主持关于同帮商务规例一切事宜。"因此,泉漳会馆虽然没有严格的行业规章,但是它设立的商务股帮助会员之间调解关系和纠纷,仍在很大程度上发挥着保护船商行业的利益的作用。

清嘉庆初年,福建建宁、汀州纸棕各业商人在上海县城南购田设义冢,稍后在董家渡建同庆堂,位于城西南。道光二十九年(1849年)永定人苏升、上杭人曾辛叔、建宁人张镜秋等,从纸、棕各业抽取厘金,购翠微庵西南(今斜土东路、三门峡路)田立新冢,并建建汀会馆。大殿祀天后,又称"天后宫"。咸丰年间曾作为李鸿章淮军行辕,会馆建筑严重损毁。重修后,李鸿章题"筹笔地灵"匾。民国时期停止活动,房产及义冢为同仁辅元堂收买。建汀会馆虽然是纸、棕业上人所建,但是会馆的同业组织性质并不明显。"会馆义冢之设,所以联乡谊、妥旅魂,法至良、意至美也。"③它最初设置的是义冢,安置亡人棺厝,后来的《重订建汀会馆章程碑》也主要是有关冢厝管理的内容,因此要说建汀会馆是同业组织的行会还须商榷。

三山公所其实也就是三山会馆,有两处地方。一处位于今福州路,又称三山福宁会馆,由福州、建宁的果橘商人创建于1863年左右,主要是"研究商情,联络乡谊"。另一处在南市半淞园,又称三山果橘会馆,是自三山公所析出,建于1911年,历时五年才建成,会员主要是福州农村经营果橘业的农民和商人。果橘业具有很强的季节性,因此三山会馆的主要活动也呈现出季节性的变化。每年下半年八九月期间果橘上市时,果橘商就来上海进行经营活动,此时会馆召集会员,推举董事,进行果橘买卖业务,以及会馆的一般性功能如救济同乡、扶助同业等。

花糖洋货公所又称花糖公所、花糖公墅,由点春堂发展而来。点春堂原来为闽籍商

---

① 王韬:《瀛壖杂志》,上海:上海古籍出版社,1989年,第13页。
② 高红霞:《城市近代化中的上海闽商》,《史林》2003年第3期,第65页。
③ 《建汀会馆肇立龙冈会碑》,《上海碑刻资料选辑》,第277页。

人同乡兼同业性会馆(公所),后又发展成糖商业、海味业和洋什货业的同业组织。点春堂1825年由福建汀州、泉州、漳州三府花糖洋货商人集资组建。最初,它是福建汀州、泉州和漳州花糖洋货商人的同乡会馆,俗称花糖公墅。花指棉花,糖指蔗糖。洋货是指南洋(清代将江苏省以南的沿海称南洋)土产诸如淡菜、檀香、鱼翅、海参等。商人们将闽粤的糖及洋杂货(主要是海味)运到上海并转销各地,然后在上海收购棉花南运。闽南俗语"糖去棉花返"便是反映这样的过程,经营这些行业的人因此也被称为"花糖洋货商人"。福建人称会馆公所为公馆,故又称作"点春堂公馆"。最初点春堂主要是一所同乡会馆,会馆中的商人主要从事糖、棉、海味杂货等的贩运,因此会馆中的商人主要是糖商,也有兼营海味杂货或专营海味杂货商,随着这些商业在上海的发展,点春堂逐渐发展成为海味业、糖商业、洋什货业等的同业组织。点春堂在1853年成为小刀会起义的指挥部,1860年又被洋枪队占据,并建造有洋楼。后被上海闽商苏升集资赎回,"醵资兴修,辟作固定会所,'糖业点春堂'由此肇始。其时之组织名称曰:'糖业公所'。"糖业公所采取董事制,由同业推举,并同时推举一家商号每年轮值司年,执掌收支,"略具同业公会之雏形。"①同治初年,点春堂中的"三帮"糖业、海味杂货业与建花业分立,1871年(同治十年)海味杂货业独立,于是最初一个整体的花糖洋商一分为三,而"糖业公所"和"点春堂洋货同业"分别成为糖业与海味杂货两业同业公会之雏形。1924年,糖、洋货、南货、北货、杂货等9业成立糖洋南北杂货联合公会,集资在中华路置地造屋,建立交易会所。1930年,南京国民政府出台相应政策,规定各业须分业设立同业公会。"糖业公所"便改名为"上海市糖业同业公会"。②

在苏州,行会性质的会馆亦很多见。如三山会馆始建于明万历年间,"崇祀天上圣母",道光十年(1830)重修,规模宏大,"自水马道头石牌坊、左右鼓亭、头门、仪门、戏台、看楼、大殿、梳妆楼、南北□□花□□□□□文昌魁星宝阁、武帝圣殿南边水仙、财神两殿、高会堂北边一枝山房、妈祖厅等,焕然一新"。③ 这次重修由江苏布政使司梁章钜、海门州分府陈经等同乡官员领衔,各商帮集众出资修建。从《重修三山会馆勤助姓名碑》来看,参与集资重修的有洋帮、干果帮、青果帮、经帮、花帮、紫竹帮,商人总共达114位,闽商在苏州的势力也可见一斑。三山会馆是闽商同乡组成的商业行会会馆,可谓"帮中套帮",里面的各个专业帮会就是一个小的行会,各帮都有自己的行业经营规章,保护和促进行业的发展。

位于吴阊门外的汀州会馆,由上杭六串纸帮集资创建,"取名汀州,意示大公。其实为上杭纸业之一部分也"。太平天国运动中被毁,余产被上杭商业华清园"售押殆尽",后来为同乡官僚罗少耕等追回,但"其时在苏上杭商业不振,纸商罕至",会馆萧索如秋。光

---

① 高红霞主编:《上海福建人(1843—2008)》,上海:上海人民出版社,2008年,第248~249页。

② 高红霞:《同乡与同业、传统与现代——上海糖商业同业公会的历史考察》,《中国经济史研究》2006年第1期,第57页。

③ 《重修三山会馆勤助姓名碑》(道光十年),《明清苏州工商业碑刻集》,第352页。

绪十三年(1887),在罗少耕的撮合下,汀州会馆与永定皮丝烟帮议建的龙冈会馆合并,"恢复汀馆故址,藉联乡谊","自后除义冢祀产仍各祭扫管理外,凡馆中春秋祀典,以及兴筑等需,杭、永两帮分任之"。① 后因两帮纠纷,改为官商合办。江南地区刻书印刷业发达,但纸张缺乏,每年需从福建等地输入大量纸张。上杭纸商在清初就在江南进行贸易,在康熙时期建立了汀州会馆。清末汀州会馆的建立在一定程度上对纸张行业和纸商的发展发挥了的规范和促进作用。

第四节 近代上海商会中的杰出闽商

近代,由于西方列强的入侵给中国造成了深重的灾难,中国的经济发展受到了重重阻碍。但是在明清时期取得辉煌成绩的福建闽商迎难而上,充分发挥敢闯敢拼的冒险精神,利用福建丰富的物产资源,在动荡不安、纷繁复杂的清末仍然取得了较大的发展,涌现出一批成功的商人和商会领导,活跃在中国大地的舞台上。

一、苏升与富延三代的苏氏家族

苏氏家族自苏升起,历经晚清、民国、到新中国成立,其活动中心基本在上海。除了富庶,更因其三代热衷慈善济助、捐资办学和涉及政治运动,所以影响远远超过商界。苏氏三代的发展史,代表着上海闽商中最成功的一种类型。

苏氏家族在苏升这一代已为申城众商领袖,并因多次慷慨于公义行为而受到清廷封官褒扬,且惠及第二代第三代。苏升被赏四品顶戴花翎,而其孙苏本炎获"赠一品封"。苏升字辛庆,号子明,原籍福建永定。《上海县志》载:因"父能周贸迁苏沪间,升年十四独生走赣逾浙来省亲随侍习贾遂居沪"。显然,苏升父亲这一代已是活跃于闽苏沪间的商人。苏升在14岁时,孤生一人经沪闽间的陆路商道到上海,随侍父亲,耳濡目染之间,学到了不少经商本领。

《上海县续志》记载了苏升几件有影响的事。首先是道光年间,吴越水患,灾民数万,苏升倡议赈灾,上海闽商纷纷响应,苏升筹得巨款,在县城东北开粥厂,助济灾民。苏升还发起建立建汀会馆,在建汀会馆旁筑路以利人行。因此,清廷给予很大的奖赏:赏四品顶戴花翎。同治年间,任江苏巡抚的李鸿章还驻节建汀会馆,"特赠筹笔地灵额,闽人荣之"。这些说明了苏升的乐善好施,与清政府关系良好。

苏升的地位是由商贸的业绩所奠定的,这在上海这样一个以商业兴市的城市是很自然的一个情况。苏升原为花糖洋货商,以沪际贩运为主,兼营南洋物产,他的商号"福裕南"初属内贸行,生意兴隆。19世纪60年代开始扩展为进口代理行。到了苏梦渔(苏升

---

① 《重建汀州会馆碑记》(宣统二年),《明清苏州工商业碑刻集》,第370页。

之子,名鲛,字梦渔,1938—1902)手中又有了扩展,另一福建富商曾铸约同厦门瑞记洋行黄瑞田也加入股本,称"瑞记福裕南",专营代理南洋侨商进口海产品与其他南洋物产;同时,兼营代办杂粮、绢丝等土特产对南洋出口,是上海南洋庄中实力名列前茅的商号。苏升对家族的发展很有规划。他培养苏梦渔经商,管理德发行,让苏绍柄(苏升另一个儿子)冒籍报考,争取家中有个秀才。因为福建人历来有"发生纠纷,不听官判,尊重秀才"的传统。而当时上海童子试不准外地人参加,回福建考试路途又太遥远,便想出冒籍报考,在上海县城中找到一位苏姓秀才苏绍良为兄弟,改名苏绍柄,顺利入泮。这为以后苏梦渔之子苏本铫的报考提供了保证。

苏氏家族到了苏本炎这一代已是沪上名门望族。苏梦渔有四子六女。苏氏家族与上海另外两位著名的闽商曾铸、叶鸿英有联姻关系,同时又是重要的合作伙伴。曾铸曾以苏升为师,苏升之孙、苏梦渔之子苏本炎为曾铸之婿。在苏本炎执掌"福裕南"时,曾铸为经理。苏曾两家为主要股东。1981年,苏本炎还开设"东昌裕"、"源记正",经营日本海产品进口;苏梦渔逝世后,1905年"福裕南"改组为德发行,仍由曾铸任经理,由苏本炎掌管业务(曾铸之婿)。苏曾两家为主要股东。综观苏氏家族发展史,基本上以上海为主,第四代已经融入上海社会其产业和企业并不显示籍贯特征,它代表上海福建人的一种类型。

二、黄奕住:立足国内国外两个市场

黄奕住与同时期其他商人不尽相同,他在东南亚积累了资金,然后主要投资于流通领域,关注资本市场和商品市场;从金融、外贸人手,集中和融通资金,然后再投资于房地产、工矿业、运输业和公用事业等部门,而且立足国内国外两个市场。黄奕住由理发匠成长为糖业巨子,从海外崛起发展到国内,同时纵横东南亚和中国东南沿海两个市场。在那个时代,有他相仿经历和发展方式的闽商不少,但能达到他那样高度的商人并不多,当是"亦华侨中艰苦备尝人也"。

黄奕住归国以后投资的行业比较多,但主要活动中心为福建厦门与上海,天津和广州也有他入股的工厂和企业。福建的投资出于回馈家乡的目的,主要集中在公用事业方面,包括厦门市自来水公司、厦门电话公司、筹建漳(州)龙(岩)铁路,并致力于开发闽西矿产资源,还积极从事厦门、鼓浪屿的房屋及市政建设。1921年8月7日,黄奕住在厦门市创办了"日兴银号",建立与南洋群岛各地沟通的金融平台,贯通厦门与海外华侨的侨汇、融资及促进工商业的发展。"其资金之钜,为厦门各银庄之冠。"由于"日兴号"有良好的信誉,东南亚各地华侨纷纷把他们的游资汇存该银庄,以备家乡建筑房屋或其他实业之用。

黄奕住在1919年回国定居以后的经营道路是经过精心设计的。从1918年冬到1922年底,他先后在香港、上海、日本、菲律宾等地作了一番商务调查,还赴南通访问张謇。从黄奕住投资和经营的情况分析,他是一个深思熟虑的经营者、有着一份深思熟虑的经营方案的。这个经营方案立足他原有的事业基础,在投资结构上做了一些变动,表现在几个方面：

黄奕住一向注重流通领域，资本投放在流通领域最多。但1919年前后也有变化，在流通领域从商业转向了金融。以前主要以商业，尤其是蔗糖进出口业为主，兼及房地产、保险业等。回国前他的资产总额估计为2 500万盾，他的投资在资产总额中的排序为商业、房地产、金融、工业、其他产业。回国后发生变化，以1936年的统计，他的资产总额为5 000万元，金融40％，房地产25％，工业20％，商业10％，其他产业5％，显然，回国后投资商业与投资金融大换位，从金融、外贸入手，通过银行和外贸公司，集中与融通资金，投资于房地产、工矿业、交通运输业和公用事业。在他看来，要振兴中国经济关键是解决资金问题。中国太穷，资金少，既有的资金又流通不畅，不能用于最需要的地方。解决资金问题的途径，首先是引导华侨的资金回国；二是把国内的资金融通起来。因此他创办中南银行，富有远见地将总行设在了上海。当时许多有名的银行总行都在北京或天津，五、六年后，因形势所然，也都搬到上海。同时他在香港的东亚银行，上海的中国银行、国货银行，厦门日兴银号、厦门商业银行、中国实业银行都有大小不等的投资。对纺织工业诸如上海的新裕纺织公司、德丰毛纺公司、天津北洋纺织公司等，投资股份都在50％以上，对推动民族工业的发展起了积极作用。

黄奕住的经营是开放性的，以中国为基地，面向东南亚，在国内国外两个市场投资经营，使资金由国外流向国内。黄奕住的经营项目在地域空间分布可以分为四个层次：

第一个层次是跨国性的。在1919年回国以前，印度尼西亚的日兴商行已在马来西亚、新加坡等国和中国的香港地区有分公司。在印度尼西亚和新加坡，他还投资房地产保险公司与银行。在中国的福建，投资漳厦铁路。在厦门设立黄日兴商行。1919年，他离开印度尼西亚回国，途经新加坡时，投资华侨银行，该行在中国上海等多处设有分行，并在菲律宾与黄仲涵等倡议创办中兴银行。他的投资占该行资金总额的五分之一。该行在中国的上海、厦门等地设有分行。1921年在上海创办中南银行和日兴商行。中南银行在国内各主要商业城市设立分支行，在菲律宾、新加坡、马来亚、印度尼西亚等国设有代办机构。厦门的黄日兴商行和上海的日兴商行主要业务是从印度尼西亚进口蔗糖。而上海日兴商行在汉口的分行专营大豆外销生意，主要对象是印度尼西亚等东南亚国家，销量之大，曾使承运的外国轮船公司员工惊叹。这样，黄奕住建就了一个跨多个国家、多个地区的经营货币与商品的商业金融网络。这使他的资金处于灵活调动、进退自如的有利境地。1914年欧洲人编辑出版的《世界商业名人录》中，黄奕住入选，因此轰动华人社会。

第二个层次是1919年回国定居之后，将据点从印度尼西亚移到了中国。把资本逐步调回中国，将主要的资金和精力用于创办中南银行，通过中南银行发行货币，并与金城银行、盐业银行、大陆银行组成准备库；通过中南银行总行及其在各地的分行，中南、金城、盐业、大陆四家银行的联合储蓄会，吸收和调剂资金，投资和支持工商业。投资的企业基本上分布在中国沿海一线的天津、上海、福州、厦门、汕头"广州、香港，沿江一线的苏州、南京、汉口、重庆。在工业方面，他在上海、天津、厦门等地的一些企业中投有资金。在商业方面，通过设在上海、汉口、厦门等地的日兴银行，经营进出口业务。在交通方面，在广东、福建投资铁路。

第三个层次是福建省。在中国的经济活动中,黄奕住很重视家乡福建省的建设。在振兴福建经济方面费了很多心思,体现了华侨投资的传统心态。他开发福建经济的思路体现在四个方面:(1)沟通省内外的资金流通,大力吸收侨资;(2)兴办教育,提高国民素质,培养经济人才;(3)修筑铁路,使物畅其流;(4)开采矿藏,使地尽其利,解决工业发展的燃料和原料供应问题。这几个方面均属经济发展的基础工作。其中,黄奕住尤其注重铁路。福建海运尚称方便,但与内陆交通及省内各地区之间的交通却极不方便。这是福建经济发展的一大障碍。故黄奕住在福建经济建设问题上,目光集中在内陆交通兴建上。黄奕住投在国内资金中,除中南银行这种全国性事业外,从地区上比较,以福建省为最多。在福建的投资中,按经济部门分类,用于修筑铁路的最多。

第四个层次是厦门。黄奕住在福建的经济活动,地区上的重点放在他的出生地闽南,其中又特别是他回国后居住的厦门。他在厦门的投资,一是用于活跃国内外资金流通,如开设黄日兴银庄、中兴银行厦门分衍、中南银行厦门分行;二是设日兴商行厦门分行,活跃国内外物资流通;三是除给厦门的大同中学、英华中学、厦门大学、中山图书馆等捐款外,独资承办慈勤女子中学,提高民智,培育人才;四是市政建设,修建日兴街,接办电话公司,创办自来水公司,为厦门城市的现代化作出了贡献。

黄氏经营班子也颇有特点,它是由家族成员与专业人员的组合。1919年前主要是家族成员,核心团体中主要是黄奕住的两个儿子、一个女婿和非家族成员叶源坪(非家族成员仅叶源坪一人,且不占经理职位)。1919年后,增加了从人才市场上物色的专业人才,如厦门自来水公司工程师林全成、经理周幼梅,中南银行总经理胡笔江;叶源坪也升任上海日兴商行经理。非家族成员在企业管理班子中的地位上升了。与此同时,黄奕住安排他的儿子们进入银行工作,学习金融业务,逐步成为专家,实现专家管理与家族管理的统一。

三、"抵制美货运动"的领导者曾铸

曾铸(1849—1908),字少卿,福建同安人。少时博览群书,并酷爱绘画。后去上海帮父经商。50余岁时,致力经营南洋大米、海味、食糖及洋货,获利甚丰,成为上海滩有名的资本家,两次被推为上海商务总会总理。积极投资兴办民族工业,光绪三十一年(1905)10月被推为上海城乡内外总工程局办事总董,次年1月被推为江苏铁路公司董事,发起并领导了收回苏浙铁路权运动。

曾铸致富不忘国家和民族。光绪三十年(1904)12月15日,俄国军舰"亚斯古尔特"号水手在外滩无故杀害中国平民周生有。消息传开,上海人民一致要求严惩凶手,曾铸立即召集各省寓沪绅董,决议停止使用华俄道胜银行所发行的钞票,并致电外务部、商部,要求照会沙俄驻华公使,令驻沪领事交出罪犯。翌年5月,为反对美国刮起的排华风潮,抗议美国虐待华工,曾铸领导发起了波及全国的"抵制美货运动"。

从18世纪70年代美国开始不断发生排斥、迫害乃至杀害华工的暴行。清政府不但不能保护侨工的正当权益,反而在1894年同美国签订了《中美会订限制来美华工保护寓美华人条款》,实际上承认了美国政府对华工的迫害。1904年底,这个不平等条约期满。中国人民特别是旅美华侨强烈要求废除条约。在舆论的压力下,清政府向美国政府提出改约要求。但美国政府悍然拒绝,蛮横无理地要求续约,抵制美货运动,由此激发起来。上海商务总会作为运动的实际领导机构,最早行动起来,于5月10日召开各帮商董参加的特别大会。曾铸发表演说,公议电稿,电请外务部、商部及各地商会,要求通力合作,共行抵制。但这一行动却在上海商务总会上层中遇到了阻力,当时担任总理的严信厚,协理徐润及坐办周晋,对曾铸的主张并无异议,但他们对领衔发出抗争的电文却"逡巡却顾,重有难色"。而当全国舆论大哗,抵制运动已势在必行之时,严信厚等主要领导人还在瞻前顾后,犹豫不决,若非曾少卿的挺身而出与力行劝说,势必一开始就使抵制运动陷入尴尬的境地。

事实上,整个运动一直是曾少卿以个人的英雄主义精神在唤起全国人民的爱国激情,以敢为天下先的勇气无畏地承担起了领导人的责任。虽然个人之力对运动的最终发展有限,但是曾铸的行动表现新时期中国商人不仅自觉担负起"为民请命"的责任,而且表现出强烈的民主意识和独立的精神,以及进步精神。①

另外,1907年曾铸发起并领导收回沪抗甬铁路运动。他还热心于地方自治,曾多次参加晚清立宪运动;主张严禁鸦片,受到地方政府的表彰。后投资于镇江(今镇江市)造纸厂和江西瓷业公司等企业。长期主持上海南市总工程局,曾为当时的经济发展做出贡献。曾铸在抵制美货运动中的函电、稿件等,由苏绍柄编纂为《山钟集》刊行于世。山钟者,取"国民合群,响应神速,犹如山钟"之意。光绪三十四年(1908),曾铸病逝,上海各界人士两次召开追悼会。一副挽联高度评价了曾铸的一生:

  拼此头颅,尺书惊破美人胆
  谁无血气,高唱叫醒中国魂。

四、实业家叶鸿英

叶鸿英(1860—1937)是清末民初著名民族实业家、民国藏书家。他本名叶逵,福建同安人,七岁随父母迁居上海。幼年进入私塾学习,深受塾师和父母赞赏,十四岁开始帮助父亲经营商业,后开展对日本的进出口业务,后开办面粉厂、机器厂、银行等。曾任北洋政府农商部顾问。

1877年,叶鸿英在张尚德开办的经营海味业的"丰记号"任职员,在那里他充分显示了其经商能力,经营有方,深为张尚德器重。之后,他协助"丰记号"在朝鲜的釜山、仁川、元山各埠建立分号,扩大贸易,进展顺利。1881年,叶鸿英辞去丰记号的职务,返回上海

---

① 马方方:《1905年抵制美货运动的新视角——近代商人人格特点简析》,《史学月刊》2004年第9期,第58~59页。

开设源"润昌行",经营海味业。生意有了进展之后,又赴长崎、海参崴组织货源,扩充外贸业务。1889年,叶鸿英筹集巨资,开设"源来号",经营进出口贸易,直接从日本进口海参、鲍鱼、鱼翅、干贝、虾米、海带等商品批发给"行家"(小型批发商),并经营出口木材、棉花、海蜇、金针、木耳等商品。

1914年第一次世界大战爆发后,源来号从日本源源进货,由于日元价格不断下跌,因此获得了更多的利润。1923年,叶鸿英在大连开办升源机器油坊,就近采购东北大豆,又利用大连港海运销往国内外,因此在市场竞争中处于优势。翌年,叶鸿英被北洋政府农商部聘为名誉顾问。

叶鸿英靠经商起家,在上海先后投资的工商企业有:申大面粉厂、立大面粉厂、永豫纺织厂、荣大织布厂、永茂轧花厂、华商电气公司、华兴保险公司、华安保险公司、华成保险公司、源裕花行、源丰花行、源盛花行等;投资的金融企业有:通和银行、正利银行、正大银行、正华银行、正义银行、国安信托公司、元大钱庄、福泰钱庄、信康钱庄、泰康钱庄、源安钱庄、明德钱庄、怡丰钱庄、晋德钱庄、瑞元钱庄等多家。

叶鸿英曾先后任北洋政府农商部名誉顾问、上海城厢总工程局议董、上海县总商会会董、红十字会、贫儿院、残废院、南洋慈善会等董事。热心地方公益,致力慈善事业。曾被推举为上海城厢总工程局议董、上海县总商会会董、公断处评议、泉漳会馆董事、东洋杂货业董事,以及红十会、济生会、仁济堂、贫儿院、残废院、公立医院、广益中医院、南洋慈善会等慈善团体的董事。民国二十六年(1937)2月17日,病逝于上海。

下篇

新时期福建省异地商会

(1980—2010)

第六章

时代与商会概论

第一节 商会与异地商会概述

商会是指商人依法组建的、以维护会员合法权益、促进工商业繁荣为宗旨的社会团体法人。中华人民共和国成立后旧商会解散，另组织工商业联合会。商会是中国近代最早建立的现代意义上的社会团体之一，同时也是社会影响力最大的社团之一。从法律意义上而言，中国商会制度建立的过程，也是近代意义上商人身份确立的过程，是商人组织有序化的过程。与当时西方的民间商会相比较，它更具官方色彩，更依赖于国家法律的制度催化。这种制度的催化作用的成效十分显著，它相当迅速地改造、吸纳了各种形式的传统商人组织，成为具有主体性的利益集团。异地商会，是指由异地同一籍自然人或法人在某级行政辖区内投资兴办的，经本省、市及县（市、区）工商行政管理部门登记注册的企业自愿发起组成，以原籍地行政区域名称命名为基本特征，以促进两地经贸合作为宗旨的联合性、非营利性社会团体。根据办法，异地商会依法实行分级双重管理体制。民政机构是本市异地商会的登记管理机关，政府有关部门或者政府授权的组织为异地商会的业务主管单位。异地商会的名称应当冠以"省、市"等字样并加上原籍地县（市、区）级以上行政区域名。成立异地商会通常实行"一地一会"的原则。

1952年8月1日，中央人民政府政务院第147次会议审议批准了《工商业联合会组织通则》，并于8月6日公布施行。《工商业联合会组织通则》规定工商业联合会是各类工商业者联合组成的人民团体，其基本任务一是领导工商业者遵守共同纲领及人民政府法令；二是指导私营工商业者在国家总的经济计划下，发展生产，改善经营；三是代表私营工商业者的合法权益，向人民政府或有关机关反映意见，提出建议，并与工会协商有关劳资关系等问题；四是组织工商业者进行学习，改造思想和参加各种爱国运动。工商业联合会组织依照行政区域为范围，在市、县建立市、县工商业联合会，在省建立省工商业联合会，在全国建立中华全国工商业联合会，各级工商业联合会受同级人民政府的监督与指导。

1953年10月,全国成立了1955个各级工商联,同时,中华全国工商业联合会也正式宣告成立,设在北京,基本任务一是领导全国工商业者遵守共同纲领及人民政府的政策法令;二是指导全国私营工商业者在国家总的经济计划下,发展生产、改善经营;三是代表全国私营工商业者的合法权益,向人民政府或有关机关反映意见,提出建议,并与中华全国总工会协商有关私营工商业劳资关系问题;四是指导与推动全国私营工商业者进行学习,改造思想和参加各种爱国运动;五是领导并协助全国各地工商业联合会工作。

"三大改造"完成后,工商联组织的发展受到阻碍,在"文化大革命"时期完全处于瘫痪状态。十一届三中全会后,工商联组织才逐步得到了恢复。1988年11月30日,中华全国工商业联合会第六届会员代表大会全体会议通过了《中国工商业联合会章程》,章程第1条明确规定,"中国工商业联合会是中国工商业界组织的人民团体,民间的对内对外商会"。对中华全国工商业联合会的性质、地位予以确定。[①] 1991年上半年,有921个县及县以上行政区已经恢复建立了工商联组织。到1997年底,全国县及县以上工商联组织已发展到2925个,并建立了14076个乡镇分会或乡镇商会,形成了以行政区为基本单位、深入到基层的庞大组织网络。[②] 到2009年,工商联会员总数增加到213.9万个,其中企业会员78.2万个,占总数的36.6%;团体会员2.1万个,占1%;个人会员133.6万个,占总数62.4%。按所有制统计,现有非公有制经济会员173.9万个,占会员总数的81.3%。

随着非公有制经济迅速发展,全国工商联的非公有制经济会员逐渐成为会员主体。工商联会员成分的多元化是商会民间性的组织基础。工商联的会员主要由当地的工商实业界人士构成,也有一些经济界和教育界人士以及法律界人士参加。各地工商联在促进政治民主及非公经济发展上做了杰出的贡献。一是随着经济体制改革的不断深入和工商联职能的不断加强,我国的非公有制经济在工商联的团结、教育、引导、帮助的方针指引下,有了长足的发展,总量不断增长,个体实力不断增强,社会贡献日渐提高。无论是在促进就业、财政贡献率、促进地区经济结构调整等方面,还是在推进地区的新型工业化、城市化、农牧业产业化等方面都发挥了重要的作用。二是引导非公有制经济人士健康成长。新世纪以来,随着非公有制经济迅速发展,以非公有制经济人士为主的新的社会阶层不断出现新的发展变化,其规模和数量越来越大,构成越来越复杂,从事行业领域千差万别,新职业、新身份层出不穷,受教育程度和思想素质参差不齐,并且处于不断发展变化之中。他们经济实力越来越强,社会影响越来越大,整体素质越来越高,政治参与意愿更为强烈。同时,社会对他们的期望也越来越高,要求也越来越严,希望他们承担更多责任、做出更大贡献。工商联在引导非公有制经济人士投身经济发展、改革开放和有序政治参与,在引导他们树立中国特色社会主义共同理想和共建社会主义核心价值体系,在代表并维护他们的合法权益、反映他们的合理诉求、引导他们自觉承担社会责任和

---

① 肖海军:《论我国商会制度的源起、演变与现状》,《北方法学》2007年第4期,第59页。
② 本节主要参考肖海军:《论我国商会制度的源起、演变与现状》,《北方法学》2007年第4期。

构建和谐社会等方面做了大量工作,引导并推动了非公有制经济人士健康成长。三是参政议政的水平明显提高。全国工商联作为工商界的代表,积极组织和引导工商界人士参政议政的功能确实有所加强。截至全国工商联第十次会员代表会时,全国工商联人士在各级人大的代表及政协委员数已达41090人,工商联的全国政协委员共提交团体提案也达526份,总体上已经形成一支非公有制代表人士的队伍,在参与全国民主政治建设中发挥了重要作用。① 2004年5月16—17日,由中华海外联谊会、中华全国工商业联合会和中共福建省委、省人民政府共同主办的第一届世界闽商大会在福州隆重召开。世界闽商大会每3年举办一届,首届大会就有来自全球五大洲的40个国家和港、澳、台地区以及全国31个省、市、自治区的1800多名闽籍工商界精英参加大会。中央领导刘延东、罗豪才、张克辉、黄孟复和王汉斌等莅会指导。中央国家机关部委办领导陈玉杰、林兆枢、何少川、王富卿、邹哲开、程路和福建省四套班子领导以及省级老同志出席大会。中共中央政治局常委、全国政协主席贾庆林还向大会发来贺信。这使发展传承千年的闽商成为世人瞩目的焦点。闽商是中国著名的海商群体,是中国历史最长且唯一延续至今的商帮,也是海内外都取得很大成就的商人群体。② 在现代,闽商秉持"善观时变、顺势有为,敢冒风险、爱拼会赢,合群团结、豪爽义气,恋祖爱乡、回馈桑梓"的"闽商精神",对中国社会经济的发展,尤其是福建社会经济的发展发挥了重要作用,产生了深远的影响。

异地商会是20世纪90年代中期开始出现并迅速成长起来的一种特殊的非营利组织,自20世纪末以来,这种跨地域的纯民间组织短短10多年间在地方政治、经济、社会等领域中表现出巨大的活力和发展潜力。③ 据不完全统计统计,自2007年至2010年,仅工商联系统登记的异地商会组织2006年末有780个,2007年末是961个,2008年末为1289个,2009年末为1779个,2010年末增为2535个,四年共增加1574个,增长163.8%,年均增长34.3%。④

民政部门对异地商会的管理是一个发展的过程,一个不断适应发展需求的过程。早在2001年,部分省市就开始按照民政部的要求,认真、稳妥地进行异地商会的登记试点工作。由于没有现成的法律法规作为依据,各地方政府在对异地商会登记和管理时把握不当,出现过松或过紧现象。2003年,民政部办公厅出台《关于异地商会登记有关问题的意见》(以下简称《意见》),《意见》提出了理顺与主管单位关系,加强对异地商会监督

---

① 20世纪以来,福建省的各级工商联组织发展完备。除了全省性的工商联组织一家,区(市)级工商联组织9家,县级工商联组织85家。对全省县级以上的行政系统形成了全覆盖。2005年,福建省工商联获得了社团业务主管权,全省的商会、行会与异地商会都走上了发展的新台阶。

② 苏文菁:《闽商文化论》导言,北京:中华书局,2010年,第3页。

③ 1995年可以说是中国当代异地商会的"元年"。此后,随着改革开放的进一步深入,异地商会的队伍不断发展壮大。

④ 同时,随着市场经济的进一步发展,国家管理部门与时俱进,顺应时代的诉求;适时修改、调整对异地商会的登记、管理办法。

管理等意见。并要求"登记在省,试点先行",登记在省,即只能由省、自治区、直辖市民政部门登记省际投资企业组织的协会、商会;而地、县级不得建立异地商会。同时,省级异地商会不设地域性分会。以《意见》为依据,2005—2007年间,天津、山东、云南、湖北和广西五省(市、自治区)以及南京、苏州两市先后制定了关于异地商会的管理意见或出台落实该《意见》的通知。这些制度的出台使异地商会的登记和管理有章可循,对于规范异地商会的运行有着积极意义。此后,随着经济和社会的不断发展,各地异地商会发展较快,异地商会的数量、种类、会员越来越多,其影响也越来越广泛,从2008年起,广东、山东、山西、浙江、福建、内蒙、吉林、辽宁、湖南、新疆、青海、贵州、江苏、云南等省(区)先后出台了加强异地商会登记管理的实施办法或指导意见,不少地方开始在地级市和部分县(市、区)开始进行异地商会的登记试点工作,从总体情况看,各地通过依法进行登记管理,在一定程度上改变了过去异地商会管理的混乱局面,对异地商会的健康发展起到了积极的作用。①

第二节 福建省异地商会发展的时代背景

自改革开放后建立的第一家闽商省级异地商会上海福建商会以来,在闽异地商会健康有序发展,截至2010年,已经建立了以30家省级异地商会为主体的、各级异地商会蓬勃发展的全国性异地商会网络。在闽异地商会的发展与福建经济社会的发展、闽商的飞速发展、闽商文化与闽商精神、各级工商联的高度重视等息息相关。

一、福建社会经济的跨越式发展——闽籍异地商会发展的经济基础

改革开放以来,福建人民在党中央、国务院的关心支持下,在各级党委、政府的领导和几千万八闽儿女的共同努力下,福建经济取得了跨越式的发展。(1)经济总量实现新跨越。1979年至1984年,每年增量在10亿元以上;1984—1990年,每年增量在20亿元以上。20世纪90年代以来,福建经济总量快速增加。1993年和1995年,全省生产总值分别越过1000亿元和2000亿元大关,之后各用3年的时间分别跨越3000亿元、4000亿元和5000亿元的台阶,2005年跨越6000亿元,2006年跨越7000亿元,2007年跨过8000亿元跃上了9000亿元,生产总值达9249.13亿元,实现跨越式增长。(2)经济发展速度居全国前列。改革开放30年来,福建国民经济的发展前后经历了七个"五年计划",全省生产总值除了"七五"时期年均增长低于10%外,其他时期均高于10%以上,各个时

---

① 根据中资研究集团的《中国异地商会研究报告》,截至2010年12月,登记在各地民政部门的异地商会数量超过9103家。而这些异地商会中,福建省籍的异地商会最多。该报告同时总结了异地商会工作的三大特点:(1)跨省(市)经贸合作;(2)促进招商引资;(3)捐资助学的重要力量。

期的年均增幅均高于全国平均水平。2007年GDP增长15.2%,增速居全国第4位。1979年—2007年年均增长12.8%,比全国高3.0个百分点。(3)经济发展质量显著提升。改革开放30年来,福建充分发挥自身各种优势,实施更加开放的沿海经济发展战略,在实现经济实力迅速增强的同时,本着实事求是的原则和开拓创新的精神,大力加强国民经济运行的监测和宏观调控,经济发展效益明显提高。此外,福建的经济地位不断提升,生产总值总量和人均量、财政收入、产品市场占有率都居国家前列,经济结构也不断优化,产业结构、所有制结构、就业结构、投资结构、需求结构趋于合理。

社会发展也日益进步。第一,社会保障制度不断健全。改革开放30年来,福建不断加强社会保障工作力度,深化社会保障体制改革,加强管理,深入普及,社会保障体系建设日臻完善,社会保障事业稳步发展,取得显著成就。第二,交通基础设施建设日趋完善。仅高速公路方面,建成了福泉、泉厦、厦漳、漳龙、漳诏、罗长、福宁、福银(福建段)等高速公路,截至2007年底,全省高速公路通车里程达到1366公里。八闽时空距离由此缩短了。从闽浙分水关到闽粤分水关,以前行车要20余小时,如今仅需六七个小时;从龙岩至福州,以前要日出到日落,而今只需到晌午。从福州到上海、杭州、广州、深圳等城市,行车时间也大大缩短。第三,民生状况极大改善。改革开放以来,随着经济社会的日益发展进步,福建省劳动就业成就显著,城乡居民收入稳步增长,公共卫生体系和基本医疗服务全面提升,城乡居民生活质量提高,全省人民生活水平得到了明显的提高,民生状况得到极大改善,实现了从温饱到总体小康的伟大跨越。第四,社会事业日益进步。在社会各界共同努力下,福建省教育、文化、体育等社会事业有了很大的发展,取得了一系列可喜的成绩。

福建经济社会的跨越式发展,直接推动了民营经济的发展,是新时期新闽商发展的重要基础。经过改革开放30多年的洗礼,福建省民营经济取得突飞猛进的发展,据统计资料,在省内,以闽商为主体的民营经济已占全省经济总量的73%,提供了全省60%的税收,解决了85%的人口就业。2010年《中国500最具价值品牌排行榜》福建有36个上榜,包括劲霸、厦工、超大、金龙、柒牌、东南汽车、特步、鸿星尔克、德尔惠、万利达等国内知名品牌,比去年增加4个。而全国范围内的品牌,主要来自北京、上海、广东、浙江、福建等省市,福建上升一个名次,位列第五,占品牌数的7.2%;比去年的6.4%,增加了0.8个百分点。福建经济社会跨越式发展给异地商会的发展奠定了深厚的经济支柱作用,也使异地商会的迅速发展成为可能。

二、异地闽商阶层的壮大——闽籍异地商会发展的主导力量

福建位于中国东南沿海,东北邻浙江,西和西北接江西,西南毗连广东,东临东海,东南隔"黄金水道"台湾海峡与台湾省相望。海岸线曲折,港湾众多,海岛星罗棋布,为商业贸易的发展提供了许多的天然良港。闽商就在这样有利的自然条件下日益发展壮大,他们的商业活动早已遍布中国和世界各地。"哪里有闽商哪里就有商会",随着闽商的发展,各地的闽商商会也日益发展起来。

近年来闽商在省外投资扩张速度不断加快。据湖北省福建商会不完全统计,该商会现有会员3000多家,在鄂闽籍从业人员达30多万人,在鄂投资总额近5000亿元人民币,仅2010年在鄂投资就达600亿元。在鄂投资的行业涉及公路建筑、船运、集装码头、房地产、建筑建材、软件开发、汽车配件、商贸物流、包装印刷、酒店、食品、娱乐、服装、茶艺、专业市场等领域。其中,广为人知的有房地产领域的中国最大的纯别墅群F·天下;湖北钢结构的产业基地湖北福鑫重工;武汉光谷步行街;武汉现代女子医院、武汉仁爱医院等武汉地区80%的私立医院。另据四川省福建商会2010年统计,在四川的闽商有30万余人,创办一定规模的企业达1400多家,其中在川资产超5亿元的闽商有20多人,总资产超过1000亿元,上缴税收超过100亿元。江西省福建商会现有会员2632名,在江西省南昌、吉安、宜春、上饶、新余、鹰潭、抚州、赣州、景德镇等九个设区市成立了分支机构。商会成立以来,闽商来赣投资递增,会员发展递增。该会会员企业投资涉及房地产、公路桥梁及隧道工程、采矿、冶炼、酿造、酒店经营、商贸物流、印刷、计算机技术等十几个行业和部门,据初步统计,累计投资1200多亿元,安排就业200多万人(次),年均上缴税金5亿元左右。有着中国犹太人之称的莆田商人,其"莆仙军团"几乎垄断中国的木材市场:北京占99%,长春占90%,上海占50%。在2005年前后,莆田在外经商办厂和务工的已达50多万人,分布在全国各大中城市,拥有固定资产300亿元。尽管远在东北,辽宁、吉林、黑龙江三省也处处出现福建商人的身影。在沈阳市,仅2004年闽商数量就高达10万人;在吉林长春,设立了两个来自福建的商会,当地木材、石材等行业大部分市场是由闽商操盘;在黑龙江,当地"绿标"最多的农业龙头企业,也将被来自福建的数名投资者控股。

福建省籍在外强大的闽商群体,是闽籍异地商会兴起的主导力量。在发展社会主义市场经济的初级阶段,异地闽商客观上需要一种利益代表、利益聚合和利益表达的组织或机制,以适应该阶层政治、经济和社会利益的聚合与表达,实现行业利益和群体利益的最大化。

闽籍异地商会就是在这样的时代背景下发展起来的。异地商会是相对于本地商会而言的一个概念,它是指具有相同原籍(县级以上行政区)的企业和工商业者,因工作或业务的需要,为维护自身利益,在原籍外的另一行政区依照自愿原则成立的民间商会组织。异地商会的建立是社会主义市场经济发展一定程度的必然产物,随着国内一体化市场的建设与加入WTO,异地商会如同雨后春笋般大量出现,成为不可忽视的一股民间力量。[1] 闽籍在异地经商的乡亲顺应时代潮流,异地商会组织建设迅速发展,截至2010年底,福建各级异地商会组织共有460家,分布在31个省、自治区、直辖市,其中省级异地商会30家,市级异地商会75家,全国闽籍异地商会网络基本形成。闽籍异地商会组织管理逐步规范,影响力和作用日益彰显,它不仅能够发挥民间商会在沟通政府与企业的关系、维护会员权利、加强行业自律、推动产业健康发展、整合企业资源、促进商务贸易、

---

[1] 张高陵:《中国异地商会的渊源与现状》,《中国商人》2011年第3期,第66页。

协调会员关系、仲裁商贸纠纷等方面的重要作用,而且在促进各省市县之间的经济文化交流、推进区域经济合作、扩大对内流通都具有重要的作用。此外,闽籍异地商会成为弘扬闽商精神、促进闽商发展的重要平台,在凝聚闽商力量服务福建发展的进程中发挥着其他各类人民团体和商会组织无法替代的作用。

三、闽商文化与"闽商精神"——闽籍异地商会发展的精神动力

　　商帮是指以地域为中心,以血缘乡谊为纽带,以相互扶持为宗旨的自发性商人群体。由于地理、历史、文化、经济等条件的差异,不同地域的商人群体在经商专长和经商风格上都会形成一定的共性或特性,学术界将此称为"商帮文化"。理论上说,这种因互相照应而出现的亲和力的凝聚,虽然带有排他的倾向,却可以说是寻求安全感的生物性反应。据有关族谱宗亲资料统计,早在唐代福建就有氏族经商的传统,如永春颜氏家族从商者约占总数的40%,其家族成员几乎都往南洋槟榔屿从商,或"泛商安南",或"往商南洋"。在商业发达的晋江一带,家族式经营更为普遍,父业子承形成风尚,致富后能和睦乡里,贡献于家族。明清时期的闽商帮也具有"以地域为中心,以血缘、乡谊为纽带,以相亲相助为宗旨,以会馆、公所为其在异乡的联络计议之所"的特点。① 闽商的这些历史文化传统,在新时代闽商中也得到了传承和体现。上海社会科学院的闽籍学者林其锬教授就认为,福建商人有"五缘文化":地缘文化、族缘文化、血缘文化、业缘文化、神缘文化。地缘指老乡,如闽南的、闽西的、莆田的;族缘指同一家族的;血缘指有血缘关系的;业缘指同一行业的;神缘指信仰,如闽南每个村都有家庙,各有各的神,各有各的信仰,你不能说它落后,它对社会、家庭、个人、事业都有影响。而且他还认为,闽南人或福建人,经济的发展与这五缘,尤其是族缘很有关系。② 闽商这些文化传统对于现代新闽商来说也是有很大影响的,它促进了闽商在不同地域、不同行业等的不同程度的自发的联合性和组织性,促进相互间的联系、交流合作与互利共赢等。

　　闽文化历史悠久,闽文化在许多方面体现了中华主体文化的本质特征,但是与中原地区传统的黄土文明相比,闽文明是一种相对独立、自成体系的海洋文明,它对福建经济发展模式和闽商的创业特色都具有深刻的影响。闽商文化的海洋性是闽商文化的一大特色,而也正是这种海洋性激发促成了闽商的冒险精神。"少年不打拼,老来无名声"、"争气不争财,三分本事七分胆"、"行船走马三分命,东洋无洋过西洋"、"三分天注定,七分靠打拼,爱拼才会赢",这些通俗的闽商格言无不体现出闽商勇于冒险、爱拼才会赢的精神。除冒险精神外,"闽商精神"还体现在多个方面。原福建省委书记卢展工对"闽商精神"作如下概括:善观时变、顺势有为,敢冒风险、爱拼会赢,合群团结、豪爽义气,恋祖爱乡、回馈桑梓。这种"闽商精神",是千百年来福建商人驰骋海内外商场沉淀下来的文

---

① 廖新平、吴贵明等:《闽商文化特色探究》,《闽商研究论文集》,2007年,第104页。
② 胡平:《文化多元化与闽商精神》,《闽商研究论文集》,2007年,第98页。

化精髓,是福建商人经商行为与中华传统美德相结合的产物,这种精神成就了福建商人的光荣与梦想,也昭示着八闽儿女未来的信心与希望。① 闽商文化与闽商精神激励着福建商人前进发展,是闽籍异地商会发展的内在动力。

四、应对竞争、调解矛盾、协同发展——闽籍异地商会发展的现实需要

改革开放以来,随着市场经济的飞速发展,市场竞争日趋激烈。在市场的激烈竞争中,适者生存,只有不断增强自身的力量才能生存,因此广大闽商联合起来应对竞争就成为现实的需要。如在内蒙古拓展事业的福建籍商人深感势单力薄,迫切需要交流协作,互相支援。为了更好地整合闽籍商人自身优势,参与当地市场竞争,应对瞬息万变的市场需求,经多次酝酿、协商逐渐形成共识:成立自己的组织——内蒙古福建商会。四川省福建商会在创立后不断营造"和衷共济"氛围。"和衷"是凝聚,"共济"是共同承担责任,共同面对挑战,共同抓住机遇。"和衷共济"是一种智慧、价值和理想,它以中国传统文化价值来表达和丰富当代中国的新理念。商会遵循"团结协作,相互配合,心齐劲足,包容大气"工作思路,不断加强自身建设,努力提高工作水平,这样增强了凝聚力,提升了活力,也提高了在川闽商的整体竞争力,促进异地闽商的协同发展。

当前,由于我国法制不健全、政府行为不规范、某些地区市场意识的滞后和当地民众的排外心态,在外投资创业的闽商企业家,一方面凭借自己的吃苦耐劳精神和善于把握商机的能力,不断壮大自己的财富,而另一方面也不可避免地受到各地不公正待遇。作为个体私营企业,在商品市场、资本市场、金融市场、信息市场以及其他生产要素市场上,如招工、用地、税收、贷款、融资、担保、经营许可、产业准入等方面,与国有企业和集体企业相比仍然处于极不平等的地位。更严重的是,企业在日常经营活动中有时遭受乱收费、滥罚款等现象,如果不通关节或没有特殊的关系网,民营企业要维持正常的经营活动都很困难。因此,以组织的力量维护自身的合法权益,沟通、协调与所在地政府之间的关系,创造一个良好的投资创业环境就成为闽籍异地商会发展的现实需要。许多商会成立以来,积极与当地的工商、税务、公安、技术监督等部门沟通合作,协调会员企业同政府各职能部门的关系,为会员排忧解难,帮助会员解决民事纠纷、经济纠纷,制订企业章程,审核经济合同等等,真正成为闽籍异地商人利益的代言人。有些商会还专门成立了维权部或聘请律师帮助会员解决经营纠纷,维护会员合法权益。各地异地商会都把为会员提供法律服务、维护会员合法权益当作一项重要工作,如 2007 年北京福建企业商会先后为顺义区仁河镇木材市场、丰台区新发地木材市场、海淀区明光村金五星茶叶市场等在京闽商提供维权帮助,挽回经济损失 1000 多万元。

---

① 郭招金:《机遇难得 闽商精神需要转型》,《闽商研究论文集》,2007,第 136 页。

五、各级领导机关的支持与协助——闽籍异地商会发展的重要保障

异地商会作为一种重要的社会组织,它的产生和发展,与一定的社会制度的安排是分不开的,只有在一定的社会结构能容纳允许它存在的条件下,它才是合法的,才能产生和发展。① 赋予了中华全国工商业联合会以中国民间商会的法律地位。民间商会组织也成为国家承认的正式组织。新时期福建省第一家省级异地商会——上海市福建商会就是在新时期的大形势下于1988年11月成立的。

20世纪90年代中期至21世纪初,福建省各级工商联结合原籍地政府招商引资工作的需要,积极推动经济发达、闽商聚集较多的地区组建异地商会。福建省外闽籍企业家热情参与,积极响应,按照"发起自愿、人员自定、经费自筹、会务自主"的原则组建异地商会,以服务闽籍企业发展的需要。在各级工商联的推动下,各级异地商会如雨后春笋般迅速发展,显示出强大的生命力,出现了一些富有活力的异地商会组织。2004年,首届世界闽商大会召开,标志着省外闽商力量得到了省委、省政府的高度重视,异地商会作为一个崭新的组织开始进入到省内重大经贸活动和社会之中。在2005年发布的《中共福建省委、福建省人民政府关于加强和改进新形势下工商联工作的实施意见》中明文指出"我省各级工商联要充分发挥在行业同业商会和异地商会改革发展中的作用"。在此文件精神指导下,各级工商联坚持团结、服务、引导、教育的方针,加强对异地福建商会的联系沟通和工作指导,认真研究市场经济条件下异地福建商会发展面临的新形势、新任务、新要求,提出加强异地福建商会工作的意见和措施。在此影响下,各级异地商会蓬勃发展,2008年9月,福建省各级异地商会已达365家,而到了2010年底,各级异地商会共有460家,分布在31个省、直辖市、自治区,其中省级异地商会有30家,市级异地商会75家。

此外,中共福建省委高度重视闽籍异地商会的党建工作。省委原卢展工书记多次强调,包括非公有制企业党组织在内的基层组织建设十分重要,一定要下功夫抓好抓实,要在围绕中心、服务大局,促进发展上展示先进性、体现战斗力,使各级党组织和党员队伍成为建设海峡西岸经济区的支撑和脊梁。近年来,福建省在外的异地商会积极主动配合原籍地和所在地的党组织抓好在外民营企业的党建工作,不少异地商会成立了党组

---

① 1993年,《中国工商业联合会章程》规定"中国工商业联合会是中国工商界组织的人民团体和民间商会"。到了1997年,该章程再次对包括工商联在内的商会组织进行了地位定义:"中国工商联合会是中国共产党领导的中国工商界组成的人民团体和民间商会,是党与政府联系非公有制经济人士的桥梁和纽带,是政府管理非公有制经济的助手。"这个定位一直延续至今。工商联及其下属的各类商会,其主体是非公有制的民营企业家。

织。① 各支部都有下拨的专项活动款和学习资料、文件。莆田市委统战部在异地商会党组织建设方面,步子迈得更大,有不少成功经验。莆田籍异地商会在家乡党委、工商联的指导协助下,做好在外党员管理教育工作,成立了100多个党支部,发展党员上千名。2003年12月28日,九江市福建商会经九江市总商会会员企业党委批准成立党支部。支部成立后,各项组织活动十分活跃,在支部协助下,23家会员企业中建立了党支部和工会组织。商会支部建设得到上级充分肯定,支部连续三年被评为先进党支部。泉州市工商联先后在四川闽南商会、哈尔滨南安商会、宁波泉州商会、青岛泉州商会、北京泉州商会、郑州泉州商会等商会成立党支部,让流动的企业家党员有一个自己的家,并发挥了支部堡垒作用。异地商会的党组织建设,对于保证商会健康有序的发展发挥着越来越重要的作用。

第三节　福建省异地商会发展概述

　　福建省异地商会不仅指闽籍在外省经商群体为主组建的商会组织;同时,也包括外省在闽经商人士为主体组成的商会组织。由于闽人的海洋个性,历史以来,福建一直是一个对外(国内的外省、国外)"输出"企业家的重要省份。改革开放初期,闽粤两地同为改革开放试验区,但是,两省在人口的迁徙上呈现出完全不同的状态。广东,一如在清代就确立下来的"十三行"、1949年以后的"广交会"一样,是一个人才、资金与技术的吸纳区。当年,人们用"孔雀东南飞"来形容内地、北方人才大量涌入广东省的现象。如果说,广东省的海洋文化表现为"海纳百川"的吸纳型,那么,福建省的海洋文化则是"惠及四海"的迁播型。根据1987年全国1‰人口抽样调查,福建还是个人口净迁出省。根据1987年1‰人口抽样调查推算,从1982年7月1日到1987年6月30日间迁入福建一年以上的省际迁移人口有88100人。占1987年中人口的0.300;而根据1990年第四次人口普查资料,从1985年7月1日到1990年6月30日间迁入福建一年以上的省际迁移人口有252617人,占普查时点人口的0.84000。从统计数字上看,外省迁入福建的人口已呈现逐年增加的态势,至第四次人口普查时这一状况才发生变化。统计数字显示1985年7月1日至1990年6月30日间,从省外迁入福建一年以上的人口共有252617人,同期,从福建迁往省外一年以上的人口有238387人,两者相抵,福建共净迁入人口19230人(表6-1)。

---

　　① 2009年下半年,福州籍闽商在全国已建立起异地商会22个。同时,外省(市)在福州建立的异地福州商会5个;省内各县(市)在福州设立了异地商会26个。这些异地商会的管理单位福州市工商联积极作为,共22家异地商会中成立了党组织,由福州市工商联机关党委负责联络。

表 6-1 福建人口的省际迁移

单位：人

地区	省外迁入福建 数量	比例（％）	福建迁往省外 数量	比例（％）	净迁移	地区	省外迁入福建 数量	比例（％）	福建迁往省外 数量	比例（％）	净迁移
合计	252617	100	238387	100	14230						
北京	2368	0.94	8055	3.38	-5687	湖北	6066	2.40	9278	3.89	-3212
天津	901	0.36	1879	0.79	-978	湖南	8520	3.37	7395	3.10	1125
河北	1858	0.74	3575	1.50	-1717	广东	14008	5.55	53683	22.52	-39675
山西	1869	0.74	5487	2.30	-3618	广西	13856	5.48	3480	1.46	10376
内蒙	722	0.29	1003	0.42	-281	海南	953	0.38	7404	3.11	-6451
辽宁	1733	0.69	4461	1.87	-2728	四川	52208	20.67	7454	3.13	44754
吉林	1204	0.48	1675	0.70	-471	贵州	17696	7.01	1589	0.67	16107
黑龙江	1515	0.60	2119	0.89	-604	云南	4480	1.77	2173	0.91	2307
上海	4040	1.60	10590	4.44	-6550	西藏	82	0.03	—	—	—
江苏	10760	4.26	15683	6.58	-4923	陕西	2260	0.89	3364	1.41	-1104
浙江	45854	18.15	24743	10.38	21111	甘肃	1002	0.40	1363	0.57	-361
安徽	5152	2.04	6851	2.87	-1699	青海	571	0.23	657	0.28	-86
江西	41656	16.49	36351	15.25	5305	宁夏	227	0.09	361	0.15	-134
山东	5030	1.99	1184	4.97	-6811	新疆	1668	0.66	821	0.34	847
河南	2785	1.10	5052	2.12	-2267	港澳台和国外	1573	0.62	—	—	—

资料来源：朱宇：《20世纪80年代以来福建人口的迁移变动》，《福建师范大学学报（哲学社会科学版）》，1994年第1期，第17~23页。

2010年第六次人口普查，福建省全省常住人口中，户口登记地在省外的人口为431万人。同2000年第五次全国人口普查相比，省外人口增加217万人，增长101.1%。全国其他省份常住人口中户口登记地在福建的人口167万人，增加86万人，增长105.7%。从1990—2010年的30年间的三次人口普查中，我们可以看到，虽然外省人口在福建省的数量有所增加，但是与迁出人口相比并未呈现过于悬殊的状态。同期，广东省2010年省外流入人口的为2150万人。同2000年第五次全国人口普查相比，省外流入人口增加644万人，增长42.8%。福建大量迁出的人口当以寻找更大的商机为目的，从表一中我们可以看到，改革开放初期，闽人大量迁出的最大目的地是广东省，依次为浙江、江苏与上海。这些区域不仅是地缘上有优势，更重要的是这些区域所能提供的商业机会。同为开放试验区的珠三角广东省与中国现代工商业最为发达的长三角区域无疑蕴含着无限的商机。闽籍异地商会第一家既是上海福建商会就是闽商这种选择的结果。历史以来，闽商对商机的把握往往就在于能洞察他人所未见，在成熟的市场里业绩赫赫，在未开垦的"商业处女地"也能够把握到机会。改革开放初期，除了西藏之外，闽人迁徙的足迹遍及全国，西藏自治区也就成为省级闽商异地商会最后的一家。

外省迁入福建人数最多的依次是四川、江西与浙江，而福建江西商会正是在福建省设立的首家外省升级异地商会（2006），福建浙江商会是在福建省设立的第二家外省升级异地商会（2007）。同时，与遍布全国且数量第一的闽籍异地商会相比，异地在闽省级商会共有9家。香港贸发局驻闽代表处一家，海外的驻闽商务代表处三家。从这些数字看，无不反应了闽人"惠及四海"的迁播型海洋文化的族群个性。

从发展历程看，福建省异地商会经历了三个发展历程。20世纪90年代中期之前是闽籍异地商会的萌芽期；1993—2003年为迅速发展期；2004—2010年为提升发展期。这三个阶段既体现了国家的政策的发展变化，又与闽人的自觉、闽地统战部工商联领导的顺势而为密切相关。工商联、商会、异地商会都是改革开发之后需要重新定位的"新鲜事物"，如何应对，需要一个认识、消化与调整的过程；不可避免的有一个从粗放管理到精确管理的历程。在此过程中，闽商的智慧与各级管理部门的积极有为，都为福建省异地商会的发展打下了深深的烙印，构成了福建省异地商会发展的鲜明特征。

第一阶段，在外地经商的闽籍企业家秉承一贯的抱团发展的传统，在异地以"协会"、"联谊会"、"经济发展促进会"等组织形式开展活动。这些组织相对松散，"联谊"的性质多过"商会"的属性；如果用"商会"的要求来看，管理很不规范，只能说是为之后异地商会的建设储备了人脉与情感的基础。而异地商会的建设，除了异地乡亲、异地商人的需求之外，更多的是需要国家制度的安排，以及相应的一系列管理方法与管理主体的确定。本阶段最具代表性的就是上海福建商会的成立。

1995—2003年是福建省异地商会发展的第二阶段。经过十多年改革，我国经济体制发生了巨大变化。1993年11月14日中国共产党第十四届中央委员会第三次全体会议通过《中共中央关于建立社会主义市场经济体制若干问题的决定》，该决定"明确了以公有制为主体的多种经济成份共同发展的格局初步形成，坚持以公有制为主体、多种经济成份共同发展的方针。在积极促进国有经济和集体经济发展的同时，鼓励个体、私营、外资经济发展，并依法加强管理"。同时要求："转变政府职能，改革政府机构，是建立社会主义市场经济体制的迫切要求"，"必须培育和发展市场体系，发展市场中介组织，发挥行业协会、商会等市场中介组织的服务、沟通、公证、监督作用"。行业协会、商会等组织有了"社会主义市场经济体制"的重要内容的意义。2003年，中国共产党第十六届三中全会上通过的《中共中央关于完善社会主义市场经济体制若干问题的决定》，"积极发展独立公正、规范运作的专业化市场中介服务机构，按市场化原则规范和发展各类行业协会、商会等自律性组织"。这个决定明确赋予并肯定了商会与政府的关系以及商会的职能，即商会的独立性以及自律职能。应该说这些都是严格遵照"市场原则"的，为社会主义市场经济体制的不断完善在理论认识上奠定了坚实的基础、在实践上指明了方向。离开商会的独立性和自律职能,完善成熟的市场经济体制是不可能真正建立起来的。1993—2003年的10年时间里,执政党从认识论的高度,厘清了商会组织与社会主义市场经济的关系,明确了商会在社会主义市场经济体系中的地位与作用。期间,1998年10月,国务院颁布了新修订的《社会团体登记管理条例》,对商会组织制度上的合法化与可操作性做了规定。

包括闽粤在内的沿海地区成为其他区域改革开放的标杆与排头兵,该区域不仅在市场建设方面做出了榜样,建立起了一系列标杆性的企业,树立起一片企业家代表,更是创造了建设中国特色的社会主义市场经济的一些规律,其中就包括异地商会这一组织形式。根据全国工商联办公厅〔2010〕48号文《关于会员发展和组织建设情况的通报》的数据显示,截至2009年,福建省异地商会由2002年的31家增加到2009年的444个,占全国异地商会总数的24.9%,是全国异地商会数量最多的省份。其中,省级异地商会有85家,占总数的19.1%,市级异地商会有137家,占总数的32.8%,县级异地商会220家,占总数的49.5%,乡镇(街道)异地商会2家,占总数的0.45%,其中市、县级异地商会加总357家,占总数的82.3%。可见,市、县级异地商会已发展成为当前福建异地商会的主体。

2004—2010年为提升发展期。2004年9月,中国共产党第十六届四中全会通过的《中共中央关于加强党的执政能力建设的决定》,指出:"发挥社团、行业组织和社会中介组织提供服务、反映诉求、规范行为的作用,形成社会管理和社会服务的合力。"2005年2月,《国务院关于鼓励支持和引导个体私营等非公有制经济发展的若干意见》公布,该意见的重要性在于把商会等社会中介组织的服务职能更加具体化和扩大化为"创业辅导、筹资融资、市场开拓、技术支持、认证认可、信息服务、管理咨询、人才培训",这是加快政府职能转变和坚决把政府不该管的事交给商会等社会中介服务组织的重大举措,而这些职能在计划经济体制时期几乎全被政府所包揽。党和政府不断的出台一系列支持市场经济发展的理论与措施,对于民营企业与商会来说都是利好的政策。对于福建省异地商会的发展,与2004年5月召开的第一届世界闽商大会有很大的关系。2005年11月,经福建省人民政府批准(闽政文〔2005〕549号),福建省工商业联合会获得"作为部分全省性经济类社会团体的业务主管单位社团业务主管权"。一方面是制度层面的逐步到位,另一方面是市场经济的进一步活跃。福建省异地商会的发展进入了一个提升发展期。

在中国当代社会中,中央政府在社会转型中的理论建设与制度设置无疑是保障中国在极短的历史过程中完成的社会财富积累与发展。就我们讨论的异地商会的发展而言,就是政府职能转变系统工程中的一个部分。为此,我们特别列表如下,表6-2,近年来,国家有关政策法令部分发布一览表;表6-3,直观展现近十几年闽籍异地省级商会发展的相关信息。

表 6-2 近年部分国家有关政策法令发布一览表

时间	文件	主要内容
1988 年 11 月	中国工商业联合会第六届代表大会通过新章程。	第一条规定：中国工商业联合会是中国工商业界组织的人民团体，民间的对内对外商会。
1989 年 9 月	国务院《社会团体登记管理条例》	正式改变了原来的社会团体行政管理体制，改为由民政部主管登记管理，并受业务主管部门管理的"双重管理"模式，同时对社会团体进行了清理整顿。
1991 年	中共中央 15 号文件（《中共中央批转中央统战部〈关于工商联若干问题的请示〉的通知》）	文件指出工商联是党领导下的人民团体，赋予了工商联作为"党和政府联系非公有制经济人士的桥梁"和"政府管理非公有制经济的助手"的职能，要求工商联在坚持统战性为主的同时，兼有经济性和民间性以开展工作，充分发挥民间商会的作用。
1993 年 10 月	中国工商业联合会第七届代表大会通过新章程。	第一条规定：中国工商业联合会是中国工商业界组织的人民团体和民间商会。
1993 年 11 月	党的十四届三中全会《中共中央关于建立社会主义市场经济体制若干问题的决定》	"转变政府职能，改革政府机构，是建立社会主义市场经济体制的迫切要求"，"必须培育和发展市场体系，发展市场中介组织，发挥行业协会、商会等市场中介组织的服务、沟通、公证、监督作用。"
1996 年 3 月	全国人大第八届第四次会议《政府工作报告》	"把应由市场解决的问题交给市场，充分发挥行业协会、商会等市场中介组织的作用。"
1996 年底	民政部开始全面加强社会团体管理工作。	
1997 年 11 月	中国工商业联合会第八届代表大会通过新章程。	第一条规定：中国工商业联合会是中国共产党领导的中国工商界组成的人民团体和民间商会，是党和政府联系非公有制经济人士的桥梁和纽带，是政府管理非公有制经济的助手。
1998 年 10 月	国务院颁布新修订《社会团体登记管理条例》	这是目前关于社会团体的最重要的法律文件。同时，在全国范围内又开展了一次社会团体的清理整顿工作。
2003 年 10 月	党的十六届三中全会《中共中央关于完善社会主义市场经济体制若干问题的决定》	"积极发展独立公正、规范运作的专业化市场中介服务机构，按市场化原则规范和发展各类行业协会、商会等自律性组织。"明确赋予并肯定了商会与政府的关系以及商会的职能，即商会的独立性以及自律职能。
2004 年 9 月	党的十六届四中全会《中共中央关于加强党的执政能力建设的决定》	"发挥社团、行业组织和社会中介组织提供服务、反映诉求、规范行为的作用，形成社会管理和社会服务的合力。"

续表

2005年2月	《国务院关于鼓励支持和引导个体私营等非公有制经济发展的若干意见》	"大力发展社会中介服务。各级政府要加大对中介服务机构的支持力度,坚持社会化、专业化、市场化原则,不断完善社会服务体系。支持发展创业辅导、筹资融资、市场开拓、技术支持、认证认可、信息服务、管理咨询、人才培训等各类社会中介服务机构。按照市场化原则,规范和发展各类行业协会、商会等自律性组织;整顿中介服务市场秩序,规范中介服务行为,为非公有制经济营造良好的服务环境。"
2005年3月	全国人大第十届第三次会议《政府工作报告》	"加快转变政府职能。进一步推进政企分开、政资分开、政事分开。坚决把政府不该管的事交给企业、市场和社会组织,充分发挥社会团体、行业协会、商会和中介机构的作用"。
2006年3月	全国人大第十届第三次会议《中华人民共和国国民经济和社会发展第十一个五年规划纲要》	"培育发展行业协会、学会、公益慈善组织和基层服务性民间组织,发挥提供服务、反应诉求、规范行为的作用。完善民间组织自律机制,加强改进对民间组织的监管";同时在还指出,必须"按照政企分开、政资分开、政事分开以及政府与市场中介组织分开的原则,合理界定政府职责范围,加强各级政府的社会管理和公共服务职能",使商会和政府各自的职能得到了明确而具体的划分

表6-3 收入部分(107家)闽籍省级异地商会名称、所在地、成立时间

商会名称	省份	成立时间
海南省福建商会	海南	1995年
海南省福建商会三亚理事会	海南	2008年
百色市福建商会	广西	1999年
柳州市福建商会	广西	2004年
广西福建商会	广西	2004年
来宾市福建商会	广西	2005年
北海市福建商会	广西	2007年
桂林福建商会	广西	2007年
都安福建商会	广西	2009年
玉林市福建商会	广西	2009年
凭祥市福建商会	广西	2009年
珠海(澳门)福建工商联谊会	广东	1998年
深圳市福建企业协会	广东	2003年

续表

商会名称	省份	成立时间
江门市福建商会	广东	2007年
梅州市福建商会	广东	2007年
云南省福建商会	云南	1996年
德宏州福建商会	云南	1998年
普洱市福建商会	云南	2000年
曲靖市福建商会	云南	2003年
红河州福建商会	云南	2006年
芒市福建商会	云南	2008年
潞西市福建商会	云南	2008年
保山市福建商会	云南	2009年
玉溪福建商会	云南	2009年
安顺市福建商会	贵州	2000年
贵州省工商联福建商会	贵州	2003年
贵州省福建总商会	贵州	2005年
六盘水市福建商会	贵州	2005年
黔东南州福建商会	贵州	2009年
绵阳市福建商会	四川	2005年
四川省福建商会	四川	2005年
凉山州福建商会	四川	2007年
宜宾市福建商会	四川	2008年
温州市福建商会	浙江	2002年
绍兴市福建商会	浙江	2007年
湖州市福建商会	浙江	2008年
南京闽侨投资促进会	江苏	1994年
盐城市福建商会	江苏	2004年
新沂市福建商会	江苏	2005年
扬州市福建商会	江苏	2007年
江阴市福建商会	江苏	2007年
东台市福建商会	江苏	2008年
连云港福建商会	江苏	2008年

续表

商会名称	省份	成立时间
南京福建商会	江苏	2009年
苏州市福建商会	江苏	2009年
六安市福建商会	安徽	2005年
铜陵市福建商会	安徽	2008年
蚌埠市福建商会	安徽	2008年
安徽福建商会	安徽	2008年
马鞍山市福建商会	安徽	2008年
黄山市福建商会	安徽	2009年
滁州市福建商会	安徽	2009年
淮南市福建商会	安徽	2009年
九江市福建商会	江西	1997年
新余市福建商会	江西	1999年
宜春市福建商会	江西	2000年
江西省福建商会	江西	2002年
抚州市福建商会	江西	2002年
上饶市福建商会	江西	2002年
吉安市福建商会	江西	2003年
鹰潭市福建商会	江西	2003年
赣州市福建商会	江西	2003年
萍乡市福建商会	江西	2004年
景德镇市福建商会	江西	2008年
湖北省福建商会	湖北	2007年
襄樊市福建商会	湖北	2007年
荆州市福建商会	湖北	2007年
黄石市福建商会	湖北	2007年
咸宁市福建商会	湖北	2007年
邵阳市福建商会	湖南	1998年
长沙市福建商会	湖南	2000年
张家界市福建商会	湖南	2003年
岳阳市福建商会	湖南	2006年

续表

商会名称	省份	成立时间
郴州市福建商会	湖南	2008 年
娄底市福建商会	湖南	2009 年
湖南省福建商会	湖南	2010 年 4 月
滨州市福建商会	山东	2005 年
山东省福建商会	山东	2008 年
烟台市工商联福建商会	山东	2008 年
商丘市福建商会	河南	2002 年
洛阳市工商联福建商会	河南	2005 年
周口市闽商会	河南	2008 年
河北省工商联福建商会	河北	2003 年
山西省福建商会	山西	1999 年
长治市福建商会	山西	2003 年
孝义市福建商会	山西	2006 年
陕西省福建商会	陕西	2003 年
汉中市福建商会	陕西	2005 年
陕西省工商联闽商商会	陕西	2008 年
宝鸡市工商联福建商会	陕西	2010 年 1 月
宁夏福建企业家协会	宁夏	1997 年
甘肃闽台工商业协会	甘肃	2004 年
甘肃省福建商会	甘肃	2008 年
酒泉市福建商会	甘肃	2008 年
新疆自治区福建企业联合会	新疆	2002 年
青海省福建商会	青海	2009 年
内蒙古福建商会	内蒙古	2003 年
绥芬河福建商会	黑龙江	2003 年
黑龙江省福建商会	黑龙江	2005 年
长春市福建商会	吉林	2004 年
吉林省福建商会	吉林	2007 年
吉林市福建商会	吉林	2009 年
辽宁省福建商会	辽宁	2008 年

续表

商会名称	省份	成立时间
天津市福建商会	天津	2003年
重庆市福建商会	重庆	2001年
上海市福建商会	上海	1988年
北京福建企业总商会	北京	2001年

第七章

福建省异地商会的萌发

第一节 时代的召唤

闽籍异地商会起始于20世纪80年代中后期。改革开放刚开始不久,部分闽籍企业界人士走出福建发展,他们为加强乡情联系,自发建立一些同乡会、联谊会等。

宗亲观念深植的中华民族,同乡亲情往往是异乡客的精神慰藉。

随着改革开放和人口流动迁移的发展,国内的同乡会组织开始复苏。他们一般称之为"××人在××联谊会"或"××人在××同乡会"。如桐城人在上海联谊会、寿县人在上海同乡会等。新型同乡会的成长,对整个国人的和谐发展有着非常重要的影响力,他们通过同乡会,了解本地的基本情况及安家找工的资讯,同时遇到问题也先是求助于同乡会借助同乡力量及人脉关系网,解决一时之急,这种乡亲乡情文化无疑是一种无形的财富,其发挥的作用也往往超越主流社会的服务资源,尤其是情感交流,更有不可替代的地位。

同乡会传统上就是纪录乡人在外打拼事业、生活印迹的史证,从同乡宗亲史就能一窥时代演化的图案。传统同乡会宗亲色彩很浓,非我族类排斥于外,所以其内在团结力很强,甚至可以共同投资,共同培育后代,不少宗亲会就是依靠当年投资物业等抱注维持会务至今。但新型同乡会与同乡会已有很大的不同,新型同乡会较之传统而言,更具有开放性与包容性,它并不排斥婚嫁入赘、转变户口、全国不同地域、百家姓姓氏汇总(或沿袭族谱、家谱等)、发展合作等等方式的同乡。

同乡会分由官方指导组建和民间自愿组建两种,前者一般由原籍地政府、企业等驻所在地的负责人或代表负责召集,由原籍在所在地工作、经商、创业的精英,离退休的政界人士,各大学的经济高才生等组成,有的在当地民政部门登记注册,有的则挂靠在原籍驻当地办事处(联络处)或商会下面。而后者多以青年为主,是依靠网站、QQ群等而自发组织、自愿参加、具有草根性质的同乡联谊群体。一般官方指导组建的同乡会都设有自己的章程,明确同乡会的主旨、会员规则、活动规则等事宜。设有会长、副会长、秘书长、联络员等,负责同乡会的联络事宜,建有自己的通讯录。

同乡会本着聚会、沟通感情的宗旨,致力于建立同乡网,促进同乡交友,搭建朋友之间的人脉关系平台,促进同乡间的商务交流与合作等。不仅让身处异地的你感受乡情、倾听乡音、广交同乡朋友、扩展你的人脉关系,若经常参加同乡活动自然可以接触到同乡间的各类资源,进而形成合作,促进同乡相互发展。

同乡会的相继成立与改革开放、市场经济的发展相辉映。福建地处中国沿海地区,是中国改革开放的前沿阵地,在改革开放之初,中央较早批准在对外经济活动中试行比较特殊政策的省份之一。随后,中央决定建设经济特区,其中第一批四个特区就有福建的厦门。在推进特区经济建设的同时,中央还在1984年决定进一步开放14个沿海城市,从北部的大连、秦皇岛,一直到南边的湛江、北海,这14个城市也包括福建福州。1985年,中央又决定将实行开放的地区拓展到辽东半岛、山东半岛、长江三角洲、珠江三角洲和福建的闽南三角区。中国的对外开放就是一个从由点到线、到面,依次推进,不断扩大的过程,2009年5月,国务院颁布了《关于支持福建省加快建设海峡西岸经济区的若干意见》,建设海峡西岸经济区上升为国家战略。贺国强曾表示,"福建在改革开放中,不仅发挥了示范带头作用,同时也是重要的窗口和试验的基地。"

福建优势的地理位置成就了福建在改革开放中排头兵的作用,福建企业家在这一时期奔走于祖国建设需要的各个地方,闽籍异地商会应运而生。第一闽籍异地商会是社会主义市场经济发展到一定程度的必然产物。市场经济体制的逐步建立和完善,是当前异地商会建立和发展的体制保障。市场经济是开放型经济,而开放性的经济为各地人员的流动和资金的流动创造了有利条件。哪里有良好的投资环境企业就往哪里去,资金就往哪里去。而人员、资金流动的结果,便是在流入地形成一个异地商人的群体,并产生建立异地商会需求。第二,异地商会是在异地的商人维护其自身利益的需要。到异地他乡经商办企业的人,在创业的历程中,都会或多或少遇到各种困难和问题,出于应对激烈的市场竞争维护自身利益的需要,他们需要有一个自己的组织来满足其多方面的需求,如借助商会的力量协调和沟通企业与政府、企业与企业间的关系,解决企业遇到而又无力解决的实际问题,参加商会组织的经济贸易和招商引资的活动,获得在市场竞争中决策所需要的信息等等,为商会带来整体利益的分享。第三,异地商会是企业家和政府间的共同利益选择。异地商会在区域经济发展与合作中具有重要的作用,对于所在地政府来说,政府需要以商会为中介,引进区域所需要的资金等生产要素,增加产出,创造就业机会和税收等,从而大力支持异地商会的成立。同时,异地商会作为联系原籍地政府与所在地政府的中间性组织,在区域经济合作中发挥出愈来愈重要的作用,主要体现在信息和投资方面。在信息上,异地商会能够及时捕捉到所在地的市场需求,并及时反馈到原籍地市场,在投资上,在外投资的企业发展到一定规模,都会考虑回乡投资的问题,这也是使得异地商会在原籍地受到了当地政府的高度重视。

第二节 上海市福建商会的萌发与建设

上海市福建商会的前身是福建省在沪企业协会,成立于1988年11月17日,主要由福建在沪企业、福建省一些市级驻沪联络处为会员单位。1991年4月4日,在上海市民政局注册登记,2001年4月9日,经中共福建省委统战部同意,加挂"福建省工商联合会上海分会"名称。2002年11月14日,经上海市民政局批准,福建省在沪企业协会同时使用"上海市福建商会"名称。2004年11月27日,协会第七届会员代表大会正式对外使用"上海市福建商会"名称。

商会设秘书处、宣传部、联络部、咨询部,下辖福州联络委员会、漳州联络委员会、三明联络委员会、宁德联络委员会、莆田联络委员会、长乐联络委员会、金融证券行业联络委员会等。

表7-1 上海市福建商会团体单位会员及其下属会员人数统计表

(2008年10月17日)

序号	团体单位名称	会员人数
1	上海市福州商会	400
2	三明市总商会上海商会	120
3	上海市漳州商会	202
4	南平市总商会上海商会	
5	宁德市上海商会	
6	周宁县上海商会	508
7	蕉城区上海商会	213
8	长乐市工商联上海商会	120
9	荔城区上海商会	100
10	上海市永泰商会	266
11	霞浦县上海商会	233
12	政和县上海商会	134
13	邵武市上海商会	200
14	上海市建瓯商会	45
15	福安市上海商会	308
16	顺昌县上海商会	119
17	建阳市上海商会	211

续表

序号	团体单位名称	会员人数
18	南安市总商会上海分会	530
19	沙县消除同业公会上海分会	116
20	安溪县茶叶协会上海分会	101
21	上海市建瓯钢材协会	210
22	延平区上海商会	102
23	上海市仙游商会	76
24	城厢区工商联常太镇渡里分会	130
25	连江县工商联上海分会	291
26	上海市福州琅岐商会	73
27	宁化县工商联上海分会	80
合计		4888

资料来源:数据由上海市福建商会秘书处汇总提供。

表7-1所列为上海市福建商会团体单位会员及其下属会员统计。截至2008年10月27日,上海市福建商会会员488个,其中团体单位会员27个,其他单位会员461个。团体单位会员系指福建省各市、县级工商联等社团组织在沪分支机构,表7-1中27个团体单位,其下属会员合计4888个。其中福州、三明、漳州、南平、宁德等五个商会为福建省地级市工商联在沪分支机构,其中南平和宁德市其辖区内各县级工商联在沪分支机构的会员均为两市在沪商会会员。为避免重复统计,此表中南平和宁德市在沪商会未列明会员数。福州市和三明市工商联在沪分支机构所列会员数已剔除重复部分;漳州市在沪还有设立县级工商联分支机构。

一、闽籍在沪人口的增长

1981年至今,这一时期是上海福建人群体迅速增长的时期。其中以1990年4月18日浦东的开发开放为界,之前已由为数众多的闽东、闽北山区县域农民捷足先登来到上海,从经营福建农副产品和建筑材料的小商小贩做起,站稳脚跟后又将沾亲带故的同乡带来上海,如滚雪球般群体迅速增长。上海浦东开发开放之后,先期进入上海的个体经营者们已经积累了一些资金,开始了采购、批发、经销等规模化发展,并且向灯具、橱柜、汽配、卫浴、钢材、石材、鞋类、轻纺等其他销售行业延伸。与此同时,在闽粤的改革开放中积累了经验和资金的福建人将上海作为第二次创业或提升产业结构的平台,而海外的成功闽商也因上海投资环境的逐步完善,纷纷携资进入上海。这样就形成了一个福建人到上海发展的高潮,这是晚清以来从没有过的现象。他们主要在上海商业流通领域扩展,形成巨大的群体,其迁沪的动因与晚清福建籍移民主动性的进入上海没有什么差别,2000年后,进入上海的福建人有增无减。仅以莆田市为例,2001年6月,莆田市上海商会刚刚挂牌时,对在沪经商人员的一个不完全统计是5万多,而2008年6月所提供的数字为85000人。根据2007年12月至2008年6月前,宁德、泉州、莆田、漳州、龙岩、南平、三明、福州等市人民政府驻上海联络处和商会,上海泉州侨乡开发协会陆续提供的数据统计,上海福建人数量应在69.73万左右。但由于上海闽籍人口具有流动性的特征,一些因素制约了统计数据的准确性,这些因素包括:在沪经商和务工人员的父母,因不习惯上海生活来沪居住一段时间又回到福建;子女在沪完成义务制教育后,回户籍地参加高考;分布在市郊各处钢材、木材、石材等市场,往往一家公司多个市场批发经营点,统计人口时存在重复交叉现象;部分县市区在沪没有设立驻沪机构和商会分支机构,对这部分县市区在沪人数的估算较为粗放,存在一定的虚数。福建省人民政府驻上海办事处和上海市福建商会的综合分析认为,50万以上较可靠的数据。

福建省各地级市在沪人口数量依次为宁德、南平、泉州、莆田、福州、龙岩、漳州、三明。厦门市在沪人数不详。由于厦门市在上海没有设立驻沪机构和商会分支机构,只有部分企业如星润传媒、舒友餐饮、宝洲公司等与上海市福建商会有联系,厦门市在沪企业之间也很少联系,所以无法获取更详细的资料。在县(市)级中,超过3万以上数量的依次有浦城、南安、周宁、莆田秀屿区、永泰、政和、福安。超过2万以上人数还有霞浦、晋江、漳浦。2007年10月宁德市上海商会换届工作报告中称,有16万宁德人在上海经商创业,为各地市之首。南平市仅浦城、政和两个县在上海经商人数超过10万,浦城县有7万,列全省县级在沪人数首位;永泰、周宁和政和,绝对数量不大,但在行业中聚集程度很高,主要集中在南北干货行业、钢材、木材等建筑材料贸易行业,市场占有率居绝对优势,整个闽商群体主要集中在第三产业,如房地产开发经营、金融担保及钢材、石材、木材等的销售领域,还有餐饮食品、酒店娱乐和民营医疗等服务行业。1950年上海市总人口为4980992,闽籍在沪人口为23820;2007年上海市总人口为1700万,闽籍在沪人口为50万;上海市总人口增长率为241%,而闽籍在沪人口增长率为1999%,上海福建人在沪人口数量的增长远远超过上海市总人口的增长,为商会的建立和发展提供了基础。

二、商会的管理模式

20年来上海市福建商会与福建省人民政府驻上海办事处两者之间关系是处在不断变革和完善之中的。目前形成的一整套运行机制体现了历史与现实的结合,富有特色:商会前三届的会长由企业家担任,第四届至第七届则一直由福建省人民政府驻上海办事处确定一名副主任兼任,以加强对内对外的协调、沟通力度,提高商会的服务水平。商会的日常工作一直由办事处一个职能处承担,一般是由职能处处长、副处长兼任商会常务副会长、秘书长。

随着中国特色社会主义市场经济体制的不断完善,由办事处直接参与商会管理的运行机制也在进行变革,以适应日新月异的社会进步。如何使上海市福建商会实现"自我管理、自我规范、自我协调、自我服务、自我完善、自我发展"的目标;如何借助商会平台,更好的宣传党和国家的政策,宣传海峡西岸经济建设;如何进一步整合商会各种资源,为福建、上海经济建设和社会发展服务:一直以来是办事处领导班子在探索的重大课题。如同驻沪办事处自身的发展过程一样,在计划经济和市场经济的转型过程中,办事处的职能也不断随着社会的变革和外部环境变化而进行调整,从直接参与经济活动转变成间接为经济建设提供服务;同样,办事处和商会关系,也正在逐步从直接领导、参与商会日常管理工作逐步转变为对的商会进行宏观指导和为商会发展提供服务。从商会第七届理事会换届开始,福建省人民政府驻上海办事处领导就一直致力于商会管理模式的转型工作。2006年始办事处一方面通过留任肖金通会长到任期届满,另一方面广泛听取和采纳各界闽籍人士的建议和意见,通过福建各级政府驻沪机构、各县市在沪商会推荐会长人选和多次召开商会理事酝酿产生第八届理事会会长人选。2008年11月1日上海市福建商会第八届会员代表大会选举产生许荣茂为上海市福建商会第八届理事会会长。至此,上海市福建商会初步实现了新时期商会管理模式的转型。

三、商会的主要任务

上海市福建商会根据商会宗旨确定商会的主要任务,商会的主要任务,一是宣传政策。积极在会员中宣传、贯彻党和国家的方针、政策,促进企业科学发展;支持和引导会员自觉履行社会责任,积极参与社会公益事业,树立良好社会形象;二是提供服务。积极引导会员企业开拓创新,健康发展,举办经贸活动,促进交流与合作;编印商会内部资料,出版《上海闽商》、开通《上海闽商网》,提供信息、法律、融资、技术、人才、培训等方面服务;增进与境外工商社团的交往,促进会员的国际交流与合作;积极做好闽沪两地有关部门的联系和协调工作,为闽沪经济共同发展构筑平台,促进两地之间的经贸往来、经济协作和科教文卫等领域的合作、促进和扩大两地之间的适时信息交流;三是反映诉求。畅通渠道,积极反映会员合理诉求;开展调查研究,就非公有制经济发展的法制和政策环境等提出政策建议,积极参与工商联建言献策工作;四是维护权益。帮助会员排忧解难,维护会员合法权益;五是加强自律。引导会员遵守国家法律法规,制订自律公约,规范会员行为,维护市场秩序;增强会员诚信意识,倡导诚信经营,推动诚信建设;引导会员企业构建和谐劳动关系,促进和谐社会建设;弘扬闽商精神,同时引导会员遵守上海闽商公约:"爱国敬业、明德立责、倡导文明、学习进取、遵纪守法、重诺守信、开拓精进、创新图强、团结共赢、回馈家乡";六是完成业务主管单位和有关部门交办事项;七是开展捐资助学、扶贫济困等公益慈善活动,积极承担社会责任,推动社会公益事业的发展。

在上海市和福建省两地政府和有关部门的领导和指导下,在社会各界朋友的大力支持下,按照商会章程所规定的宗旨和任务,办实事、求实效,以"服务、服务、再服务"为基点,以推动发展和引导回归为主线,积极为会员服务。商会不断发展,影响力不断扩大。2009年4月,被上海市人民政府评为"上海市合作交流与对口支援工作2007—2008年度先进集体"。为福建经济和上海经济的发展做出了杰出的贡献。

(一)规范商会运行机制,推动商会转型

一是以商会换届为契机,增强商会领导班子力量。2008年11月1日,召开商会第八届会员代表大会,选举产生了商会第八届理事会。推选全国工商联副主席、世茂集团董事局主席许荣茂先生为商会会长,吸收了一大批近几年崛起的闽籍企业中青年企业家充实商会理事会。同时,将原福建省人民政府驻上海办事处副主任、商会会长肖金通选为商会执行会长,主持商会日常工作,商会秘书长及秘书处主要工作人员由办事处干部兼任,完成商会向着"在商言商"的方向转型。二是乔迁三山会馆,与办事处办公分离。商会与黄浦区人民政府三山会馆管理处就共同开发具有百年历史意义的"三山会馆"达成共识,并于9月正式入驻三山会馆办公。作为沪上唯一保存完好的晚清会馆建筑,三山会馆见证了一百年来上海闽商的辉煌历程。商会迁入三山会馆办公,既是对上海闽商历史的完美接续,更是昭示上海闽商未来新一轮发展高潮的里程碑。三是完善财务制度。认真执行年度费用支出预决算制度,商会年度支出预算先通过监事会审核,再提交理事会审议通过。重大活动开支预决算,向理事会作详细报告。四是编辑上海市福建商会《会员通讯录》,将商会简介、章程、机构设置及职能、财务管理制度,会员通讯,福建各市县在沪办事机构、商会等联系方式汇集成册,作为商会内强素质,外塑形象的重要基础工作之一。

(二)深入会员企业,做好服务会员工作

走访企业,开展调研工作是商会的一项日常性工作。商会领导和秘书处工作人员积极走访会员企业,通过各种形式,实地走访调研。积极引导企业开拓进取、拓宽投资渠道,解决各种难题,为企业发展解忧解难。

积极认真做好会员服务工作。依托《上海闽商》会刊,积极宣传企业,引导企业增强品牌意识,加大品牌建设力度。商会还经常通过与银行举办钢材、木材、石材等优势行业合作交流座谈会的形式,增进银企双方了解,探讨融资方法和渠道,争取银行贷款的支持,促进了双方合作与发展。

与此同时,商会还积极通过各种渠道,帮助会员企业协调解决碰到的困难和问题。协调解决企业在经营过程中遇到的难题,帮助会员排忧解难已经成为商会工作的主要任务。企业在市场竞争、业务经营和与客户的往来中,难免发生一些矛盾和纠纷。面对会员企业提出的法律纠纷,商会积极帮助协调有关部门,使事情得以妥善解决,力争尽最大的努力,为企业排忧解难。同时,《上海闽商》还开设法律专栏,针对热点、难点问题,由商会法律顾问撰写文章,提供会员参考。发挥商会法律顾问团的作用,引导企业更新观念、合法经营和做好依法维权工作。

此外,成立了商会纺织服装分会、水产分会和上海闽商高尔夫联谊会。根据闽商在沪从事水产行业的人员多、具有一定规模的情况,经过认真筹备,我们于2009年8月9日成立了上海市福建商会水产分会。行业分会的成立,将为闽籍在沪从事水产行业的会员做好更为细致的服务。应多位在沪闽商的要求,在热心高尔夫运动的在沪闽商的认真

筹备下,我们于2009年8月15日成立了上海闽商高尔夫联谊会,分别成功举办了"兴业银行"杯上海闽商高尔夫联谊会创立赛、"金汇通航"杯上海闽商VS上海浙商高尔夫联谊赛和"龙工杯"闽商高尔夫联谊赛。高尔夫联谊的成立,将更好地推动上海闽商之间的沟通交流,引导会员形成健康的生活方式。

(三)发挥桥梁作用,为企业拓宽投资渠道

商会积极创造条件推荐企业家随国家领导人出访。组织部分企业家作为企业家代表随同国家领导人出访,为企业走出去,提升企业家知名度和企业品牌都起到重要作用。2008年3月10日,全国工商联会员部刘红路部长在福建省工商联陈峰副主席的陪同下,专程来我会进行异地商会工作调研。调研期间,刘红路部长充分肯定了我会在促进两地经贸交流与合作、帮助企业做大做强、参与社会公益事业等方面所发挥的积极作用,称许我会是当好政府助手的成功典范。

同时商会多次组织考察团外出考察,发挥桥梁作用,为企业走出去拓宽投资渠道。2009年4月16—28日,商会和香港中华工商业协会联合组织"上海市福建商会赴欧洲八国考察暨参加2009德国汉诺威国际工业博览会"考察团,考察团一行20人先后考察了法国、比利时、荷兰、德国、瑞士、列支敦士登、奥地利和意大利等国,先后拜会了比利时卢森堡省、德国法兰克福福莱美两河地区国际投资促进委员会并座谈,参加了汉诺威工业博览会。考察团成员通过考察、交流与学习,收获丰富,取得了预期的结果。2009年10月11日,受斯里兰卡投资局之邀,商会考察团12人,在肖金通执行会长的带领下赴斯里兰卡进行了七天的商务考察。2010年11月3—15日,应美国马里兰中心邀请,商会肖金通执行会长带商会考察团20余位到美国进行考察,拜访马里兰商务部、马里兰中美科技园、巴尔的摩开发公司,考察巴尔的摩投资项目。同时,积极组织企业家到国内城市进行考察,如成都、重庆等,以及去吉林参加第六届东北亚投资贸易博览会,并考察了白山、吉林、长春等市,受到了当地政府的热情接待,成效良好。2009年,上海市合作交流办组织开展了各地在沪商会区县行活动。我们积极组织会员企业参加,架设起会员企业与区县及有关部门领导沟通的桥梁。为会员企业融入上海、投资上海提供服务。我们还组织会员参加我省及全国各地政府在沪召开项目推介会,寻找商机,同时协助我省各市县在沪举办项目推介会提供服务。

(四)引导会员企业践行社会责任

2008年"5·12"汶川大地震发生后,商会立即举办向四川地震灾区献爱心捐赠活动,体现了在危难时刻勇担社会责任的精神风貌。2008年5月16日,在上海外滩茂悦大酒店举办"福建在沪机构、企业、乡亲为四川地震灾区献爱心捐赠活动"。据不完全统计,在沪闽商、在沪福建乡亲已通过不同渠道向灾区捐款超过1.5亿元。世茂集团向地震灾区捐款1.1亿元,其中1亿元用于在受灾严重地区建设100家爱心医院,世茂集团员工还捐款43.5万元。

2009年8月8日,受台风"莫拉克"影响,台湾同胞生命财产遭受严重损失。为积极响应福建省工商业联合会、福建省总商会、福建省光彩事业促进会联合发布的《关于组织动员全省各级工商联和广大非公有制经济人士向台湾受灾同胞募捐的紧急通知》，商会特别以短信的方式呼吁全体会员企业对台湾受灾地区和人民进行募捐。

(五) 宣传海西，引导回归

商会通过会刊《上海闽商》及商会网站《上海闽商网》等大力宣传家乡海峡西岸经济区建设，系统地介绍了我省各地市在建设海峡西岸经济区中的定位和战略，同时大力宣传国务院《关于支持福建省加快建设海峡西岸经济区的若干意见》。自2004年开始，商会与福建省人民政府驻上海办事处联合举办了六届"上海闽商发展论坛"，分别以"发展闽商新优势"、"凝聚长三角闽商力量、推进海西经济区建设"、"创新五缘六求文化、凝聚长三角闽商建设海峡西岸经济区"、"上海福建人研究"、"弘扬福建优秀文化、促进海峡西岸发展"、"把握上海世博机遇、促进海峡西岸发展"为主题，在宣传海峡西岸经济区、培育上海闽商文化、塑造上海福建人整体形象方面起到重要的作用。特别是在第五届上海闽商发展论坛上，许荣茂会长领衔，向海内外闽商发出了《共襄回归倡议书》，鼓励在沪企业在自身发展的同时，身在上海，心系家乡，不忘支援家乡的经济建设。

为认真贯彻落实国务院《关于支持福建省加快建设海峡西岸经济区的若干意见》和"共襄回归"的倡议，商会积极组织企业家回省考察。2009年6月15—21日，商会组织考察团一行共49人，在全国政协委员、全国工商联副主席、商会会长、世茂集团董事局主席许荣茂先生带领下回省考察，先后赴莆田、福州、泉州、厦门等地深入考察了投资环境和项目，并参加第七届中国·海峡项目成果交易会。七天的回乡考察使考察团受益匪浅，不少考察团成员在考察结束后仍然留在福建，对当地推出的有意向项目进一步进行洽谈，并表示回沪后将把家乡了解到的情况向更多的企业宣传，动员在上海的闽商都来为家乡发展出力。

2009年9月，上海福建商会组团参加"9·8"厦门投资洽谈会。商会以肖金通执行会长为团长的上海闽商近50人的代表团7日抵达厦门，开展为期四天的经贸洽谈活动，先后参加了投洽会开幕式和"2009中德经济合作暨企业跨国投资论坛"，考察了厦门翔安和思明区。

在商会的引导下，近年来广大会员企业随自身实力不断发展壮大，积极参与"回归工程"，投身海西建设，一些较大项目已经陆续落地开花，如世茂集团的福州世茂天城、华昌控股的中国粮食城、喜盈门的福州喜盈门家居、莆田在沪商企财团的秀屿区国家级木材加工、吉马集团的漳州吉马国际广场等项目。2009年，世茂集团又连续出手，在厦门竞得二幅地块，将在厦门打造写字楼、五星级酒店、商业设施等于一体的综合项目。据不完全统计，这几年返闽投资累计达300多亿元。

同时，商会积极鼓励在沪企业在自身发展的同时，不忘推进家乡的慈善事业发展。2005年以来，商会每年捐资20万元，用于资助家乡贫困地区小学的教学楼改、扩建，至今已经完成了周宁纯池中心小学、政和念山小学、平和安厚中心小学、连城新泉中心小学、泰宁朱口中心小学、仙游县坑北小学等六所小学教学楼的改、扩建，并命名为"上善楼",受到了当地政府和群众的高度赞扬,并特地送来"情系老区,恩泽未来"、"捐资建校,造福桑梓"等牌匾,又捐资永泰县城峰镇东门小学教学楼"上善楼"建设。

2007年8月,超强台风"桑美"袭击东南沿海。福建省宁德市所属福鼎、霞浦、寿宁、福安、柘荣等县(市)均遭重创,灾情极为严重。9月23日,办事处、商会与福建省文联、中共宁德市委、宁德市政府、福建省红十字会联合主办"情系宁德——福建书画名家赈灾作品(上海)展览"。商会积极发动在沪企业家认购义卖作品,向灾区人民献爱心。在沪闽商积极响应,踊跃认购,共筹善款234多万元用于灾后重建。

此外,商会还积极为我省关爱残疾人事业出力献爱。在《上海闽商》会刊上转载了福建省残疾人福利基金会理事长、原福建省委常委、省军区司令员陈明端将军"致福建各界人士的一封信",办事处与商会联合发出"致《上海闽商》读者一封信",倡议在沪闽商和乡亲有力出力、有钱出钱,一起来关爱和帮助残疾人。响应"爱在海西、共享福祉"号召,倡导企业家关爱无房残疾人,积极参与支援农村贫困残疾人"安居工程"的资助,携手共筑"福善居"。通过我们的积极宣传,在沪闽商积极响应,助残工作受到了基金会理事会成员的一致好评。

(六)参与世博,服务世博

为了进一步发挥上海世博会的效应,更好地宣传福建、宣传海峡西岸经济区建设,上海市福建商会与福建省人民政府驻上海办事处、福建省参博筹委会办公室联合编纂《福建与上海世博》画册。通过编纂画册,挖掘福建参与历届世博会的历史,再现福建乡亲参与上海世博会的情景,真实反映福建人参与、参观上海世博会精彩、难忘的活动场景,弘扬福建人的奉献精神,提升福建的整体形象。

组织发动上海闽商积极参与世博会。6月29日,上海世博会福建活动周开幕。发动各市县在沪商会,组织近1000人参加福建活动周开幕式。同时,由商会副会长单位、盖奇(中国)织染服饰有限公司赞助1500件印有福建馆和上海世博会标识T恤。饱满的热情、统一的着装,展现了上海福建人参与世博的风采。

商会也积极参与服务世博。在时任福建省委孙春兰书记参加世博会开幕式后,安排了孙书记与商会企业家代表的会见。企业家纷纷表示要积极参与家乡的建设。半年来,商会接待参观世博人员10余批次,接待人数200多人次。

第八章

福建省异地商会的迅速发展

20世纪90年代中期至21世纪初,是异地商会迅速发展时期。我省各级工商联主动介入,结合原籍地政府招商引资工作需要,推动经济发达、闽商聚集较多的地区组建异地商会。各级异地商会如雨后春笋迅速发展,显示出强大的生命力,出现了一些富有活力的异地商会组织。闽籍异地商会在实现现代商会的服务闽商、引导闽商方面也起到了积极的作用。

第一节 阶段特点

一、顺应经济体制改革的蓬勃发展

20世纪90年代,改革开放深入进行,国家在经济发展上做了几项重大决策。1990年,开发开放浦东新区。1992年,邓小平发表南方谈话,指出要坚定不移地贯彻执行党的"一个中心、两个基本点"的基本路线,坚持走有中国特色的社会主义道路;抓住当前有利时机,加快改革开放的步伐,集中精力把经济建设搞上去。1993年,出台《中共中央关于建立社会主义市场经济体制若干问题的决定》,指出了我国经济体制改革面临的新形势和新任务,建立社会主义市场经济体制,就是要使市场在国家宏观调控下对资源配置起基础性作用。以经济建设为中心,改革开放、经济发展和社会稳定相互促进,相互统一。发展是硬道理。只有抓住有利时机,深化改革,扩大开放,加快发展,才能巩固安定团结的政治局面。只有坚持四项基本原则,坚持两手抓,保持社会政治稳定,才能有力地保证改革开放和经济发展的顺利推进。

20世纪90年代以来的中国经济,从经济周期的角度看,处于新一轮经济增长的高峰期。这一时期经济的增长,既反映了周期性经济扩张的固,也受到了宏观经济政策的深刻影响。一方面,"保持国民经济持续健康发展"的战略要求,构成了宏观经济决策的主线,决定了经济迅速增长的基本格局;另一方面,以稳定经济,整顿经济秩序为着眼点的宏观经济政策,构成了政府调控的基本内容,影响着经济增长过程中的宏观环境和结构变动。

改革开放以来,中国各地方政府为了加快本区经济发展,纷纷设立开发区和工业园区,作为地方经济对外开放的窗口,通过税收优惠、基础设施配套和公共服务等举措进行全面的招商引资,极大地影响着各地经济的启动,创造了许多"经济奇迹"和"财富神话"。以在沿海地区试行四个经济特区为标志,地方政府大规模招商引资的序幕拉开,我国招商引资经历了几个阶段,最初的招商引资以引进外资为主导。20世纪90年代初开始,招商引资逐渐以内资为主导。东部沿海地区经过10余年的发展,已经建立了基本完善的外向型产业体系,资本积累初步完成,劳动密集型产业逐步向技术密集型和资本密集型产业转变,各级地方政府纷纷以更加灵活多样的招商引资手段吸引更多的资金和更高端的产业进入本地。伴随着"西部大开发"战略的提出,地方政府纷纷开展招商引资政策,吸引企业落户、资金流入,以推动经济增长,缩小地区差距。

在20世纪90年代中期至21世纪初在不断深化对非公有制经济认识的情况下,我国非公有制经济得到了快速发展。到2003年底,我国个体工商户发展到了2353.19万户,注册资金4186.99亿元,从业人员4636.54万人。私营企业发展到300.55万户,注册资金35305亿元,从业人员4299万人。1993—2003年的10年间,私营企业年均增长了28.87%;注册资本由1993年底的681亿元增加到2003年底的35305亿元,增长了52倍,年均增长48.41%;从业人员由1993年底的372万人增加到2003年底的4299万人,增长了近12倍,年均增长27.72%;私营企业产值由1989年的422亿元增加到2003年的20083亿元,增长了48倍,年均增长47.15%。随着改革的深入和发展,我国国民经济中有一个庞大的非公有制经济部分。同时,国有企业也在深化改革,大部分国有企业也已经逐步改造为自主经营、自负盈亏的现代国有企业。私营企业的大量涌现和国有企业的改革使得我国出现了大批具有自我创新、自我发展、自主经营能力的市场竞争主体,这为市场经济体制的建立奠定了良好的组织基础。

在市场经济条件下,经济活动不仅要依靠企业,其中许多地方也需要依靠各种形式的经济中介组织。它们通过开展各种形式的联谊交流、信息提供、行业协调、咨询服务等活动,发挥着经济领域的互助、共济、中介功能,对市场经济的运行起着重要的润滑剂和中介质的作用。

这一阶段,中国政府认同了市场经济体制,而且确立了"小政府、大社会"的改革目标。经济体制的转轨和政府职能的转变为社团组织的发展提供了广阔的空间,社团组织的发展在20世纪90年代中期出现了一个新的高潮。同时,民办非企业单位在90年代中期也得到了迅速发展。随着市场经济的迅猛发展,公民个人以及其他社会力量投资兴办学校、医疗机构、社会福利机构、研究机构等非营利性社会服务组织的积极性快速提高。这个阶段产生了大量的商会,商会得到快速的发展。

二、闽籍异地商会的功能较前一阶段相比更加全面、深入

20世纪90年代中期后,福建省异地商会才有了比较大的发展。20世纪90年代中

期至21世纪初,福建省各级工商联结合原籍地政府招商引资工作的需要,积极推动经济发达、闽商聚集较多的地区组建异地商会。省外闽籍企业家热情参与,积极响应,按照"发起自愿、人员自定、经费自筹、会务自主"的原则组建异地商会,以服务闽籍企业发展的需要。在各级工商联的推动下,各级异地商会如雨后春笋般迅速发展,显示出强大的生命力,出现了一些富有活力的异地商会组织。在发挥组织优势、服务会员发展方面发挥了积极作用:主要为会员提供市场拓展服务,促进资源优化配置服务;维护会员合法利益,积极为会员排忧解难,帮助会员解决民事纠纷、经济纠纷,审核经济合同;帮助会员协调解决生产经营、职称评定、工商登记、企业用地、产品质量、子女上学等方面的困难。这一时期,异地商会组织成为团结、凝聚、引导、服务广大在外投资兴业闽籍企业家的重要平台。

具体来说,商会在这一时期的主要功能有:

(一)提供商会范围内的局部公共产品

商会组织在本质上是属于社会组织中的经济组织,按照经济学家科斯的交易成本理论,商会是市场交易主体为减少交易成本而达成的契约安排。但是,商会本身是非营利性的,它提供的产品更多的是局部的公共产品。随着生产力的发展,经济实力的逐步增长使得企业对政治、社会生活的影响越来越大,企业需要商会提供的局部性公共产品也越来越多,商会也在这些方面发挥着相应的作用,如:收集和发布市场需求信息,开展咨询,提供法律援助,进行职业培训,协调产品价格,解决经济纠纷,参与质量管理,修订国家标准和行业标准,参与经营许可证资质审查,组织展销会、展览会等。

(二)维护其成员利益

作为代表企业利益并服务于企业的组织,商会把工商企业联合起来,解决集体行动难题,增进成员之间的相互信任。商会可以通过向政府反映企业合理的意见和要求来维护会员的合法权益。当政府的某项政策或计划侵犯了企业的利益时,商会可以以企业代表的身份,与政府进行面对面的谈判,维护企业的合法权益。商会还可以运用法律武器来维护企业和企业家的合法权益。

(三)弥补政府和市场的制度不足

中国长期以来是一个实行计划经济体制的国家,政府常常是制度安排的供给主体。同时,由于政府的制度安排供给受到统治者的偏好、意识形态刚性、官僚政治以及集团利益冲突等影响,存在制度安排的供给不足。商会作为一种制度安排,在一定程度上弥补了政府制度的不足。商会提供的诸如行业标准、行业规范等制度,为工商企业之间的合作创造了制度条件。商会可以就生产标准、市场划分、销售价格和竞争手段等方面对会员进行必要的协调,甚至可以制定一些章程进行会援建的自我约束,维护生产和销售秩序。商会还通过各地商会组织间的联络,促进地区间、行业间和企业间的经济联合。商会在维护社会信用体系方面,补充了市场制度的不足。很多企业纠纷通过商会建立的民间仲裁机制得以解决。单个企业,尤其是中小企业很难获得信贷资金,但通过商会的某种集合性制度安排,由其出面为成员企业向银行申请贷款或向社会发行债券,融资成功率可以大大提高,商会所分担的风险反过来可以使其加强对成员企业的信用监督。

(四)协调劳资关系

在中国由计划经济转向市场经济的今天,工会是人民团体,依照《中华人民共和国工会法》代表着广大雇员包括全体职工的利益。而中国商会组织中的企业联合会、企业家协会已经明确为中国的雇主组织,其他商会组织也逐步在发挥雇主组织的作用,如中国各地很多商会都参与到了协调劳资关系的"三方机制"工作中,协调劳资关系已经成为中国商会在市场经济条件下的新任务。

(五)实现政治参与

在市场经济中,商会成为介于宏观政府和微观企业之间的中观层面的组织,承担着将两者联系起来的任务。商会代表会员企业的意愿,与政府和立法机构进行经常性的对话,通过政治表达,把各种利益要求转变为政府的重大决策选择,影响和参与产业政策、法律法规的制定,为企业创造更好的发展环境。同时商会发挥仲裁和调处社会公共事务的作用,形成有助于社会公共程序和政治秩序稳定运行的影响能力,从而实现政治参与。改革开放后的中国商会通过人大、政协等渠道,实现着企业及企业家参政议政的愿望和需要。

(六)体现多元化的利益

市场经济体制给中国带来了利益结构多元化,社会利益由原来的单一主题,转变成政府、社会、个人多个平行的主体。政府要通过一定的社会组织,集合社会中的个体力量变成团体力量,处理社会内部的各种问题,使统一群体内部或不同社会群体之间的市场竞争、社会分化、观念异同和利益冲突,容纳在一个稳定有序的社会组织之内。商会就是这样的组织之一。商会是其所有成员的代表,体现多元化的利益,履行着其利益代表的权利和义务。随着经济和社会发展的需要,我国目前商会原有的提供商会范围内的局部公共产品、维护其成员利益、弥补政府和市场的制度不足的作用发挥得较为充分。协调劳资关系、实现政治参与、体现多元化的利益的新作用已经体现出来,但由于市场经济发育的不平衡性和改革的渐进性,这些作用的发挥存在着地域差异性和不明显性。

三、政府对商会发展予以极大的支持

经验告诉我们商会要办得好,不仅要选好会长,还要选好专职秘书长。但因基层行组织经费有限,参与的企业只熟悉生产经营,一时难以招聘合适的商会干部,需要政府给予帮助,一些地区从党政机关中挑选熟悉经济工作、善于协调关系,具有一定组织能力的老同志到行业商会任职,在会长领导下开展工作,效果很好。这样既加强了商会力量,也为机关干部发挥作用找到了新路子。商会在成立初期往往缺少必要的办公条件,这影响了商会的工作,为了使行业商会尽快发挥作用,一些经济富裕地区的政府为商会提供了办公用房和经费支持,使商会成立后立即可以投入工作。商会工作有了成效才有凝聚力,才能吸引更多的企业加入商会并主动给予经费支持。

在20世纪90年代以后,在各地政府的支持下,全国的商会取得了飞速发展。基于我国经济社会发展现实,政府到目前为止一直在我国商会发展中起着最主要的作用。主要体现在:政府制定了与我国行业协会和商会生存和发展相关的法律法规;政府制定的政策影响了我国行业协会和商会发展的政治、经济环境;政府机构的改革产生了我国相当大批量的"官办"色彩浓重的行业协会。甚至因为意识形态的意愿,政府可能会对社会团体进行治理整顿,从而影响到行业协会和商会的发展。由于我国实行社会团体登记管理制度,合法的社团都处于政府直接的管理之下,因而不存在严格意义上符合西方"非营利组织"概念的行业协会和商会。而能够独立于政府存在的行业协会和商会却是以非法的形式存在,处于社会的边缘地带,发挥的作用也很有限。无论如何,当前我国的行业协会和商会的顺利发展离不开政府的辅助。在中国特色社会主义市场经济的发展、完善过程中,行业商会等民间社团还刚刚起步,基础薄弱,只靠自身力量一时难以有效地发挥作用。在组建初期尤其需要当地党政部门的关心和支持,特别在参与经济活动中需要政府及有关部门给予引导、支持和帮助。当前,各地政府都非常重视发展民营经济。有的把吸引外资和壮大民营经济比作地方经济腾飞的两个翅膀。为了创造有利于民营企业生长的良好环境,一些地方政府率先解放思想,把政府管不好不必管的事交给行业商会来做,就组建行业商会制定下发文件,帮助落实,并允许各行业商会(同业公会)在民政部门注册登记。以福建为例,各级政府对工商行业组织的引导主要是政策鼓励、推荐专职干部和解决办公条件等方面。

虽然目前有不少的商会、行业协会仍未完全摆脱"二政府"的角色,但是随着政府经济管理水平的日益成熟和市场法制的不断健全,民间自主成立的行业协会、行业商会的比重迅速增加。当代商会及行业协会的发展也是应对全球化背景下内外竞争压力的需要。中国国际经济秩序的分工体系之中兼具"世界工厂"和"世界市场"的地位,对中国的民族企业来说,面临着国外的反倾销和国内竞争的双重压力。在这样的条件下,中国企业通过商会,协调发展战略,实现竞争共赢,是一条重要的制度渠道。

自20世纪90年代以来,中央和地方政府都在探索商会改革的道路。基于各地经济发展道路的不同,民营经济发展的程度不同,与世界市场的依存度不同,各地的商会、同业公会的改革也呈现不同的特色。如在温州,由于私营经济高度发达,商人的市场自为意识较高,民间性的行业协会非常发达,商会的经济性、民间性特色鲜明,形成学界所言的"温州模式"。在上海,商会、行业协会的改革则由政府主导,上海成立了行业协会管理办公室,对行业协会的会务进行综合管理,并在经费、办公等方面予以支持,扶持其走市场化的道路。内地的大多数地方,则多采取政府引导与民间主体结合的方式,对较为市场竞争较为充分的行业分别推进,采取渐进式的改革路线,亦取得良好成效。

第二节 分布特点

在 20 世纪 90 年代以后,在各地政府的支持下,全国的商会取得了飞速发展。以省外省级异地商会为代表,在异地商会发展的第二阶段迅速发展阶段,省外省级异地商会共成立 14 家。

成立时间	商 会		
1996	云南省福建总商会		
1997	宁夏福建企业家协会		
1999	山西省福建商会		
2000	山东省福建商会		
2001	北京市福建企业总商会	重庆市福建商会	贵州省工商联福建商会
2002	江西省福建商会	新疆福建企业联合会	海南省福建商会
2003	河北省工商联福建商会	内蒙古福建商会	陕西省福建商会
2005	贵州省福建总商会		

华北地区成立了 4 家:山西省福建商会、北京市福建企业总商会、河北省工商联福建商会、内蒙古福建商会。华东地区成立了 2 家:山东省福建商会、江西省福建商会。中南地区成立了 1 家:海南省福建商会。西南地区成立了 4 家:云南省福建总商会、重庆市福建商会、贵州省工商联福建商会、贵州省福建总商会。西北地区成立了 2 家:宁夏福建企业家协会、新疆福建企业联合会。东北地区则没有成立。

一、云南省福建商会

云南省福建商会,是在云南、福建省委、省人大、省政府、省政协和省委统战部、省工商联的关心支持下,经云南省民政厅审核批准登记并报国家民政部备案的社团组织,于 1996 年 12 月 28 日正式成立。经过多年的创新发展,已成为具有一定的商会规模、办会特色的驻滇省级异地商会。这是全体闽商人士不断解放思想、开拓创新、服务于商、回报于民的结果。

多年以来,商会在省工商联的正确领导下,深入学习实践邓小平理论、"三个代表"重要思想和科学发展观,在商会领导集体及全体理事单位、会员单位的共同努力下,团结一切闽商力量,调动一切积极因素,吸取一切真知灼见,以经济建设、谋求发展、促进交流、社会和谐为中心,服务政府、服务会员、服务社会,自加压力,开拓进取,认真落实各项工作任务。商会始终倡导诚信务实、合作共赢的发展理念,统一构建和谐环境,展现出云岭闽商风采,使商会的凝聚力、向心力和对外影响力进一步增强。商会充分发挥了桥梁纽带作用,使团结向上的氛围增强了,沟通合作的意识提高了,决策经营水平上升了,凝聚力和影响力扩大了,很多会员企业随着商会的发展逐步壮大了。商会为全面推进在滇闽籍非公有制企业健康发展,为云南的经济建设和社会发展做出应有的贡献。

二、宁夏福建企业家协会

宁夏福建企业家协会是党中央、国务院决定闽宁对口扶贫协作的过程中,在闽宁两省区政府和领导的关怀和支持下,经宁夏回族自治区民政厅批准成立的社团组织。涉及的经营领域有:房地产开发、电子通讯、冶金化工、建筑材料、资源开发、农业开发、医疗卫生、工程施工环境保护、食品加工、旅游服务等10多个行业领域,并形成了一定的发展规模和实力。

协会坚持为会员企业办实事,排忧解难,为福建企业在宁夏投资置业牵线搭桥,组织会员企业积极参与政府和社团组织的各项政治、经济、公益活动。进一步激发了福建企业家热爱宁夏、振兴宁夏的精神力量,广大福建企业家把宁夏人民的事业看作是福建人共同的事业。紧紧抓住西部大开发,宁夏大发展的好机遇,创新功能,互帮互学,不断进取,促进了在宁福建企业的健康快速发展。

三、山西省福建商会

山西省福建商会是由在山西省的闽籍人士中一部分热心于公益事业的工商界有识之士自愿发起,历经近三年的艰辛筹备建立的。山西省福建商会的申办过程得到了山西省政协、中共山西省委统战部、山西省工商业联合会(山西省总商会)及山西省人民政府民政厅等部门及有关领导的大力支持。本会业务主管为中共山西省委统战部,隶属于山西省工商业联合会,并接受山西省人民政府民政厅的监督管理。山西省福建商会作为党和政府联系非公有制经济人士的一个桥梁,本着"团结、交流、拓展、服务"的宗旨,团结和引导闽籍驻晋各界有识之士,为促进闽晋两省经济、商贸、文化和信息交流,扩大交往,进一步适应改革开放的新形势,推进社会主义市场经济的发展而努力。同时全力为会员排忧解难、协调关系、调解纠纷,维护会员在社会生活和经营活动中的合法权益。带领会员进一步解放思想、抓住机遇、壮大自我。通过商会组织,使家乡政府和乡亲了解我会成员在晋的工商活动情况及发展成就。

四、山东省福建商会

山东省福建商会是经山东省民政厅核准注册登记的社会团体法人,成立于2008年8月14日。山东省福建商会目前五十多家理事单位已涉足房地产、矿产、钢铁、焦化、石化、建材、汽车配件、通讯器材、珠宝、茶叶、水产、食品加工、健身器材及金融业等20多个行业,在山东省总投资额已超过千亿元人民币,为山东地区创造十万多就业岗位,每年上缴税额达一百多亿元,已成为促进鲁闽两地经济发展的重要团体之一。商会本着以下宗旨为企业和社会做贡献:坚持四项基本原则,坚持改革开放,坚持以经济建设为中心。引导企业遵纪守法,文明经营,维护企业的合法权益。增进福建在鲁企业间的联络与交流,提高企业竞争能力和经济效益,促进山东和福建的经济互补和共同发展。

五、北京福建企业总商会

北京福建企业总商会前身是北京市福建在京企业协会,由福建省政府驻京办牵头与在京闽籍企业共同发起,经北京市经委核准,北京市民政局审批注册,于2001年9月22日成立。福建省工商联(总商会)北京分会是经福建省委统战部、省工商联(总商会)批准,于2003年12月8日在"协会"的基础上加挂成立,实行"一套机构、两块牌子"合署办公。

商会的宗旨是"团结、交流、协作、服务",目标是建设务实、创新、和谐的中国特色"大商会",任务是整合资源,搭建平台,服务会员,使全体会员在商会平台上达成"资源共享、优势互补、互通有无、合作发展"的愿望,努力为会员提高素质、协调关系、排忧解难、开拓市场、促进协作、维护权益,为首都北京和福建发展及海西建设做贡献。商会自成立以来获得多项荣誉,最近的是2012年入选北京市5A商会,并被北京市民政局评为"社团组织先进集体",成为北京市荣膺此称号的两个异地商会之一,同年5月,商会积极参与连城水土流失治理和扶贫,荣获"乐善好施热心公益"称号,又于同年6月荣获"朝阳区创先争优先进基层党组织"。

六、重庆市福建商会

重庆市福建商会是由在渝的热心于公益事业的闽籍工商界人士自愿组成的具有法人资格的非营利性社团组织,在重庆、福建两地政府部门的关心和指导下,本着"团结、交流、合作、拓展、服务"的建会宗旨开展各项工作。商会会长由重庆市政协常委、融汇(重庆)集团、香港融汇国际投资控股有限公司董事长黄祖仕担任。商会现下设莆田、漳州、陶瓷、罗源、安溪、建瓯6个分会,单位会员超过1400家,涉及建筑业、制造业、餐饮业、零售业、房地产业、医疗业等10余个行业,一大批规模大、实力强的会员企业,树立了闽商在渝良好的社会形象,也为市场活跃和经济繁荣起到了积极作用。

重庆市福建商会自成立始,以"融入重庆、植根本地"为理念,严格遵守相关政策法规,把握经济发展主题,充分发挥商会职能,完善组织建设,坚持为会员服务,壮大商会队伍,充分发挥桥梁纽带作用,履行服务职能,积极回报社会。2004年,我会荣获民政部"全国先进民间组织"称号;2006—2008年,我会连续荣获"重庆市非公有制经济领域优秀社团组织"称号;2009年,我会被重庆市工商联(总商会)评为"年度先进商会";2010年,重庆市经济和信息化委员会授予我会"优秀社会团体"称号;2011年,我会再次荣获重庆市民政局"先进社会组织"称号;2012年,重庆市工商联(总商会)授予我会"2012年度先进商会"称号。

七、贵州省工商联福建商会

贵州省工商联福建商会成立于2001年12月25日,从此,在黔闽商结束了"单打独斗"的历史,建起了团结协作,优势互补的发展平台,现已有会员上万人。

十年来,在贵州、福建两省领导和省委统战部、省工商联等相关部门的关心支持下,商会广泛联系福建、港澳台、省外和海外福建籍人士来黔考察,以商招商,引资数百亿元,围绕"加速发展、加快转型、推动跨越"主基调,助推"工业强省"和"城镇化带动"两大战略的实施,加强了以商招商的力度:马来西亚常青集团投资中马工业园(贵定昌明)100亿美元,闽籍企业投资花溪西南电影城100亿人民币、毕节地区旅游项目综合开发200亿人民币、修文马家桥芹菜沟的精工铸造项目8亿人民币、兴义市文化创业园42亿人民币、安顺城市综合体建设项目50亿人民币。

十年来,商会以"交流、团结、拓展、服务"为宗旨,以"乡情、友情、亲情"为纽带,组织会员参加各级政府,相关部门组织的各项招商引资活动,向会员提供与国内外企业、社团,开展经贸交流和合作的机会,协助会员举办各种商务、展览、展销等经济文化交流活动,努力为会员企业的发展寻求更多的机遇和更广阔的空间。目前,会员企业在黔投资项目涉及房地产开发、矿山开采、化工生产、金属冶炼、水电建设、航空服务、建材市场、汽摩销售、宾馆酒店、医疗卫生、文化娱乐、环保消防、陶瓷石材、海鲜水产、药品生产、装潢装饰、广告策划、旅游开发、现代农业等,会员企业遍布贵州省地、州、市、县,乃至乡村。据不完全统计,会员企业历年投资总额约1000多亿元,解决就业岗位上百万个,为贵州、福建两地的经济建设和社会发展做出了积极的贡献,获得各级党委和政府及社会各界的认可。《中华工商时报》《贵州日报》等省内外媒体都作了专题报道,称闽商为当前在黔"最大投资群体"。

八、江西省福建总商会

江西省福建总商会2002年11月23日成立,是经原江西省对外经济技术合作办公室批准、江西省民政厅登记的具有独立法人地位的省级异地商会,由在赣有较强实力的闽籍企业组成。现任会长是东方宏利集团董事长韩世忠先生。该会有会员3200多名,分布全省各地,在吉安、宜春、上饶、新余、鹰潭、抚州、赣州、景德镇、南昌等设区市设立了分支机构。这个团队集中了在赣闽商群体的精英。

目前在赣投资经营的闽籍商人有40多万,上规模的企业10000多家,其中会员企业3800多家.涉及房地产投资经营、公路桥梁建设、机械设备制造、采矿冶炼、建材生产与销售、酒店管理与经营、商贸物流、现代农业、印刷、环保工程和计算机技术等众多行业,在赣投资总额4300多亿元。商会成立以来,积极推进江西在中部地区崛起,为江西引入资金2000多亿元,安排就业350万多人,在赣鄱大地描绘了一幅建设江西造福于民的气势恢宏多彩画卷。

闽商爱心永恒,真诚回报社会。该会成立十年来,商会及会员捐款捐物1.2亿多元,平均每年捐款1000多万元。2008年"5·12"汶川大地震,捐款1200多万元;2010年青海玉树地震、江西抚州、福建南平水灾捐款1040万元;南昌八一起义纪念馆改扩建,该会是第一个捐款的社会团体;在宜春市举行的第五届全国农运会上闽商慷慨捐助得到省领导的嘉奖。一次次表彰、一面面锦旗、一封封感谢信,谱成了一曲曲赞美闽商大爱的颂歌。该会依法办会,不断创新,成绩斐然。2004年、2010年连续两次被国家民政部评为全国先进社会组织;2004年、2007年、2010年连续三次被江西省民政厅评为全省先进社会组织。江西省领导表扬他们为江西经济社会的发展做出了贡献,福建省党政主要领导夸奖他们干得好,为闽商争了光。

九、新疆维吾尔自治区福建企业联合会

在新疆、福建两地党政领导的关怀和指导下,于2002年10月8日正式成立。现有会员企业210多家。新疆福建企业联合会(商会)是经新疆维吾尔自治区民政厅登记批准的具有法人资格的非营利性社会团体,在新疆维吾尔自治区招商发展局(经济技术协作办公室)指导下开展工作。

自改革开放以来,特别是党中央做出西大开发的决议以后,福建省一些有实力的企业家纷纷来到新疆开发谋求发展,据初步统计,福建在新疆各地州投资开发经商办厂的有10万多人,企业2000多家,从事的项目有金融投资、石油、通讯、建材、机械机电、汽车运输、粮油、鞋帽服装、医院医药、灯饰汽配等上百种,直接和间接投资达50多亿元。新疆福建企业联合会(商会)的成立是新疆十万余福建人连接故乡人民的一座心桥,也是市场经济大潮中新疆连接福建的一座金桥,联合会(商会)的目的是为西部大开发服务,为促进两省区紧密合作共同繁荣服务。

联合会成立八年多来,按照联合会(商会)章程的各项规定,沟通与社会各界的联系,提升了商会在社会上的知名度。积极引导会员参与社会公益事业,多年来,在抢险救灾、扶贫帮困、捐资助学等活动中踊跃捐款捐物,特别是近年来先后向新疆德汇火灾、四川汶川地震、希望小学、"7·5"事件无辜受难群众、PKU儿童救治等活动捐款500多万元,增强了社会的影响力。为今后的工作开展奠定了良好的基础。

十、海南省福建商会

海南省福建商会,成立于2002年6月8日,前身是1995年5月成立的"福建省驻琼企事业联谊会"。发起单位数是28家企业,目前会员数(含个人会员)有近1000个。业务主管(指导)部门为海南省商务厅、福建省政府驻琼办。历现任会长:洪劲松(2002年6月8日—2008年9月12日),庄学添(2008年9月12日至今)。商会成立宗旨为团结在

琼乡亲,促进企业发展。涉及行业:建筑安装、房地产、农业种养植、水产养殖加工、建材生产经营、高科技、教育、医疗、游艇、商贸酒店及其他服务行业等多个领域。社会公益捐款额约3000万元。

十一、河北省工商联福建商会

由福建籍在河北省内的商界精英自发成立的群众组织的河北省工商联福建商会于2003年11月29日在石家庄成立。目前在河北省发展的福建籍工商人士已经达到数万人,涉及阀门、石材、电器、服装、水产等十几个行业,并形成了一定的规模和优势。河北省工商联福建商会成立后积极组织各类福建、河北两地之间的展销会、订货会,受理委托招商和经济考察等商务活动,并向会员提供经济技术信息、市场行情、法律咨询、人才培训、寻找项目合作伙伴等多项服务。

以商会为核心,团结、联合驻冀闽工商界人士,携手共进,促进冀闽两地间的合作与交流,推动两省共同繁荣与发展是成立商会的目的。商会积极组织会员参加经贸洽谈、商务考察等活动,定期向会员发布重要的行业相关信息,注意加强与兄弟商会之间的联系,目前已经与全国65个异地商会、全球20多个异地商会有信息来往,广交朋友、广聚财源。还组织会员开展扶贫活动,向张家口、承德等贫困地区捐赠了价值十万元的物资。商会聘请法律顾问,随时为会员提供法律咨询、代理诉讼等服务。福建商会每年都举办庆祝活动,相互交流信息,发挥整体的优势,架起冀闽两地金桥。

十二、内蒙古福建商会

内蒙古福建商会于2003年成立,目标在于协助当地各级政府做好综合治理工作,使闽籍商户在内蒙古的经营活动逐步形成规范化管理,依法经营,照章纳税,有序竞争;与当地政府及有关部门取得联系和沟通,反映会员的意见、愿望、要求和建议;依法保护会员正当的经营活动;依法维护会员的合法权益;努力促进内蒙古与福建省其他地区及台湾等地区的多边经济合作,为两地的企业家及各界人士联手办企业、联合经商,积极地穿针引线,牵线搭桥,促进两地经济、技术和贸易的合作和发展;组织会员举办和参加各种形式的联谊会、恳谈会、洽谈会和协商会等项活动,促进会员与当地企业的精诚合作和友好往来。提高支边理念,加强民族团结;促进会员与社会各界的和睦共处,共同创造宽松、祥和、互利的投资经营环境;为会员和社会提供市场、技术、商品等信息,按照国家有关规定,为会员提供管理、经营、法律、审计、会计、融资、咨询等服务。为会员排忧解难,为会员提供风险分析和方案选优。

十三、陕西省福建商会

陕西省福建商会成立于2003年5月。数年来,在陕闽两省政府领导的关心、支持和指导下,商会秉承"政企桥梁、闽商之家"的办会理念,传承闽商精神,追求卓越的服务品质,积极引导会员企业深入学习实践科学发展观,促进了企业又好又快发展。同时,为进一步拓展发展空间,商会积极探索资源整合的新途径新方法,深化服务职能,搭建了以陕闽省际投资创业平台为目标的发展构架。目前,商会已成为福建企业来陕经商的咨询点和落脚点。商会优质服务于会员的良好信誉,组织会员积极参加陕闽两省一系列的经贸活动,回馈桑梓服务海西建设的一系列工作,深得陕闽两省政府和企业的好评,被陕西省政府、商务厅评选为"外省区市驻陕优秀单位"、"优秀商会"。

商会不断完善自身制度建设,严格遵守章程规定,坚持民主办会、公开办会的原则。商会发挥桥梁纽带作用,巩固和完善招商平台,富平、华阴、安康等多个县市里已出现了"福建客商群体投资现象"。此外,商会为广大会员在工商、税务、广告、审计、法律咨询乃至子女教育等方面提供高品质低价格的全方位服务,还为会员和在陕各地闽籍商会提供了车辆保险、酒店服务、订购飞机票、火车票等服务,为会员出差、返乡提供方便,使广大会员在商会的关心下无忧经营。商会倡导社会责任,积极参加社会光彩事业活动。连续五年为城固县董家营小学100名贫困生捐款,在秦岭山创建商会绿化园,几年来共植树1000多棵。积极组织会员企业为汶川、玉树、福建南平、陕西渭南、安康等地自然灾害捐款超300万元。2010年7月,会长庄铭聪向潼关县灾区捐款100万元,副会长陈永川向安康灾区捐款20多万元。

十四、贵州省福建总商会

贵州省福建总商会于2005年7月23日在筑正式成立,是经贵州省民政厅正式批准注册的具有独立法人资格的社会民间团体组织;其组织机构设置:总商会办公室、投资管理部、人力资源部、维护权益部、市场信息部。

贵州省福建总商会成立以来,在当地党委、政府的直接领导和有关政府部门及社会各界的关心支持下,不断创新商务理念,努力整个闽商优势资源,始终把招商引资,促进闽商两地的经济合作为首要任务;把"守法自律、依法经营、爱岗敬业、爱黔爱乡"教育,提高闽籍在黔企业的综合素质作为主要课题;把投资兴业,强化企业经营管理,提高经济效益为工作重点。据不完全统计,闽籍在黔企业已经分布贵州九个地州市52个县市区,设计到钢铁、建材、水利、房地产、医疗、保险、环保、旅游、餐饮等20多个行业,现有企业员工15万人,引进资金累计达1000多亿元。在贵州这块热土上,闽籍企业家们与当地各组人民群众一道,走过了不平凡的历程,取得了可喜的业绩,为贵州经济社会发展做出了积极贡献。

第三节　组织刊物

商会刊物杂志由商会主办,是以商会企业家、各兄弟商会以及从事与企业有关的政府官员、专家学者为主要受众的综合性内刊,刊物立足于服务商会,反映商会会员企业、全国福建商会、兄弟商会动态及新闻,同时更多地从商会会员本身的实际需求、商务服务等角度出发,注重实用性、可读性,内容具备深度、广度,让商会会员与其他商会之间相互了解,建立沟通,建立政府、商会、企业之间信息传达与沟通的纽带。商会刊物对传播商会文化、扩大品牌影响、树立商会形象发挥可起到重要作用。信息传递的媒介、会员沟通的渠道、就商论商的园地、形象宣传的工具,这四项功能就是我们对于会刊的基本定位。

下面介绍两个典型的商会会刊。《福建人在重庆》作为重庆市福建商会影响力巨大的内刊,是商会的重要宣传渠道,是商会与会员、商会与社会联系的桥梁与纽带,也是社会了解商会、熟悉商会的重要渠道。会刊为季刊,每一期设有特别报道、商会要闻、高顿访谈、聚焦重庆、山城闽商、经济观察、八闽万象等板块,主要报道发生在重庆及福建的重大新闻、宣传国家地方的法规政策、商会的活动消息、会企的最新动态以及金融、商业、生活等方面的实用知识。会刊主要为商会全体会员,重庆及福建两地党政机关、工商联,全国各商会、行业协会,各大新闻媒体以及各大高级会所、酒店等发放,受众广泛。刊物诚挚欢迎各界人士积极投稿,稿件内容包含金融知识、商业文章、从商经验、调研论文、党建工作等等多个方面。

《北京闽商》第 1 期于 2005 年 8 月面世,力求做到内容丰富、形式精美。商会创立初期,商会与会员之间的联系处于比较分散的状态,如何使会员有归属感?如何加强商会与会员之间的联系?如何让会员了解商会的动态?当秘书处工作人员征集商会领导层意见建议的时候,大家都想到了创办会刊,将商会的概况、会务活动以及企业家关注的信息放入其中,不定期编辑、发送。单纯简单的想法下,第 1 期就这样出来了。《北京闽商》第 1 期的内容更多的是商会的情况介绍、会员的风采展示,后来慢慢地随着自我成熟和会员需求的多样化,栏目和内容越来越丰富,针对性也更强。与其他刊物一样,商会也将会刊的可读性和质量放在第一位,会刊在形式和内容上也由此逐渐改变着。会刊的历史并不长,自 2005 年 8 月创刊,《北京闽商》历经两年又五个月,发刊 9 期,记录了六百天里发生在商会——这个在不断成长、成熟的民间团体中的重大事件和变化,成为福建商会发展史的见证者和记录者。初办会刊,编辑部并没有可借鉴的经验,都是在摸索中做事,也一直考虑着怎样可以把刊物越做越好,同时又体现福建在京闽商的特征。早期,除了《北京闽商》杂志,这里不得不提的还有一份《北京闽商报》。就其本身的作用和贡献而言,肯定是不容置疑的,然而,我们要淘汰它,因为时效性强、但容量小、反映面不立体、内容重复,精力分散等原因,最终决定放弃它,因为我们需要更加适合商会报道的载体。保留下来的《北京闽商》杂志发扬优势,一直进行不断的改进,在保证信息量、效率的前提下,增大容量,反映更丰富、立体的信息及情感。

第四节 运作机制

闽籍异地商会发展到这一阶段运作机制渐趋完善,下设各种机构,负责商会的全面运作。如海南福建商会,商会内设机构:常务理事会、理事会、监事会、秘书处(内设:办公室、维权部、联络接待部、财务室等)、三亚片区理事会、建安房产行业委员会、建材行业委员会、商贸服务行业委员会、农业种养行业委员会、安溪县茶叶协会海南分会、沙县小吃同业公会海南分会及海南泉港企业家联谊会等。聘请当地有影响力的人担任商会顾问、荣誉会长、名誉会长等职务。山西省福建商会下设会员代表大会,会员代表大会下设理事会和监事会,理事会下设常务理事会,组织结构如图。

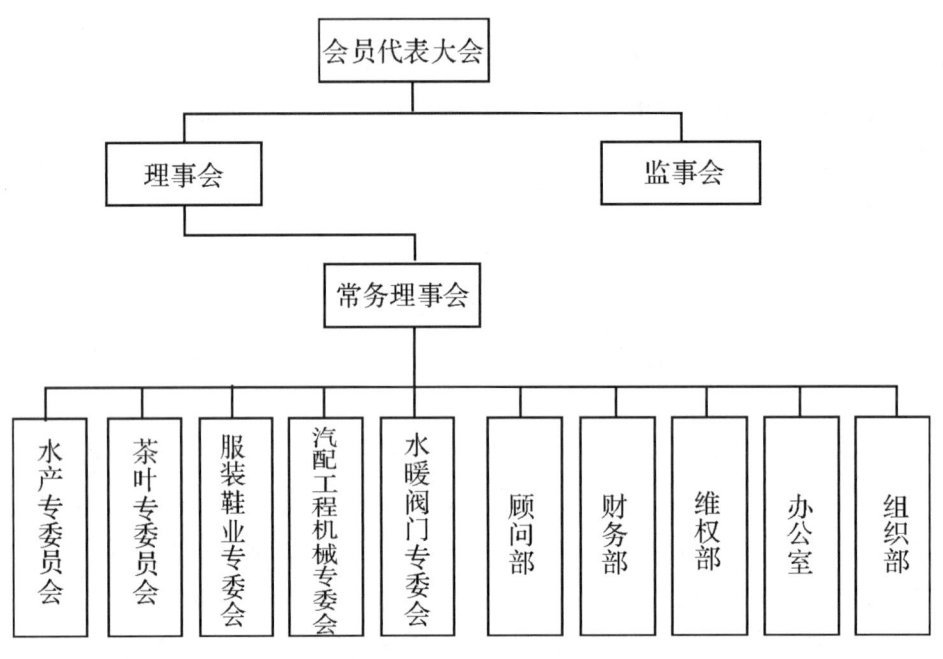

图 8-1 山西省福建商会组织结构图

商会对会员企业的准入和权利与义务做了规定,如云南省福建商会规定,凡在云南省经商办企业的福建籍工商业界人士承认本章程,按照会员入会自愿和退会自由原则,办理有关手续后均可成为本会会员;本会会员分为单位会员和个人会员。申请加入云南省福建总商会的会员必须具备下列条件:

1. 拥护本会的章程;2. 有加入本会的意愿;3. 在本会的业务领域内具有一定的影响;4. 凡在司法、公安、检察、税务及相关职能部门,登记在案或限制出入境的闽籍在滇人员不吸纳入会。

云南省福建总商会会员入会的程序:1. 提交入会申请书;2. 经常务理事会讨论通过;3. 经全体会员大会讨论通过;4. 由云南省福建总商会秘书处发给会员证。

云南省福建总商会会员享有下列权利:1. 享受本会的选举权、被选举权和表决权;2. 参加本会的各项活动;3. 获得本会服务的优先权;4. 对本会工作的批评建议权和监督权;5. 享有本会举办的福利和特殊情况下的扶助;6. 入会自愿,退会自由;7. 换届选举时,上一届副会长以上(含副会长),享有对下一届参加选举权。

云南省福建总商会会员履行下列义务:1. 执行本会的决议;2. 维护本会合法权益;3. 完成本会交办的各项工作;4. 按规定交纳会费;5. 向本会反映情况,提供有关资料。

此外还规定,会员退会应书面通知本商会并交回会员证。会员如果1年不交纳会费或不参加本会活动的,视为自动退会;会员如有违反本章程的行为,经理事会或常务理事会表决通过,予以除名。

北京福建总商会机构庞大,发展完善,下设会员代表大会,会员代表大会下设董事会、理事会,理事会下设名誉会长、常务理事会、理事会,北京福建总商会的分支机构庞大,有福州商会、厦门商会、莆田商会、龙岩商会、南平商会、漳州商会、三明商会、宁德商会、平潭商会、鞋业商会、茶叶商会、纺织服饰商会、木业家具商会、建筑业商会、金属商会、食品调味品商会、医疗产业商会。团体会员单有仙游商会、蕉城商会、建阳商会、安溪商会、惠安商会、涵江商会、延平商会、闽侯商会等。工作机构有闽商投资兴乡促进会、人力资源管理委员会,执行机构设有秘书长,下设执行副秘书长,下设秘书处,秘书处下有宣传信息部、综合事务部、商务联络部、会员拓展部、融资服务部、法律维权部。

北京福建总商会有明确的资产和财务的管理条例,规定商会资产只能用以促进有利于本会宗旨实现的各项事业。商会资产依照国家和社会团体行政主管机关有关规定及本会章程进行管理,任何单位和个人不得侵占、私分和挪用。商会经费来源有：

1. 会员交纳的年会费;2. 捐赠;3. 在核准的业务范围内开展活动或服务的收入;4. 利息;5. 其他合法收入。

会费实行年费制,由常务会长办公会根据本章程规定与实际情况,制定具体会费交纳标准及交纳办法。收缴的会费在银行设立账户,指定专人负责管理经费收支;经费开支实行会长"一支笔"审批制;严格执行国家财会规定,建立健全财会制度,编制年度经费预算、决算;定期向会员代表大会报告财务收支情况,接受全体会员、监事会和有关部门的审计和监督。商会对会费的使用做了详细规定,商会经费必须用于章程规定的业务范围和事业的发展,不得在会员中分配。经费支出范围：

1. 办公费(含办公用品购置费、文印费、书报费、邮电费、电话费和商会会刊简报设计、印刷费等);

2. 差旅费;

3. 办公场地租赁费、水电费;

4. 专职工作人员的工资补贴及福利费;

5. 会务费(会员代表大会、理事会、常务理事会、常务会长办公会、执行机构工作会议,以及商会召开的其他会议费用);

6. 商会的外事活动经费;

7. 商会举办为会员服务的各项活动支出;

8. 与商会有关的其他正常开支。

商会建立严格的财务管理制度,保证会计资料合法、真实、准确、完整。商会配备的会计人员不得兼任出纳。会计人员必须进行会计核算,实行会计监督。会计人员调动工作或离职时,必须与接管人员办清交接手续。商会开展活动或服务获得的收入,百分之七十用于发展符合本会宗旨的事业,百分之三十用于本会的日常管理。事业费和管理费分别建账。

重庆市福建商会还规定了商会理事会的产生及其职权：

1. 理事在会员中产生；2. 由会员提交自荐表，经会长办公会讨论通过；3. 坚持党的路线、方针、政策，政治素质好；4. 在行业领域内有较大影响；5. 未受过剥夺政治权利和刑事处罚的；具有完全民事行为能力，能积极、热心地为广大会员服务。

理事的职权：

1. 执行会员大会的决议；2. 选举和罢免常务理事、理事、会长、副会长、秘书长；3. 筹备召开会员大会；4. 向会员大会报告工作和财务状况；5. 领导商会各机构开展工作；6. 制定内部管理制度；7. 决定聘请顾问和名誉会长；8. 接受监事会提出对商会违反问题的处理意见和解决办法，并接受其监督；9. 决定其他重大事项。

会长、常务副会长、副会长、秘书长、副秘书长、监事长必须具备的条件：

1. 坚持党的路线．方针、政策，政治素质好；

2. 在行业领域内有较大影响；

3. 会长、常务副会长、副会长、秘书长、副秘书长最高任职年龄不超过65周岁，秘书长为专职；

4. 身体健康，能坚持正常工作；未受过剥夺政治权利和刑事处罚的；具有完全民事行为能力，能积极、热心地为广大会员服务；

5. 监事长由监事会选举产生。

会长的职权：1. 召集和主持理事会、常务理事会、常务会长办公会；2. 检查、督促秘书处对会员代表大会、理事会、常务理事会决议的落实情况；3. 在理事会、常务理事会闭会期间，全权代表商会处理重大事宜；4. 代表商会签署有关重要文件。

秘书长的职权：1. 服从会长的领导，配合会长对商会的领导工作；2. 协调各分支机构、分会、代表机构、实体机构开展工作；3. 建议提名以下人选：副秘书长以及各办事机构、分会、分支机构、代表机构和实体机构主要负责人，交理事会、常务理事会或常务会长办公会讨论决定；4. 处理其他日常事务。

监事长的职权：

1. 代表监事会列席理事会和常务理事会；2. 审核、查阅商会财务会计报表；3. 检查商会的财务和财务状况；4. 监督会长、常务副会长、副会长和秘书长的工作。

重庆市福建商会具有特色的是制定了会长办公会议制度。规定：

1. 会长办公会由会长、常务副会长、副会长、秘书长组成，由秘书长主持会议。会议主要任务是：研究决定商会日常工作，听取商会内各分工部门的工作汇报，通报商会有关情况，讨论决定本会重大活动的工作安排等其他有关事项。

2. 会长办公会一般每季度召开一次，若有特别事项需要研究决定的，可临时通知召开。常务副会长会议视情况可临时决定召开。

3. 会长办公会必须有半数以上领导到会方能举行（若无决议案，不到半数也可召开）。因事出差确实不能到会者，应请假，但不能由其他人员替代，本市范围内出差的，原则上应到会。一年内若三次不能参加会议的视为自动辞去商会领导职务，并予以公示。

4. 办公会议每次举行的日期和议题，除临时召集的以外，一般提前五天采用书面形式通知并取得含有参会人员签字的回执。与会人员必须按时参加会议,不早退。

5. 会长办公会召开,应做到知无不言,言无不尽。一旦通过决议必须少数服从多数,坚决执行。

6. 办公会议由办公室负责会议记录,并整理纪要经会长签发后下发各副会长单位。

7. 本制度经副会长以上会议表决通过后,由会长签发之日起实施。

第五节 典型人物

一、云南省福建商会终身荣誉会长黄如论

黄如论,1951年9月18日出生中国福建省连江县,旅菲华侨,高级工程师,现任世纪金源集团董事局主席,兼任中国商业联合会副会长、中国侨联常委、中国人民大学兼职教授、中国机构编制管理研究会副会长、重庆市华商会会长、云南省人民政府经济社会发展咨询团副主席、云南省人民政府顾问、北京银行董事局董事、中国致公党福建省委副主委、福建省政协常委、福建省慈善总会高级顾问、福建闽江学院副董事长、世界福州十邑同乡会名誉会长、《东南置业》杂志社名誉社长等社会职务。

从1991年开始,黄如论先生响应政府号召回国发展。目前,其所创办的世纪金源集团,下辖北京、云南、重庆、福建、上海、湖南、贵州7个区域集团、50多家企业,其中包括7家五星级大饭店,3家Shopping Mall,集团现有员工10000多名,英才荟萃,实力雄厚。企业以"房地产开发、星级大饭店、大型购物中心、金融资本运营"为四大支柱产业,投资遍及海内外各地,在中国大陆投资900多亿元,开发各类商品房2000万平方米,向国家缴纳各类税费50余亿元,安置下岗工人2000多名,间接解决了5万多人的就业问题,为各区域集团和的经济繁荣和城市建设做出突出贡献。数年来,黄如论先生先后为公益事业捐资人民币9.3亿元,在北京、福建、江西、云南、重庆等地多处捐资兴建中小学教学楼、博物馆、医疗中心、修桥铺路,设立各类助学金、奖学金、孤寡老人赡养基金、扶养孤儿基金;其中,捐资1400万元,资助北京市政府和海淀区政府抗击"非典",捐资1.2亿元人民币兴建云南师范大学附属世纪金源学校,捐资1.8亿元人民币兴建四年制本科大学"江夏学院",捐资2000多万建设连江黄如论中学向中国人民大学累计捐资1600多万,捐资1000万帮助兴建北京大学政府管理学院大楼,堪称爱国爱乡的社会楷模。所有这些义举,受到了各级政府、社会各界及家乡人民的充分肯定和高度评价。

二、云南省福建商会会长林时营

林时营先生1962年出生于南安市官桥镇内厝村普通农民家庭,1991年前往云南昆明经商,并于1997年在云南省安宁市创建云南和盛陶瓷有限公司。林时营先生发扬闽

南人爱拼敢赢的精神,热心社会公益事业,多年来捐资逾千万,荣获各种荣誉。2007年当选云南省政协委员、云南省工商联主席、全国工商联执委。

1998年,林时营怀揣着"靠自己的力量将陶瓷这一中华瑰宝的光辉传承发扬下去的"的梦想,带着100万的创业资金来到云南安宁,在没有任何人认为他的决定是正确的情况下,在16年内,将一个无背景、无后台、无靠山的民营企业一步步从一个只有一条生产线的小企业发展为具有8条意大利"西蒂"生产线拥有者、日产量高达12000平方米的大型陶瓷企业,100万的创业资金已经增值到了7亿,用云南温暖的气候给陶瓷镀上了一层釉,用湿糯的空气在陶瓷上折射出耀眼的光芒,用西南独特的少数民族风情给陶瓷打上文化的印记。自林时营接任云南省福建商会以来,发挥闽南人"爱拼才会赢"的精神,团结闽商力量,积极调动一切积极因素,带领商会全体成员努力奋斗,调整改进经营策略,健全完善经营机制,增强搏击市场风浪,卡攻击经济风险的能力,帮助企业积极主动应对挑战。使得商会的凝聚力、向心力和对外影响力进一步增强,为全面推进在滇闽籍非公有制企业健康发展,为云南经济建设和社会发展做出应有的贡献。

三、宁夏福建企业家协会会长陈舒

陈舒出生在福建省福清,他喝着夏进牛奶,能辨别哪家市场的枸杞更好,经营的宁夏新思路房地产开发有限公司顺风顺水。很难让人想象,他曾经是一位优秀的师范大学教师。2001年5月,陈舒挺进宁夏投资成立了宁夏新思路房地产开发有限公司,成了外地企业较早进入宁夏成立的一家房地产企业。当时银川刚提出"大银川"的概念,城市规划改造正在实施,引得各路房地产公司争抢银川市城市中心的老城这块"蛋糕"。2007年5月,新思路与几位有实力的闽商成功收购了"宁夏凯威地产开发有限公司"。

陈舒不仅是一位成功的儒商,更是一位深具责任感的企业家,身兼自治区政协常委。在他的号召下,宁夏福建企业家协会会员单位积极参与社会公益活动,把扶贫济困、捐资助学、扶贫助残、援助灾区、送医送药等公益献爱心活动作为己任,在2008年"5·12"四川汶川大地震中,捐款额就达200多万元。他更是以身作则,个人和企业先后拿出300多万元用以资助困难群众、抗震救灾和奖励见义勇为人员,并为金凤区福州南街路网打通及周边路段环境改造、北塔湖西岸和相邻上海路部分路段园林景观建设等城市建设出资近4000万元。

四、山西省福建商会会长余乃安

余乃安,男,1949年2月出生,福建福清人,高级工程师,山西省福建商会会长,山西省宏图建设有限公司副总经理、监事长,山西同禾矿业有限公司董事长,福建省土木建设实业有限公司山西分公司总经理。山西省工商联执委、常委,山西省光彩会副会长,太原市建筑协会副会长,福建省工商联执委。

余乃安先生于1989年开始创业,后成立山西省宏图建设工程有限公司第四分公司,任董事长。该公司经营范围为土建安装、地基处理、装饰装潢、市政建设等。由于企业注重诚信建设,多年来被太原市人民政府授予"重合同、守信用"单位,施工工程获15项省优、市优,并获得安全文明工地以及优秀项目经理等荣誉。1998年被太原市安居工程开发建设指挥部评为先进集体。

余乃安先生致富不忘回报社会,参加社会公益事业先后捐款50余万元。2003年被山西省工商联授予先进工作者称号。公司2011年被授予诚信示范企业。

五、山东省福建商会会长陈能豪

陈能豪,1973年11月出生于福建省福清市,大学学历。现任加州集团董事长,兼任山东省政协委员、山东省工商联常委、山东省福建商会会长、福建省福州市政协常委、福建省工商联常委、福建省海峡品牌经济发展研究院荣誉院长、海西创业专家团副团长等社会职务。

陈能豪先生自1992年开始创业。目前,其所创办的加州集团,下辖福建、山东、湖北、江苏、江西等地近20家企业。集团现有员工数千人,英才荟萃,实力雄厚。企业以"房地产开发、家居购物广场、食品工贸、金融资本运作"为四大支柱产业,投资遍及全国各地,累计投资上百亿元,开发各类商品房数百万平方米,向国家缴纳各类税费数十亿元,安置下岗工人1000多名,间接解决了2万人的就业问题,为各地区域经济繁荣和城市建设做出突出贡献。

数年来,陈能豪先生积极参与社会事务及公益事业,以真诚回报社会之心,积极参与扶贫济困、关爱老弱病残等慈善活动;捐资援建自然灾害受灾地区,先后向台湾地震、四川地震、湖南雪灾、闽中北水灾等自然灾难灾区捐资达数千万元,受到了各级政府、社会各界及家乡人民的充分肯定和高度评价。2012年12月22日,陈能豪先生再次当选山东省福建商会会长。

六、北京福建总商会会长陈春玖

陈春玖,1959年1月出生,福建莆田人,中共党员,本科,高级经济师。现任北京通厦投资开发集团董事长,中国企业联合会、中国企业家协会副会长,北京福建企业总商会党委书记、会长,福建省总商会副会长,福建省第十届、第十一届人大代表,北京市朝阳区第十四届人大代表、第十五届人大常委,莆田市第四届、第五届人大常委,莆田市委驻北京流动党工委副书记。2003年10月,被中共莆田市委统战部、市工商联评为"优秀会长";2006年07月,被中共福建省莆田市委评为"优秀共产党员";2008年11月,荣获第七届"北京市优秀创业企业家"称号;2009年04月,被福建省红十字会授予"福建省红十字会荣誉理事";2010年7月,被中共北京市朝阳区委评为"朝阳区群众心目中的好党员";2011年01月,被海峡都市报评为"2010福建经济年度人物";2011年06月,被中共福建省委评为"优秀共产党员";2011年07月;被中共北京市朝阳区委评为"优秀党务工作者";2011年07月:带领莆田市驻京流动党工委被中组部评为"全国优秀基层党组织"。

通厦集团从事大型商业地产开发及大型商业物业管理,涉及地产、建材、汽车、家具、花卉、工艺、汽配、写字楼等等,是目前京北地区规模最大的商业地产开发公司之一。近十年来,陈春玖本人及团队支持北京申奥、北京当地基础设施建设和福建家乡铺桥修路、救灾救济、捐资助学、体育事业、治安基金、慈善总会以及福建新农村建设、农民发展生产、结对子扶困等公益慈善事业,累计捐款达数千万元。

七、北京福建企业总商会名誉会长韩国龙

韩国龙,第十届北京市政协委员,福建省福州市政协委员,北京海外联谊会副会长,福州十邑旅港同乡会副理事长;香港福清同乡联谊会副监事长,福建三资房协常务副理事长。香港冠城(集团)有限公司董事长,北京冠海房地产有限公司董事长兼总经理,福州大通机电有限公司董事长兼总经理。20世纪70年代以来,一直在香港从事房地产的开发与经营。韩国龙从那里掘得了第一桶金,并成为香港地产界知名人士。2002年,冠城集团获得"中国房地产上市公司10强"的冠城集团以香港为基地,汇集东南亚资金、技术和人才优势,其开发项目已遍布全国,投资涉及房地产开发、物业管理、证券、实业、交通、旅游、高科技产业等领域,资产总额近50亿人民币。

在事业飞黄腾达的同时,韩国龙也未忘公益事业。早在1990年,韩就为家乡福清市捐助了200万元人民币,修建公路、兴修水利。1991年,韩捐助1300万元兴建福州市第一医院门诊大楼,并为其更换一流的医疗设备。1992年,福建遭受百年不遇的特大洪水,韩捐款200万元,以纾解水灾带给人们的痛苦。两年时间内,韩为福州捐款逾2000万元。1995年,为了发展中国土木建筑高等教育事业,韩向上海同济大学捐款100万元,设立"韩国龙土木建筑奖学金",以鼓励学子努力钻研,追求上进。

八、重庆市福建商会会长黄祖仕

1993年,黄祖仕先生及其家族在香港创立香港巨成集团有限公司,黄祖仕先生任职董事长。巨成集团在中国内地先后创办福州汇诚房地产有限公司、江西国贸房地产有限公司、重庆巨成混凝土公司、重庆巨成石材有限公司及深圳巨成实业公司,开发了江西国贸广场、融侨东区、东方水都、井源居等一系列项目。1996年,黄祖仕先生与林文镜先生、陈水云先生在香港共同创立香港融侨实业发展有限公司,同年在中国内地创办融侨(福建)房地产有限公司,黄祖仕先生任职董事总经理。融侨地产先后开发了融侨锦江、水乡温泉别墅、江南水都等一系列福州地产界的经典项目,黄祖仕先生以其卓越的战略眼光、特有的商业敏锐性、强烈的使命感和责任感,将"融侨"塑造成福建最知名的地产品牌。2001年,黄祖仕先生荣膺"2001年福州市十大杰出企业家"称号;2002年,黄祖仕先生荣膺"2002年中国地产百杰"称号;2003年,黄祖仕先生荣膺"2002年福建省十大经济

年度人物"称号;2003年,黄祖仕先生当选为重庆市政协港澳委员;2006年,黄祖仕先生获得"中国十大别墅领军人物"称号;2006年,黄祖仕先生加冕"2006中国值得尊敬的20大房地产杰出人物";2007年,黄祖仕先生荣膺"2007中国(海西)蓝筹地产特殊成就地产人物";2007年,黄祖仕先生当选为重庆市第三届政协常委;2008年10月,黄祖仕先生荣膺"2007年度安徽省非公有制经济优秀企业经营管理者"称号;2008年12月29日,黄祖仕先生荣获"芜湖市第二届优秀中国特色社会主义事业建设者"称号;2009年12月31日,黄祖仕先生荣膺"2009海西楼市最具影响力地产人物"。

九、贵州省工商联福建商会会长陈湘

陈湘,福建省福清人,贵州省第十届政协委员、贵州天厦集团有限公司董事长。在80年代末期的时候开始创业,当时主要的经营范围是石油化工产品的销售以及金属冶炼。陈会长1992年来到贵阳,此前他在云南江苏等地发展,之所以选择到贵阳发展,是因为当时贵阳市的石化市场开放得比较早。而如今,石化产品已经不是陈会长的主要经营方向了,早期的良好市场已经给了他一个发展的平台,转而进入其他领域也是企业多元化发展的必然趋势。房地产、矿业、水泥和木板材深精加工是陈会长目前主要经营的四大类。其中矿业中的钼矿和钒矿也即将与常青集团联合在香港上市;水泥项目则计划将由年产200万吨扩建到1000万吨。2004年,陈会长的投资方向发生了侧转,决定进入房产业。

十、江西省福建商会会长黄祖渊

黄祖渊生于1949年,祖籍福建省福清市,1973年毕业于福建经济管理学院,现任融汇集团副董事长、融晖置业(江西)有限公司董事长、江西巨成实业发展有限公司董事长、江西国贸广场有限公司总经理、江西省闽商投资有限公司董事长、江西省福建商会会长南昌市侨商国际联合会会长、江西省政协常委等职务。

作为融汇集团副董事长、江西巨成实业发展有限公司董事长兼总经理、江西国贸广场有限公司总经理、江西省福建商会会长、南昌市侨商国际联合会会长,黄祖渊聚精会神干事业,一心一意谋发展,已成为闽商在赣崛起的典范。企业累计已为国家纳税4000多万元,安排就业人口及提供就业岗位上万人次,2004年江西巨成实业发展有限公司被江西省人民政府评为"全省明星侨资企业"、被南昌市青云谱区委、区人民政府评为"2006年十佳纳税大户"、"2007年十佳民营企业"、"2008年十佳民营企业"。他还热衷社会公益事业,累计捐款、捐物超过500多万元人民币,黄祖渊先生2004年被南昌市人民政府授予"荣誉市民"称号,并当选为江西省第十届政协常委。

十一、新疆福建企业联合会会长洪本练

洪本练,福建泉州人。1985年,洪本练正式辞去了野外地质队的工作,成为闽南经营阀门的商业群体中的一员,并且仅用两年时间,就实现了自己预定的赚7万元钱的梦想。提起那时候的抉择,洪本练说:男怕选错行,创业阶段的选择会影响以后的发展方向,并决定这个人的成就大小。此后,他开始转型,生产和销售工业自动化产品。成立了汉特申自动化控制有限公司。如今,洪本练已经涉足金融、贸易、房地产等多个领域,每笔投资都得到了不菲的回报。商会成立后,自治区招商局每年给商会下达招商引资任务,而商会每年超额完成任务。福建省对口援疆地在昌吉州,在商会的大力推介下,已经有五批闽商落户昌吉,有力地助推着新疆区域经济的发展。在洪本练身上,看到的是传统闽商文化:敢于冒险,善于抓住机会,开拓生存空间,具备敢为人先、诚信仁义、自强不息的人格魅力。洪本练是在疆闽商代表之一,从他身上折射出新闽商群体正在新疆崛起。

十二、海南省福建商会庄学添

1958年庄学添先生出生于泉州市泉港区山腰镇上厝村。

1996年,这一年注定成为庄学添记忆中最为难忘的一年。这一年,万般艰辛终于有了最好的回报——海南盛达建筑安装工程有限公司和房地产开发有限公司正式成立。2002年企业经建设部核定为房屋建筑工程总承包一级和建筑装饰专业承包一级企业。公司承建的项目此后更是年年被评为海南省建设施工"优质样板工程",公司承建的工程已获得优质工程奖30多个,尤其是所承建的"海南邮电通信指挥中心大楼"工程,荣获2000年度中国建筑工程"鲁班奖"(国家优质工程),也是海南建省以来首次由本省建筑施工企业承建施工的工程所获得的最高奖项。其后又获得"海南省企业信用等级AAA级"、"海南省百强企业"、"海南省建筑施工企业综合实力十强企业"、"海南省节能减排十大功勋企业"、"海南省用户满意企业"、"全国建筑业先进企业"等荣誉称号。而庄学添自己则相继被评为"全国优秀建造师","第一届(2000年度)全国建筑业企业优秀项目经理",他的传奇事迹更是入编"中国建筑企业优秀项目经理风采录"《伟业基石》一书。2005年庄学添携兄弟捐资铺设新川公路,水泥硬化路面绵延3.5公里,连接区主干道,平坦的新川公路一改之前行路难的局面,给三个村村民带来了极大的方便,备受民众的敬仰与赞誉。在海南,他怀着一片殷殷赤子之心,积极为汶川地震捐资;为福建三明、南平水灾捐资;为海南抗洪救灾捐资;为"关注未来、关爱孩子'十大杰出母亲'思想道德教育传播行动"组委会捐资等等。

十三、内蒙古福建商会会长戴洪九

戴洪九,莆田人,现任呼和浩特市洪兴建材市场董事长兼总经理、呼和浩特市第十届政协委员、呼和浩特市泉区人大常委、内蒙古工商联合会理事、呼和浩特市海外联谊会副会长。2005年内蒙古自治区"社会主义事业优秀建设者",1982年离开秀美的八闽故乡来到内蒙古开拓创业,20年的风雨打拼成就了他的个人梦想,在呼市建材市场行业中占据了三分天下。在个人取得成就的同时把更多的目光转向了社会公益和慈善事业。内蒙古福建商会党支部曾在内蒙古工商联系统28个基层党组中被评为"优秀基层党组"。

十四、陕西省福建商会会长庄铭聪

庄铭聪1973年出生于晋江青阳莲屿。现任陕西省福建商会会长、明大企业集团有限公司总裁。23岁创办了明大企业集团,经过15年的风雨兼程,如今的明大企业集团拥有9家子公司和8大专业商贸市场,已然成为西北地区规模最大、专业化程度最高的商贸集散中心。他从10多万陕西闽商中脱颖而出,36岁当选陕西省福建商会第三任会长,成为众望所归的年轻少帅。庄铭聪1991年创业奋斗至今也刚好是20年,但他1991年进军西北时年仅18岁,1996年创办锦绣商贸城、明大集团时年仅23岁。以如此稚嫩的年纪,用5年时间从创业迈向成功,不能不令人称奇。

庄铭聪说,每一个行业都存在着兴衰周期的风险,"要化解这种潜在的风险,要避免把鸡蛋都放在一个篮子里,必须走多元化的发展之路。"如今的明大集团,是一家集地产开发、商贸批发市场开发管理、物业管理、现代物流、星级酒店管理、度假休闲中心运营等多元经营于一体的企业集团。而对庄铭聪来说,把明大集团打造成为全球性民企集团的典范,则是他开始规划的未来蓝图。

2009年,年仅36岁的庄铭聪,被10多万陕西商业界闽籍人士共同推举为陕西省福建商会第三任会长。2年多来,庄铭聪还多次率领会员企业参加"西部贸洽会"、"厦门9•8投洽会"及出席"世界闽商大会"等活动,并积极推动陕西高校组成的"陕西科技代表团"到福建参加"中国海峡6•18科技成果交易会"。截至目前,已有数十项科研成果与福建企业成功对接。

据统计,自庄铭聪履任以来,陕西省福建商会会员企业累计对外总投资额已逾100亿元,成为推动闽、陕两省经济、文化、科技合作交流与发展的重要力量。

十五、贵州省福建总商会会长周伟镐

周伟镐,1950年12出生,福建人,现任贵州钻石鑫房地产开发有限公司副董事长、贵州省政协港澳委员、贵州省工商联常委、贵州省福建商会会长。1985年6月10日至1992年10月16日,周伟镐在深圳宝安县开办多家机砖厂,在福建省惠安县三腰开发新明针铝厂。1992年至今,在贵阳市发展加油站、公路基础建设、德克士快餐、煤矿、房地产开发、福建省宁德市车里溪水办发电站。近年来,在周伟镐的积极带动下,会员企业积极地与台湾商界进行沟通合作,密切台海两岸民间往来,在招商引资促进少数民族地区市场经济的繁荣方面以及关注社会慈善事业方面做了一些事情。

第九章

福建省异地商会的提升发展

第一节 阶段特点

从 21 世纪初开始,闽籍异地商会进入其发展历程上的第三个阶段,这一时期是闽籍异地商会的提升发展时期。闽籍商会在这一时期的大发展与现代闽籍商人的大放异彩紧密相连。随着改革开放的深入发展,富有拼搏精神的现代闽商再度崛起。他们在福建省内、在中国各省市、在世界各地都有令人刮目相看的表现。在福建本地,现代闽商成为福建经济发展的生力军。闽籍企业家创办了一大批企业,形成一个个产业集群。闽商在福建省内崛起后,很快向内地寻求发展空间,近年来在省外投资扩张速度不断加快。据不完全统计,目前在省外投资兴业的福建人数超过 250 万。这一时期闽籍异地商会强调团体合作、信息交流、互相帮助、共同发展的功能得到突显,异地商会的阶段特点也逐渐清晰。

一、首届闽商大会的召开

2004 年,首届闽商大会的召开标志着异地商会进入这一阶段。首届世界闽商大会由中华海外联谊会、全国工商联和中共福建省委、省人民政府共同主办,于 2004 年 5 月 16 日上午在福州开幕,中共中央政治局常委、全国政协主席贾庆林向大会发来贺信。中央领导刘延东、罗豪才、张克辉、黄孟复和王汉斌莅会指导。中央国家机关部委办领导陈玉杰、林兆枢、何少川、王富卿、邹哲开、程路和福建省四套班子领导以及省级老同志出席大会。省委代理书记、省长卢展工致欢迎辞。全国政协副主席、中央统战部部长刘延东,全国政协副主席、全国工商联主席黄孟复分别讲话。来自全球五大洲的 40 个国家和港、澳、台地区以及全国 31 个省、市、自治区的 1800 多名闽籍工商界精英参加大会,盛况空前。

与会闽商代表通过了《弘扬闽商精神,共创繁荣发展》的倡议书。大会推出了"善观时变、顺势有为,敢冒风险、爱拼会赢,合群团结、豪侠仗义,恋祖爱乡、回馈桑梓"32 字的闽商精神。首届世界闽商大会围绕"联谊交流、共创发展,建设海峡西岸经济区"主题,进一步凝聚了海内外闽商的智慧和力量,促进了福建更高层次的对外开放,更广泛地宣传了福建的对外形象,更深入地打造了福建投资环境。首届世界闽商大会成为福建建设对外开放、协调发展、全面繁荣的海峡西岸经济区的启动仪式,成为进一步营造福建发展的新平台、新品牌,在福建推进全面建设小康社会的进程中,书写了光辉的一页。

会议的圆满举行,在海内外产生了强烈反响。该会是福建历史上首次举办此类世界性的大会。它有力地展示了福建的地位和形象,成为福建发展浓墨重彩的一笔。该会议既弘扬了闽商精神,又增进了海内外闽商的交流联谊;同时广泛调动了海内外闽商的积极性、主动性和创造性,使他们把爱国热情、创业激情和自身优势转化成实际行动,在建设祖国和家乡、实现祖国统一中发挥着更大的作用。海内外闽商和广大干部群众纷纷要求,世界闽商大会应当一届一届地开下去,为闽商加强联谊,建设海西提供平台和载体。省委、省政府高度重视大家的要求,决定每三年举办一次,并把它作为一个品牌性的活动来推进,使闽商大会成为凝聚闽商力量、弘扬闽商精神、宣传闽商文化的平台;成为宣传海西、展示福建的平台;成为拓展空间、促进发展的平台。

二、受到政府的高度重视

新世纪以来,随着改革开放的深入发展,各地民营经济如雨后春笋般涌现并在地方经济发展中发挥着举足轻重的作用,虽然发展不错,但是生存状态急需改观,它们对内面临管理问题、面临人才流失、面临市场压力、资金短缺;对外要面临竞争的对手、债权债务的纠纷和各种人为的干扰,并要承担各种社会责任。而商会本着为民营企业家服务的宗旨,在提供人脉网络、提供信息渠道、提供宣传窗口、提升企业知名度,以及给予商会会员提供商机,融资服务等实质性的帮助方面都做了大量的工作,使企业家的话语权更重了,影响力也更强了,对商帮自身发展以及当地经济发展做出了贡献。由此,商会的存在和发展得到了各地省委、省政府的高度重视,异地商会作为一个崭新的组织开始出现在全国重大经贸活动和社会活动中。

(一)世界闽商大会和闽商国际研讨会

世界闽商大会继2004年召开第一届后,又在福建省委、省政府的高度重视下召开了两届,会议的举办有了经验和规律。主办单位是中华海外联谊会、全国工商联、中共福建省委、省人民政府,承办单位包括福建省海外联谊会、福建省人民政府台湾事务办公室、福建省经贸委、福建省人民政府外事办公室、福建省人民政府侨务办公室、福建省归国华侨联合会、福建省工商业联合会、福州市人民政府。

第二届世界闽商大会于2007年5月17日上午在福州开幕,中共中央政治局常委、全国政协主席贾庆林给大会发来了贺信,信中指出世界闽商大会是海内外闽商交流合作、共谋发展的重要平台,闽商要充分利用这一平台和力量,并强调希望广大闽商继承和发扬优良传统,继续支持和关心家乡的发展和建设,努力增进中国人民同世界各国人民的友谊,促进祖国完全统一和中华民族的伟大复兴。大会发布了《闽商宣言》,发出了海内外闽商建设家乡的共同心愿。

第三届世界闽商大会于2010年5月17日上午在福州开幕,此次大会亮点纷呈,推动闽商"回归工程"建设,展现出弘扬闽商大爱精神。大会首次设立了"闽商建设海西突出贡献奖",共有54位海内外闽商获此殊荣,其中多位异地商会的企业家获奖,显示了福建省委、省政府对广大闽商回馈商梓的充分肯定。此次大会成果空前,共落实项目137个,涉及电子信息、机械制造、生物医药工程、服装鞋帽、食品加工、新能源、基础设施等行业。主办方从中挑选出51个投资1000万美元或5000万元人民币以上、符合产业政策、属于国家鼓励和允许的项目,作为签约项目。其中内资32个,投资总额100.61亿人民币,外资19个,投资总额6.45亿美元。从项目行业分别来看:工业类38个,基础设施3个,第三产业3个,高科技7个。这些项目的落实为祖国的改革开放和经济发展做出了突出的贡献。同时召开的还有"首届闽商国际研讨会",是作为第三届世界闽商大会的重要组成部分,研讨会下设"考古发现"、"文化迁徙与交流"、"经济与经济史"三个主题论坛,来自全球的闽商代表、中外著名学者进行探讨,对闽商文化、福建精神的弘扬起到了积极的作用。

(二)进行规范化管理

商会的发展没有很现成的模式,也没有太多的经验可借鉴,很大程度上还处于探索的发展阶段,可谓是"摸着石头过河",制度化、规范化是商会发展的根本保证,是消除商会不规范行为的根本。商会发展符合相关法律法规,进行规范化运作,所有的行为和举措都做到"师出有名",才是商会的立足之本和真正出路。

商会作为社会团体的性质存在,其发展必定要遵循国家1998年出台的《社会团体登记管理条例》的规定,条例对社团的成立登记、变更注销、监督管理做了规定,在此基础上保障公民的结社自由,维护社会团体的合法权益。2003年召开的党的十六届三中全会,通过了《中共中央关于完善社会主义市场经济体制若干问题的决定》,党的十六届三中全会指出,要按市场化原则规范和发展各类行业协会等自律性组织;2006年,十六届六中全会进一步强调,要坚持培育发展和管理监督并重,完善培育扶持和依法管理社会组织的政策,发挥各类社会组织提供服务、反映诉求、规范行为的作用,为经济社会发展服务。2007年国务院办公厅出台的36号文件《关于推进行业协会商会改革和发展的若干意见》,明确指出行业协会改革发展需要遵守的指导思想和总体要求;要求行业协会要积极拓展职能,加强行业自律、切实履行好服务企业的宗旨、充分发挥桥梁和纽带的作用、积极帮助企业开拓国际市场;鼓励大力推进行业协会的体制机制改革;倡导行业协会加强自身建设和规范管理;督促完善促进行业协会发展的政策措施,发展改革委要会同民政部等部门,抓紧制订配套措施,地方各级人民政府要结合实际制订具体的实施办法。

至改革开放以来,商会经历了二十多年的发展,各地社团办出台了商会管理的指导文件。上海市社团局在2006年民办非企业单位自律与诚信建设活动年时发布的《关于进一步深入开展民办非企业单位自律与诚信建设活动的实施意见》,督促民办非企业单位建立健全民办非企业单位的内部规章制度、完善信息披露制度、完善服务承诺制、认真做好有关宣传工作,鼓励民办非企业单位进一步开展多种形式的主题公益活动,同时要求民办非企业单位的登记管理机关要在党委和政府领导下,加强与业务主管单位、有关部门以及新闻媒体的联系,密切协作、形成合力,狠抓落实,注重实效。《实施意见》进一步提高民办非企业单位的自身素质,建立自律、诚信长效机制。北京市社团办针对在京异地商会的发展先后制定了商会注册成立以及换届选举等相关规范文件,其中,2007年出台的《北京市社会团体规范化建设的指导意见》更是以规范社会团体章程为核心,以健全组织结构为重点,以完善规章制度为手段,以增强服务功能为目标,对商会发展很有指导作用。

福建省于2010年、2011年发出两份意见《中共福建省委、福建省人民政府关于加强和改进新形势下工商联工作的实施意见》、《关于加强异地福建商会工作的若干意见》,两份文件中主旨是要求我省各级工商联要充分发挥在行业同业商会和异地商会改革发展中的作用,坚持团结、服务、引导、教育的方针,加强对异地福建商会的联系沟通和工作指导,认真研究市场经济条件下异地福建商会发展面临的新形势、新任务、新要求,提出加强异地福建商会工作的意见和措施,为异地福建商会建设创造有利条件,促进异地福建商会健康发展,引导企业会员健康成长。

三、职能转变、功能多元、服务全面,得到长足发展

进入21世纪,商会和行会的大发展是时代发展的必须,商会的发展必须以经济全球化为方向标。2001年11月10日,随着中国加入WTO,全球化对中国政治、经济、文化,甚至对人们生活方式的影响势必加深,对中国社团组织发展也有着重要影响。

在这样的环境下,商会有了更多目标和方向性的指引,其职能、功能、服务等必须以会员企业为中心,必须有利于我国企业参与国际竞争。新世纪的闽籍异地商会不断加强自身建设,规章制度日益完善,商会活动逐渐正规化、合法化,商会最原始的职能是维持联系、维系乡情、维护权益,而现在职能转变、功能多元、服务全面,逐步向共求合作、共寻商机、共谋发展、提升素质方面转变。商会得到了长足的发展,功能主要有以下几大类:一是宣传功能。宣传政策,积极在会员中宣传、贯彻党和国家的方针、政策,促进企业科学发展;支持和引导会员自觉履行社会责任,积极参与社会公益事业,树立良好社会形象。二是服务功能。提供服务,积极引导会员企业开拓创新,健康发展,举办经贸活动,促进交流与合作;编印商会内部资料,提供信息、法律、融资、技术、人才、培训等方面服务;增进与境外工商社团的交往,促进会员的国际交流与合作;积极做好与福建有关部门的联系和协调工作,为两地共同发展构筑平台,促进两地之间的经贸往来、经济协作和科教文卫等领域的合作、促进和扩大两地之间的适时信息交流。三是反映诉求。畅通渠道,积极反映会员合理诉求;开展调查研究,就非公有制经济发展的法制和政策环境等提出政策建议,积极参与工商联建言献策工作。四是维护权益。帮助会员排忧解难,维护会员合法权益。五是加强自律。引导会员遵守国家法律法规,制订自律公约,规范会员

行为,维护市场秩序;增强会员诚信意识,倡导诚信经营,推动诚信建设;引导会员企业构建和谐劳动关系,促进和谐社会建设;弘扬闽商精神。六是贡献社会。开展捐资助学、扶贫济困等公益慈善活动,积极承担社会责任,推动社会公益事业的发展。

同时,异地商会逐渐成为广大闽商反映商情民意、参政议政的渠道,其代表人物进入各级人大、政协、工商联班子,在政治上不断成熟和进步。自2009年开始,省政协每年都邀请数位省级异地商会代表列席政协全会,2007年福建省工商联换届,3名异地商会正副会长当选省总商会副会长。部分异地商会企业家代表分别担任市、县(区)政协委员、人大代表。

闽籍商会在这阶段取得了长足的发展,创造了良好的工作业绩。如北京福建企业总商会努力建设大商会,先后发展了8个地市分会、6个行业分会和8家团体会员,使会员企业从2003年底的80多家迅速发展到目前的4060多家;同时,积极引导会员企业投身首都经济社会各项建设,7年来投资总额达1600多亿元;积极响应福建省委、省政府民资"回归工程"号召,带领120多家会员企业回乡投资2500多亿元,为两地经济社会发展做出了积极贡献。天津福建商会以天津市政府的"招商代表"为平台,积极拓展国际商务平台,组织闽企赴日本、韩国等国家考察商业环境、寻求商机;广西福建商会以东盟博览会为契机,与美国、欧洲、东南亚等20多个国家建立了密切的商务联系,由此提升了商会的主动作为,为闽企走出去创造了条件。浙江、江西、广东的福建商会通过互动与交流,结成区域商务联盟,促进了闽企的发展,也促进了所在地的经济发展。1997年以来,省总商会和地区商会共组织15批300多名企业家赴台进行考察,促成了一批企业从台湾引进项目、技术和装备。2009年,福建新大陆电子集团成为大陆第一家在台湾注册的民营企业。国务院《关于支持福建省加快建设海峡西岸经济区的若干意见》明确了福建对台交流的先行先试,为异地商会开拓台湾市场提供了政策支持。

第二节 分布特点

闽商在福建省内崛起后,很快向内地寻求发展空间,近年来在省外投资扩张速度不断加快。闽籍异地商会已经完成从点到面的发展,分布在全国各个角落,截至2010年7月,我省各级异地商会共有449家,分布在31个省、直辖市、自治区,其中在外省成立的闽籍省级异地商会有33家。以省外省级异地商会为代表,我们分析它们的成立情况。在异地商会发展的第三阶段提升阶段时期,省外省级异地商会共成立14家,列表如下:

成立时间	商会		
2004年	上海市福建商会		
2005年	天津市福建商会	黑龙江省福建商会	四川省福建商会
2007年	辽宁省福建商会	吉林省福建商会	湖北省福建商会
2008年	安徽省福建商会	甘肃省福建商会	陕西省工商联闽商商会
2009年	青海省福建商会	湖南省福建商会	广西福建总商会
2010年	广东省福建商会	河北省福建企业联合会	

据不完全统计，目前在省外投资兴业的福建人数超过250万。在国内各地，闽商是仅次于浙商的又一支十分活跃的商人群体。北京有5000多家福建人注册的企业，分布在房地产、物业管理、食品加工、机械制造、建材、餐饮、娱乐等20多个行业。在京经商的闽籍人士及从业人员约23万人，年产值逾500亿元，每年上缴国家税费就达30亿元。这批企业还吸纳当地6万多人就业。在福建的周边省份、华东地区，以及其他东部沿海发达地区，闽商在外来投资经商者中占着重要的地位。据上海市福建商会的统计，在上海的福建人40万人，有3万多家企业，经营规模在50万元以上的企业上万家，年营业额逾千亿元。在钢材现货交易市场，闽商实力强劲。闽东山区周宁县人口还不到20万，平均每4个人便有1人在上海经商。5万周宁人在上海主要经营钢材现货交易，最大的一家企业年交易额高达150亿元，业界认为闽商是上海钢材现货市场的重要控制力量。而在石材行业中，闽南人占有重要地位，尤以来自"中国石材之乡"南安的企业居多。据不完全统计，在沪经营石材的南安企业就有近500家，年产值超过50亿元。闽商在上海木材行业市场占据半壁江山，做进口原木板材的莆田人、做进口地板料的福清人，都已成为行业细分市场上不可忽视的商业群体。在东北辽、吉、黑三省，处处出现福建商人的身影，仅福建最小的地级市莆田就有6万人在那里经商创业。在河北创业闽商达数万人，涉及阀门、石材、电器、服装、水产等十几个行业，并形成了一定的规模和优势。在内蒙古，有不少福建的有识之士抓住了南北经济互补性这一有利商机，毅然来内蒙古从商，数千家企业遍布内蒙古各地。闽商还占有宁夏70%的木材市场份额，80%的石材市场份额。有3万人在山西经商。有8万福建人在新疆经商办厂，各类投资总额达30亿元人民币。

闽商中的"泉州军团"已有70多万人外出经商办企业，在外企业年销售总额已达1600亿元，相当于在外再造了一个泉州市场。有着中国犹太人之称的莆田商人，其"莆仙军团"几乎垄断中国的木材市场：北京占99%，长春占90%，上海占50%。目前，莆田在外经商办厂和务工的已达50多万人，分布在全国各大中城市，拥有固定资产300亿元。现代闽商累积财富只有20多年时间，却出现一些很有实力的企业家。比如在北京，就有"东财西世、南海北冠"的说法，指的是活跃于北京房地产界的"闽商帮"四大家族企业。他们分别是：财——杨孙西香江国际的财富中心；世——黄如论的世纪金源；海——

许荣茂的海外集团;冠——韩国龙的冠城集团。业界每时每刻都在项目销售排行榜上,感受到他们的重量、雄心和眼光。

一、天津市福建商会

2003年在津闽商酝酿成立天津市福建商会,发起人共18个在津闽商,经过近两年的努力,于2005年6月18日,经天津市民政局批准,天津市福建商会正式成立,发起人阮志雄选为会长,共有会员近500人。2010年9月19日经过五年的历练和发展,第二届换届圆满完成。商会设有福州分会、南安分会、沙县小吃分会、宁德分会、茶业分会、罗源分会、霞浦分会、政和分会、福安分会、建阳分会、蕉城分会、福鼎分会、晋江分会共13个分会,会员企业达3700余家。阮志雄会长连任第二届福建商会会长职务。本届商会共有常务副会长38人,副会长29人,理事9人并成立了监事会。

天津市福建商会本着"团结、交流、协作、服务"为宗旨,充分发挥"联谊、促联、维权"的三大作用,为振兴闽津两地经济做贡献。接受天津市人民政府合作交流办公室,天津市社会团体管理局的业务指导和监督管理。目标是建设团结务实、开拓创新的百年商会。

天津市福建商会成立以来,全面落实科学发展观,坚持正确的政治方向,在津闽两地政府主管部门和各级领导以及广大闽商的关心支持下,紧紧围绕津闽两地的经济发展,善观时变,抢抓商机,充分发挥桥梁纽带作用,不断发展壮大,创造了诸多第一。即在天津第一个建立了商会产业发展园区——福建工业园;第一个参与了新农村建设,建立了农业设施基地;第一个将全国性大型商会活动引入天津;第一个组建了环渤海闽商投资咨询服务公司;第一个成立了"闽商慈善基金"。商会连续8年(2005年—2012年)荣获天津市政府主管部门颁发和授予的国内招商引资工作特别奖、双向服务先进单位称号、天津市先进社会组织、投诉协调服务先进单位、先进基层党组织等多项荣誉称号。

二、黑龙江省福建商会

黑龙江省福建商会于2004年12月28日正式注册,2005年8月16日召开成立大会。商会由黑龙江省300多家福建籍企业共同发起申请,经黑龙江省工商联批准和黑龙江省民政厅民间组织管理局核准注册登记。商会遵循"共荣共进、团结同心、交流创新、友谊桥梁"的立会宗旨,团结鼓励和引导在黑龙江省闽籍企业界人士,促进黑闽两地的经济、商贸、文化和信息交流,扩大省际交往。黑龙江省福建商会作为福建省总商会的团体会员,主管部门为黑龙江省工商联,同时接受黑龙江省民间组织管理局的业务监督管理,在国家法律核定的范围内开展相应的业务和服务。

商会的成立,是黑闽两地经济、社会、文化交流史上的一件大事。目前,商会共有会员三百多家,涉及房地产、建材、医疗服务、医药制造、机械制造、粮油购销、食品加工、石油石化、林木加工、餐饮娱乐、IT电子、软件开发、阀门、石材、水暖五金、皮革加工、茶叶、商旅服务、金融、金银珠宝、轴承制造、国际贸易、物流等行业,商会会员在这共同的大平台上实现了资源共享、共同创新的目标。商会为会员提供的各种商业、社会诸方面的服务:商贸展览、法律咨询、讲座培训、企业宣传、人才招聘、信息传递、项目介绍、组团考察等,同时,还为会员提高素质、排忧解难、协调关系、开拓市场、促进协作提供必要帮助,以维护会员在黑龙江省社会生活生产经营中的合法权益。商会广泛参与了全国各地各级闽籍异地商会的各项相关活动,包括有商会成立活动、闽商行活动、文化专项活动、高层论坛活动、经验交流活动等,积极支持各兄弟商会在黑龙江省地域的协助请求,并在第一时间提供帮助。商会广泛地、经常性地联络黑龙江省内的上海商会、山东商会、江西商会、湖北商会、温州商会等异地商会组织,互相沟通、交流经验、增进友谊。

三、四川省福建商会

四川省福建商会在川、闽两省各级党委政府的关怀和支持下,在在川众多热心家乡事业的企业家发起,于2005年1月15日,四川省福建商会依法注册挂牌成立。创会伊始,我会就建立了以陈国良会长为核心的领导班子,形成了"省会+分会+协会"的发展模式。短短几年间,在四川各地市州已发展有8个分会,分别是绵阳、宜宾、广元、凉山州、攀枝花、射洪、泸州和遂宁分会。德阳和南充分会的筹备工作也在紧锣密鼓的开展,2011年,自贡、达州、乐山、眉山等地的分会组织也将陆续成立。随着以上分会的成立,全川"大闽商"的格局逐步形成,有效整合各种资源,对闽籍企业在川的投资兴业产生了积极的推动。八年来商会连续获得"四川省异地商会先进单位"、"四川省异地商会投资促进工作先进单位"等殊荣,多次受到四川各级政府表彰、褒奖,成为四川民营经济组织的一支生力军。

该会成立以来,积极组织开展各项联谊活动。不定期的组织会员及相关部门参加篮球联赛、中秋博饼大赛、春节团拜联谊活动。我会还积极参加省内外各异地商会组织的各类联谊庆典及项目推广活动。8年来,先后向全国省市福建商会和在川兄弟商会的成立庆典和周年庆典发去贺电或到现场祝贺。商会每年组织企业参加中国西部博会、世界闽商大会、"9·8"贸洽会及福州"5·18"海峡两岸经贸交易会等相关会议与活动,促进经贸信息的交流与合作。在此基础上我会还把做好接待和维权工作放到了重要的位置,扩大了商会的影响。截至目前,共接待了近1000余名前来考察指导工作的福建省各级领导和企业。在川闽商在发展自身企业的同时不忘回馈社会,参与公益事业。2008年汶川强震,商会积极组织会员企业及其他在川的闽籍企业为灾区捐款、捐物共价值6804万元,随后又成立了"闽商灾后重建爱心基金";2010年,福建三明、南平地区发生洪涝灾害,该会积极捐款合计15万元。2010年起,商会发起在川闽籍学子助学金,每年12万元,资助在川就学的闽籍大学生数十位,为他们解决部分学习与生活的资金;2011年,商会为30余名在川闽籍学子免费提供治疗近视的飞秒激光手术。2013年芦山地震,商会积极组织会员企业及其他在川的闽籍企业为灾区捐款、捐物共价值501.71万元,在川闽商用自身的实际行动践行了闽商大爱的精神。

四、辽宁省福建商会

辽宁省福建商会是在辽宁、福建两省政府的大力支持和关怀下,在辽宁省政府经济技术协作办公室和辽宁省民政厅的直接领导下成立的。辽宁省福建商会的会员分别来自辽宁省的14个地区市、原籍为福建省所辖9个市地城市的在辽闽商企业家,具有广泛的代表性。首届理事会成员69人,其中:会长1人;名誉会长1人;常务副会长7人;副会长20人;常务理事、理事40人。辽宁省福建商会的成立,标志着辽宁省近30万闽商从此有了自己的"家",更为辽宁省各地区提供了一个集中招商引资的平台,起到了把辽宁经济推向世界,把世界闽商引到辽宁的桥梁和纽带作用。

改革开放以来,福建人以吃苦耐劳、勇闯天下的特有品质,陆续从家乡福建来到辽宁投资、创业,特别是党的十六大以来,在党中央提出振兴东北老工业基地的号召中,越来越多的闽籍企业家来到辽宁。而且有经济实力、有影响力的大户越来越多。具有一定规模以上的企业有一万多家,投资总规模在仟亿元以上。主要涉足房地产开发、石材、木材销售、陶瓷生产和销售、机械、化工、服装、鞋帽、客货运输、加油站经营、茶叶、海鲜品批发等行业和领域。在辽宁经济快速发展中,闽商不仅带来了资金、先进技术,更带来了市场经济的先进理念。辽宁省福建商会将坚持"服务为根本、发展为目标"的办会理念和"自我管理、自我提高、团结合作、共同发展"的工作方针。

五、吉林省福建商会

吉林省福建商会是由福建在吉林省投资的企业及个体工商户自愿发起,并经吉林省民政厅于2007年2月1日核准注册的社会团体,是吉闽两省经济合作与交流的纽带和桥梁。本商会以"引导企业团结互助、同舟共济、文明经商,不断提高会员的整体素质,为企业的健康发展和规模壮大服务,进而推动会员企业和吉闽两地经济的共同发展"为宗旨,努力将福建商会建设成共享、同荣、合作、发展、有强大生命力的社会组织。

目前,在吉林省的闽商约有10万人之多,闽商经营的木材加工销售、水暖阀门器材、钢材加工销售、茶叶等行业,在吉林省已占有半壁江山。吉林省福建商2009年7月29日圆满完成了换届工作,组建了吉林省福建商会第二届理事会。选举会长1人、执行会长1人、常务副会长4人、副会长21人、理事51人。商会现有会员单位251个,成员约8000余人。商会下设秘书处、会员部、维权部、项目发展部、宣传部等5个职能部门。设专职秘书长。

六、湖北省福建商会

湖北省福建商会是在闽鄂两省各级政府和领导的关心和支持下,经湖北省工商联、民政厅批准,于2007年10月注册成立的社团组织,其宗旨是"和谐、合力、贡献、共赢",

其主要任务是为闽籍企业协调创造一个良好的投资、生产、经营的市场环境,增进信息交流,促进闽籍企业之间的大团结、大联合、大流通、大市场为己任,以牵线搭桥、广交朋友、广获信息、广拓渠道、广聚财源为目的,发挥在鄂闽籍企业和政府之间的桥梁与纽带作用。

目前,在湖北省内注册成立的地市级闽籍商会有武汉市福州商会、武汉市泉州商会、武汉市莆田商会、武汉市福清商会、襄樊市福建商会、襄樊市福清商会、黄石市福建商会、咸宁市福建商会、荆州市福建商会、宜昌市福州商会、宜昌市泉州商会、随州市福建商会(筹)等。商会现有近3000家会员,在鄂闽籍从业人员近30万人,在鄂投资总额超过两千亿元人民币,年上缴税收超过50亿元。行业涉及公路建筑、船运、集装码头、房地产、建筑建材、软件开发、汽车配件、商贸物流、包装印刷、酒店、食品、娱乐、服装、茶艺、专业市场等领域,涉及近百个行业。

商会成立以来,坚持以邓小平理论和"三个代表"重要思想为指导,秉承"和谐、合力、贡献、共赢"的办会宗旨,把"弘扬闽商精神,共创繁荣发展,提升福建人的形象"作为商会的指导思想,团结带领在鄂福建企业家,为进一步推动闽鄂两地的经济合作和增进闽鄂两地人民的友谊发挥了桥梁和纽带作用。商会坚持为会员企业办实事,排忧解难,为福建企业在湖北投资置业牵线搭桥,组织会员企业积极参与政府和社团组织的各项政治、经济、公益活动,进一步激发了福建企业热爱湖北、振兴湖北的精神力量。广大福建企业家把湖北人民的事业看作是福建人共同的事业,仅仅抓住中部大开发、大发展的良好机遇,创新功能、互帮互学、不断进取,促进了在鄂福建企业的健康快速发展。

七、安徽福建商会

安徽福建商会是在安徽省、福建省政府的重视下,由在皖闽商投资的企业自愿组成的全省性、联合性、非营利性社会团体,于2008年5月12日正式成立。安徽福建商会的登记注册单位是安徽省民政厅,业务主管单位是安徽省工商业联合会。目前在安徽投资兴业的闽商近10万人,投资范围涉及房地产开发、电子通讯、汽车配件、钢铁冶金、建材化工、服装鞋帽等行业,投资总额超千亿。闽商在安徽投资的各行业领军人物,都在安徽福建商会担任重要的领导职务。

安徽福建商会联系着在皖的18个闽籍商会,成员遍布安徽省十七个地市,是在皖商会的纽带,是在皖闽商的窗口和平台。成立以来,安徽福建商会始终以"服务安徽、服务福建、服务企业、服务会员"为宗旨,弘扬"善观时变、顺势而为;敢冒风险、爱拼会赢;合群团结、豪爽义气;恋祖爱乡、回馈桑梓"的闽商精神,充分发挥"联谊、促联、维权"的作用,努力促进皖闽两省经贸交流合作和在皖闽商投资企业的发展,促成了项目投资协议近280亿元。同时,商会积极投身和谐社会建设,捐赠光彩事业及四川地震救灾款120万元,会员合计捐赠超1000万元。安徽福建商会开展的主要工作和组织的重大活动以及对福建、安徽两省经济发展所做出的突出成绩,得到了两地各级政府领导的高度肯定。

八、甘肃省福建商会

甘肃省福建商会2008年在兰州市宁卧庄宾馆隆重召开成立大会,参加成立大会的闽陇两地的领导有:甘肃省人民政府副省长、省工商联主席郝远,福建省政协副主席、省工商联主席李祖可,全国人大常委、福建省人大原副主任林张,甘肃省政协副主席黄选平,甘肃省政协副主席、金川集团董事长李永军,甘肃省政协办公厅主任贾笑天,中共甘肃省委统战部副部长、省工商联党组书记户丁一,福建省工商联副主席陈峰等两地党政有关部门的领导30多人。会上,两地领导共同为甘肃省福建商会揭牌,并向新当选的甘肃省福建商会会长、甘肃省福建商会执行会长、副会长等颁发证书。甘肃省福建商会会长谢贵春表示,商会将遵循"共荣共进、团结同心、交流创新、友谊桥梁"的立会宗旨,将不辜负领导和会员的重托,团结带领商会会员,群策群力,开拓进取,努力推动商会工作再上新台阶。谢贵春会长还代表甘肃省福建商会通过共青团甘肃省委向甘肃省"希望工程"捐款20万元并举行了交接仪式。

甘肃省福建商会成立后,全国32个省、自治区、直辖市(含福建、台湾)已成立了24个省一级的福建商会。甘肃省福建商会目前有会员300多家,涉及行业有房地产开发、商贸流通、水暖器材、消防工程、建材石材、医疗服务、机械制造、石油化工、IT电子等。

九、陕西省工商联闽商商会

陕西省工商联闽商商会是由在陕闽籍企业家组成的非营利性社会团体。业务主管部门是陕西省工商业联合会。商会于2008年12月31日正式成立,现有会员企业单位1000家,其中集团公司和母子公司体制的会员单位50多户。目前在陕闽商约有三十多万人,在陕投资年均超过300亿元。在建材业、钢铁生产及经营、商业地产、石材加工及贸易、木材加工生产、管业、茶叶等行业闽商都处于陕西领先地位。

商会以发展为第一要务,以服务为宗旨,以共赢为目标,求真务实,脚踏实地,开拓创新,积极打造全国著名商会,努力为会员企业搭建一个信息互通、资源共享、优势互补、合作发展的平台。目前商会下设金融合作监管委员会,投资发展工作委员会,联络工作委员会,法律维权工作委员会,宣传教育工作委员会。商会拥有投资担保公司20多家,为会员融资20亿元;已签约或已经达成合作意向的开发项目20项,协议投资额超过200亿元;商会及会员企业先后在捐资助学、扶贫济困、支援家乡建设、重建三明市水毁路桥、援建陕西宁强、青海玉树地震灾区以及公益事业等各项捐款额达2300万元;商会会员中县(区)级以上人大代表、政协委员25人。

2010年9月被中共陕西省委统战部、陕西省工商联授予"西部大开发突出贡献奖",2010年12月被福建省工商联授予"突出贡献奖"。

十、青海省福建商会

青海省福建商会于2009年12月26日正式成立。商会会员近200人,他们多数来自莆田、福州、漳州、泉州等闽东南地区。从事房地产开发、矿山开采、卫生、食品、茶叶、餐饮、木材、石材、陶瓷、钢材、建筑装饰材料、酒店、文化娱乐、物流等行业。多数会员分布在省城西宁,少数则在青海省各州、地、县。他们当中有多名是省、市、区各级人大代表、政协委员、在社会上有一定的知名度,在闽籍同乡中有一定的威信和影响力,在发展中已成为青海发展不可或缺的重要力量。

成立后的青海省福建商会将以国家法律、法规为依据,在有关部门的指导协调下,发挥在青福建企业的作用,有效整合在青福建工商企业界的资源,利用闽青两省的资源和人才优势,按照互敬、互谅、互助、互利合作的原则,促进同乡之间,商界、会员之间各层面的信息交流与共享。

十一、湖南省福建商会

湖南省福建商会于2009年11月27日召开第一次会员代表大会,商会第一届理事会现有理事成员单位280个,各市闽籍商会加入为团体会员单位,会员人数累计近4000人。会员企业中的行业分布广,涉及主要有房地产开发、建筑装饰、钢铁建材、陶瓷石材、物流工贸、水暖阀门、酒店休闲、粮油食品、茶叶茶具、服装鞋业、医疗投资、海鲜水产、黄金珠宝,化工冶炼、营销策划、体育服装器械等60多个行业。

商会成立以来,不断完善组织建设,加强维权服务,推动两地经贸交流,连续3年被评为异地商会工作先进单位,非公经济党建工作先进单位,2011年度、2012年度湖南省人民政府"兴湘贡献奖",商会现正积极协助益阳和湘西自治州的闽籍企业积极筹备,力争本届之内在全省14个市州都组建起闽籍商会,团结和凝聚八闽大地的在湘乡贤,为两地经济建设和社会发展做出更大贡献。

十二、广西福建总商会

广西福建总商会是广西首家省级异地商会,共有会员企业3000多家,广西柳州、桂林、北海、百色、玉林、来宾、贵港、凭祥、钦州、防城港等市福建商会均为广西福建总商会团体会员单位。

商会成立以来,积极开展对外交流活动,和国内各地商会保持紧密联系,并与欧、美、东南亚等二十多国家和地区的商协会建立了长期友好合作关系,为经济发展的贡献越来越大。商会注重引导广大会员树立社会责任感,关心公益事业,踊跃投入赈灾、扶贫、帮困、助学活动,共建和谐社会,至今已为公益事业捐款1.7亿元以上。闽商的贡献得到了社会的肯定和好评,已有上百名闽商当选为广西区、市、县三级人大代表、政协委员、工商联领导,部分商会领导和会员企业荣获国家、自治区、市级优秀企业家、明星企业等称号。

十三、广东省福建商会

广东省福建商会于2010年12月16日成功召开第一次会员代表大会,选举产生第一届理事会、监事会,2011年1月21日经广东省民政厅批复同意成立注册。目前有会员企业单位500多个,还有团体会员。会员企业涉足房地产开发、纺织品、服装、金融、建筑、钢铁、能源、电子、文化产业、物流等各个行业和领域。广东省福建商会从筹备到成立,始终凝结着闽粤两省主要领导的深深关爱,凝聚着在粤百万乡亲的浓浓情谊。

十四、河北省福建企业联合会

河北省福建企业联合会于2010年正式成立,并举行了第一次会员代表大会。市领导王华清、胡儒钗、王中联出席了成立大会。改革开放以来,在河北省的福建籍企业已经发展到3300多家,涉及房地产、矿业、医药、化工、阀门、茶叶等20多个行业,吸纳就业人员几十万人,年生产销售总值逾千亿元。河北省福建企业联合会的成立,将为在冀闽商搭建信息交流与沟通合作的平台,实现优势互补的资源的充分利用,促进闽籍企业做大做强。同时,联合会将发挥桥梁纽带作用,协调全员间及全员与政府社会各界的关系,并组织广大在冀闽商积极参加社会公益活动,践行社会责任,为河北省的经济发展做出自己的贡献。

第三节 组织刊物

上海市福建商会依托专业机构,精心打造"上海闽商"品牌。商会将会刊《上海闽商》和"上海闽商网"网站作为宣传党和国家的各项政治、经济政策,宣传海峡西岸经济区建设的规划和构想,宣传闽籍在沪企业品牌,树立福建在沪企业的整体形象的重要桥梁。

为办好会刊和网站,商会依靠专业机构,不断提升会刊和网站的品质。商会与上海商报社签订合作出版《上海闽商》协议,提升了《上海闽商》文章和编印质量,把其办成含乡情味、具闽商特色、富上海时代风貌、受读者喜爱的好刊物,并使会刊更加专业化。商会与商报相关专业人员定期开展探讨会,共同总结,不断进步。

同时,依托上海神传网络信息科技有限公司,聘请专业人员精心设计网站栏目,组织人员管理、维护上海闽商网,及时对党和国家政策和商会新闻进行更新,同时及时发布商会重要信息,使网站成为联系会员、宣传商会的又一重要平台和渠道。

此外,通过商会短信平台,及时将商会重要信息传达给会员,与网站配合,提高商会与会员联系的时效性和广泛性。

上海福建商会以成立二十周年为契机,联合福建省人民政府驻上海办事处组织编纂

《上海福建人》(1843—2008)一书,目的在于系统再现上海福建人的光辉历程和文化底蕴,宣扬上海福建人的光荣传统,提升福建的整体形象。《上海福建人(1843—2008)》是关于研究1843—2008年之间福建人移居上海市的历史,书中具体包括了:上海福建人潮落潮起、群体结构与分布区域、上海闽商投资的金融业、整体退却与部分活跃、与其他商帮的比较、新中国成立以来闽籍知识群体的学科分布等内容。《上海福建人(1843—2008)》适合从事相关研究工作的人员参考阅读。

此书由上海师范大学高红霞博士任主编,全书以历史学、社会学和文化人类学的一些具体研究方法,构建福建人在上海生活与发展的历史,重点考察上海福建人群体发展轨迹、与上海城市融合与疏离的过程与程度、上海闽商退却与兴盛的路径、福建社团与机构的沿革与功能等,以期揭示作为移民城市的上海,移民与城市发展的互动关系。上海福建人从来不曾成为上海移民中数量最大的群体,却在上海城市发展的不少关节点上影响深远。比如,晚清以上海福建人为主体的上海小刀会起义,它对上海城市近代政治、经济格局的形成意义重大。由闽商曾铸领衔发动的上海抵制美货运动,成为中国民族资产阶级民族、民主、自治意识觉醒的起点。另外,晚清上海闽商对上海商业化、城市化的推动也具有开拓性。他们的生活方式和行为方式对上海社会各层面产生了广泛的影响。新中国成立后,在上海文教、医疗、科研等领域,福建籍人才颇具数量规模,体现出福建人重教、勤勉的特征。改革开放后,随着福建籍商人抢滩上海,新一轮的商业移民重新出现,他们在上海诸多领域的孜孜垦拓,成为上海现代化的一道风景,创造了颇多奇迹。他们的行为方式、发展路径及与上海城市的互动值得我们挖掘、探究与宣扬,以鼓舞在上海各行各业的当代福建人奋发图强,启迪和鼓励后来者积极投身上海国际化大都市建设,为中华民族伟大复兴励志奋斗。

2008年12月7日,由上海人民出版社出版发行的《上海福建人(1843—2008)》一书在上海国际会议中心隆重首发,并于2009年荣获福建省第八届社会科学优秀成果三等奖。

天津福建商会自2005年6月18日成立以来,自办内部刊物《津门闽商》(后更名为:《天津闽商》)已先后发行29期,每一期都有不同的内容,不同的人物介绍,每一期都及时地向广大会员宣传党和政府的方针政策,法律法规,通报经济、金融、市场、文化各个方面的信息。《天津闽商》每两月一刊,有力地增进了会员间的了解,增强了会员之间的沟通,增强了商会与政府之间的相互了解,促进合作,提供商机,也增强了商会的凝聚力。

四川福建商会创办了自己的会刊,开通了自己的网站。目前《四川闽商*财智》发行量10000册/期。会刊除发给会员外,还赠送四川省及21个市州4大班子主要领导,相关部门以及异地的40余家兄弟商会。

湖北福建商会利用现有的湖北闽商报及商会网站,宣传闽商文化、传递海西经济建设的最新资讯,推介在鄂闽商的发展动态,展示优秀的在鄂闽商企业,倡导互相学习,打造团结、合作、共赢的良好氛围,支持会员单位做强做大。湖北闽商报(纸媒)以双月刊的方式出刊,计划出版《湖北闽商》杂志,并实时维护和更新网站建设的内容,提高网站的点击率。同时做好与湖北电视台合作制作"闽商在湖北"专题宣传栏目(每期十分钟,计划安排在湖北电视台综合频道上播出),介绍在鄂闽商投资湖北和参与湖北经济建设所创造的辉煌业绩和做出的贡献,努力将"闽商在湖北"的辉煌业绩展现给湖北省人民,提升商会的知名度和社会影响力。

第四节 运作机制

商会的运行机制是指商会生存和发展的内在机能及其运行方式,是引导和制约商会经营决策并与人、财、物相关的各项活动的基本准则及相应制度,是决定商会行为的内外因素及相互关系的总称。经过前两个阶段的发展,闽籍异地商会在这一时期的运作机制已经趋于完善,这得力于国家的重视和省政府、省工商联、省委统战部等的大力协助。

国务院办公厅于2007年5月出台《关于加快推进行业协会商会改革和发展的若干意见》,对商会的运行机制做了指导,涉及结构、人事、财务、对外交流等事项:(一)健全法人治理结构。行业协会要建立和完善以章程为核心的内部管理制度,健全会员大会(会员代表大会)、理事会(常务理事会)制度,认真执行换届选举制度,实行民主管理,建立健全党的基层组织,充分发挥党组织的监督保障作用。理事会成员要严格按照民主程序选举产生,会长(理事长)应由理事会提出人选,通过会员大会(会员代表大会)以无记名投票方式选举产生,并逐步实行差额选举。鼓励选举企业家担任会长(理事长)。秘书长可通过选举、聘任或向社会公开招聘等方式产生。(二)深化劳动人事制度改革。行业协会要全面实行劳动合同制度,保障工作人员合法权益。建立健全岗位管理制度,完善激励机制,吸引优秀人才,优化人员的年龄、知识结构。加强专业人才队伍建设,行业协会及其分支机构、代表机构要配备专职工作人员,并参照国家有关规定,对符合条件的工作人员进行职称评定。(三)规范收费行为。会费收取标准和办法,由行业协会自主确定,经会员大会(会员代表大会)半数以上代表同意后方能生效。行业协会不得从事以营利为目的的经营活动,依法所得不得在会员中分配、不得投入会员企业进行营利。未按照规定履行批准程序,不得针对企业举办全国性或行业性的评比活动,经批准举办的评比活动不得收取费用。行业协会举办展览会、交易会、研讨会、培训等活动可以实行有偿服务,收费应符合国家有关规定,并公开收费依据、标准和收支情况;对依法或经授权强制实施具有垄断性质的仲裁、认证、检验、鉴定以及资格考试等活动的收费,应执行行政事业性收费的有关规定。(四)加强财务管理。行业协会要建立健全财务管理、财务核算制度,设立专门的财务人员,并对所属分支机构、代表机构的财务实行统一管理。建立行业协会资产管理制度,并按有关规定接受监督检查。(五)加强对外交流管理。行业协会要建立和完善各项对外交流管理制度,在对外交往中遵守法律法规和纪律,维护国家利益。

中共福建省委统战部于2011年初出台《关于加强异地福建商会工作的若干意见(试行)》,对商会的运作做出指导性意见。《意见》指出,商会工作,要依法办会规范运作,要坚持"自我管理、自我服务、自我协调、自我发展"的方针,建立和完善以章程为核心的内部管理制度、自律约束机制和规范化建设评价体系,严格商会运作程序。要重点加强班子建设。组建异地福建商会或商会换届,关键是要选好配强商会领导班子。商会领导班子选配要着眼于所在地闽籍工商社团、企业和企业家的广泛团结和联合,有利于推动商会工作的开展,有利于展示异地闽商的整体形象,推举出公道正派、有较强经济实力、有较大影响和广泛代表性、有较强协调能力、热心商会工作的人选,经过充分酝酿协商并按程序报批后,经民主选举产生。重点选配好会长、(常务)副会长、秘书长。《意见》提出异地商会要主动接受双重指导。异地福建商会在接受所在地业务主管单位和登记注册机关管理和监督的同时,接受原籍地福建省同级工商联和福建省政府驻外办事处的工作指导。商会成立或换届前,涉及商会成立或换届工作的重大事项和商会领导班子人选,事先应征求原籍地工商联意见,选举后向原籍地工商联报备。商会日常工作中的重大事项要及时联络沟通。

《意见》还对同一地区省级、市县级异地商会的相互关系做了明确规定,即实行"一地一会"属地管理。异地福建商会的组建与发展,布局要合理、层级要得当、避免重复和交叉。在各级行政区域内,登记注册为一级法人的异地福建商会只能有一个,并以所在地工商联或其他职能部门作为业务主管理单位,在所在地民政部门依法登记注册。部分异地福建商会原来是由原籍地有关部门批准成立的,也要逐步在所在地明确业务主管单位,并依法登记注册,主动按受所在地业务主管单位和登记注册机关的管理和监督。省级异地福建商会对地市级(县区级)异地福建商会具有联络、沟通、指导和协调的功能。下一级行政区域的异地福建商会原则上应作为上一级行政区域异地福建商会的团体会员,其会长可以在上一级福建商会中担任(常务)副会长。在各省级行政区域内,省、市、县三级福建商会自上而下形成体系,形成合力。

经过近二三十年的发展,闽籍异地商会的运作机制趋于完善,各商会相继出炉规范性、约束性的商会章程。章程对商会的宗旨、指导思想、业务范围、会员入会程序及其权利与义务、组织机构和负责人产生与罢免、资产管理与使用原则、《章程》的修改程序、终止程序及终止后的财产处理等做细致的规定。

如上海市福建商会实行严格的会员等级制度,申请加入商会必须具备下列条件:承认本会章程;自愿加入本会;在本会的业务领域内具有一定影响并在本市注册登记的福建省在沪企业单位。会员要遵守入会程序,第一提交入会申请表,第二由本会秘书处审核,会长或执行会长批准,最后由秘书处发给会员证。而加入商会的会员享有以下几种权利:本会的选举权、被选举权和表决权;参加本会的活动权;获得本会服务的优先权;对本会工作的知情权、批评建议权和监督权;入会自愿、退会自由权。在享受权利的同时,会员履行下列义务,遵守本会的章程;执行本会的决议;维护本会的合法权益;完成本会交办的工作;向本会反映情况,提供有关资料;按规定缴纳会费。商会对会员进行严格管理,会员退会应书面通知本会,并交回会员证。会员超过一年不履行义务的,可视为自动退会。会员如有严重违反本章程的行为,经理事会表决通过,予以除名。会员如对理事会的除名决定不服,可提出申诉,由理事会作出答复,必要时提交会员代表大会审议。

上海市福建商会实行的民主集中制组织原则。领导机构的产生和重大事项的决策,须经集体讨论,并按少数服从多数的原则作出决定;商会的负责人是指会长、执行会长、常务副会长、副会长和秘书长;商会的最高权力机构是会员代表大会。会员代表大会每届任期四年,换届延期最长不超过一年。会员大会每年召开一次,特殊情况由理事会决定随时召开。会员代表大会的职权是:制定和修改章程;选举或者罢免理事会成员、监事会成员;聘请顾问;授予终身荣誉会长、荣誉会长;选任名誉会长;审议理事会工作报告和财务报告;制定和修订会费标准;决定更名、终止等重大事宜;决定其他重大事项。会员代表大会须有三分之二以上会员代表出席方能召开,其决议须经到会会员代表半数以上表决通过后生效。决定终止的会议,经实际到会会员代表数的过半数同意,决议即为有效。会员代表可以委托代理人出席会议,代理人应当出示授权委托书,在授权范围内行使表决权。会员代表大会选举理事、常务理事、秘书长、副会长、常务副会长、执行会长、会长,组成理事会。理事会为本会的执行机构,对会员代表大会负责。理事会任期4年,到期应当召开会员代表大会进行换届选举。为提高本会工作效率,在满足理事会、常务理事会召开条件的情况下,两会可合并召开。

理事会的职责是:召集会员代表大会,向大会提交工作报告和财务报告;执行会员代表大会决议;增补或者罢免理事会成员;决定常务副秘书长和各机构主要负责人的聘免;决定办事机构、分支机构、代表机构的设立或者注销,并依法向登记管理机关备案或申请登记;领导各机构开展工作;制定内部管理制度;决定其他重大事项。理事会每年召开2次会议,情况特殊可随时召开。增补理事会成员,须经会员代表大会选举。特殊情况下可由理事会增补,但增补理事会成员须经下一次会员代表大会确认。理事会会议由会长负责召集和主持。有1/3理事会成员提议,必须召开理事会会议。如会长不能召集,提议理事会成员可推选召集人。召开理事会会议,会长或召集人需提前5日通知全体理事会成员。理事会会议,应由理事会成员本人出席。因故不能出席,可以书面委托其他人代为出席,委托书中应载明授权事项。理事会会议须有2/3以上理事会成员出席方能召开;理事会决议须经出席理事会成员2/3以上通过方为有效。本会会员代表大会、理事会进行表决,应当采取举手或无记名投票的方式进行,负责人选举应当以民主选举的方式进行。以上会议应作会议记录,形成决议的,应当制作会议纪要。会员有权查阅本会章程、规章制度、各种会议纪要和财务会计报告。商会执行会长为本会法定代表人。执行会长在会长的领导下,负责本会的总体工作。商会法定代表人不兼任其他社会团体的法定代表人。商会负责人需具备下列条件:坚持党的路线、方针、政策;在本会业务领域内有较大的影响和较高的声誉;最高任职年龄一般不超过70周岁,身体健康,能坚持正常工作;具有完全民事行为能力。确因工作需要,任职年龄超过70周岁担任本会负责人的,须经理事会表决通过,报业务主管单位审查同意并经登记管理机关批准后,方可任职。有下列情形之一的人员,不能担任本会负责人:因犯罪被判处管制、拘役或者有期徒刑,刑期执行完毕之日起未逾5年的;因犯罪被判处剥夺政治权利正在执行期间或者曾经被判处剥夺政治权利的;曾在因违法被撤销登记的社会团体中担任负责人的,且对该社会团体的违法行为负有个人责任,自该社会团体被撤销之日起未逾5年的;不具有完全民事行为能力的。商会负责人每届任期与理事会的届期相同,连任一般不超过两届。因特殊情况需超届连任的,须经理事会表决通过,报业务主管单位审查并经登记管理机关批准同意后,方可任职。商会会长行使下列职权:主持会员代表大会,召集、主持理事会;检查各项会议决议的落实情况;在理事会闭会期间主持本会工作;领导理事会工作,代表本会签署重要文件。商会执行会长行使下列职权:召集理事会或代表会长主持理事会;在理事会闭会期间代表会长主持本会工作;经会长授权,代表本会签署理事会决议及其他文件。商会设秘书长1名。秘书长须具备下列条件:贯彻落实党的路线、方针、政策,尤其是认真学习党的统一战线方针政策、熟悉本会的性质和任务;了解本会业务领域的发展情况,熟悉相关政策、法律法规和社团管理规定,能够对内部管理制度的制定和完善提出意见;具有较强的执行能力、组织管理能力和沟通协调能力;谦虚谨慎,以诚待人,廉洁奉公,办事公道,有较高的思想道德水平;任职年龄一般不超过65周岁;身体健康,能专职从事秘书长工作;未受过刑事处罚;秘书长一般为专职。秘书长在会长领导下开展工作,主要职责是:主持办事机构开展日常工作,组织实施年度工作计划;协调各分支机构、代表机构开展工作;拟订内部管理规章制度,报理事会审批;向理事会提议聘任或解聘副秘书长和各机构负责人人选;向会长和理事会报告工作情况;处理其他日常事务。

商会秘书处内设办事机构有:办公室、会员部、宣传部、财务部、招商部、法律咨询部、上海闽商杂志编辑部、上海闽商网站、金融服务工作室等,处理日常事务性工作。本会可根据工作需要聘请副秘书长若干名,人选由秘书长推荐,报会长或执行会长批准。本会专职工作人员应当参加登记管理机关或业务主管单位组织的岗位培训,熟悉和了解社会团体法律、法规和政策,努力提高业务能力。理事会可根据需要设立若干荣誉职务。可聘请顾问若干名,授予终身荣誉会长、荣誉会长若干名,选任名誉会长若干名。终身荣誉会长从对本会做出杰出贡献的社会知名人士和担任过本会会长或担任过本会荣誉会长中产生。荣誉会长从闽籍在沪社会知名人士或在闽工作过、为福建作出重大贡献的人士中产生,主要从对本会做出显著成绩且担任过本会顾问中产生。名誉会长从闽籍在沪商界特别知名人士中产生,主要从对本会做出较大贡献且担任过本会常务副会长的闽籍商界人士中产生。顾问从关心支持福建各项事业发展、热心支持本会工作的闽籍在沪或曾在闽工作过德高望重的社会知名人士中产生。

终身荣誉会长、荣誉会长、名誉会长、顾问候选人应由换届领导小组研究推荐,经理事会审议通过并书面征得本人同意后(候选人未按规定时间确认同意的视同弃权),提交会员代表大会表决通过,由会长授予或聘请。终身荣誉会长、荣誉会长、名誉会长、顾问列席会员代表大会、理事会并享有对本会工作的批评、建议权。本会根据各市、县在沪企业的数量和行业分布情况,经上海市社团管理局批准同意,可设置不具有独立社团法人资格的各类分支机构或行业分会,分支机构或行业分会负责人必须由本会副会长以上人员担任。各分支机构或行业分会应严格遵守国家有关的法律法规,接受本会的章程和本会的领导,认真贯彻执行本会的各项决议。

商会设有监事会由监事长一名、副监事长若干名、监事若干名组成。监事会成员因故缺额,可由所属单位新任负责人接替,但必须向理事会办理备案。监事长须具备下列基本条件:贯彻落实党的路线、方针、政策,政治素质好;坚持原则,工作务实,清正廉洁,办事公道;身体健康,有时间和精力履行职责;最高任职年龄一般不超过70周岁;连续任职不得超过两届。理事会成员、秘书处人员不得兼任监事。监事列席理事会议,监事长列席会长办公会议,但不参与表决,但有对本会工作的批评、建议权。监事会负责向会员代表大会报告工作,向业务主管单位提交年度工作报告。其职权是:监督理事会、会长办公会遵守法律和章程的情况;当会长、执行会长、常务副会长、副会长、常务理事、理事或秘书长等的行为损害本会利益时,要求其予以纠正;监督会员代表大会、理事会、会长办公会的会议议题、程序和表决的合法性;监督理事会、会长办公会履行决议情况;检查财务和会计资料。监事会每年召开一次会议,会议纪要报业务主管单位和登记管理机关。监事长、监事有下列情形之一的,由会员代表大会予以罢免:受到刑事处罚的;严重违反本章程,营私舞弊、滥用职权的;严重渎职,给本会造成重大损失和恶劣影响的;故意瞒报有关违法违规情况的;

商会实行严格的财产的管理和使用制度。商会的收入来源于:会费;捐赠;利息;在核准的业务范围内开展活动或服务的收入;其他合法收入。

商会的财产及其他收入受法律保护,任何单位、个人不得侵占、私分、挪用。本会按照会员代表大会通过的会费标准收取会员会费。本会经费必须用于本章程规定的业务范围和事业的发展,不得在会员中分配。本会执行《民间非营利组织会计制度》,依法进行会计核算、建立健全内部会计监督制度,保证会计资料合法、真实、准确、完整。本会资产来源属于政府资助及社会捐赠的部分,应及时向业务主管单位和登记管理机关报告接受、使用资助、捐赠的有关情况,并公开接受资助人、捐赠人和社会的监督。与资助人、捐赠人签订捐赠协议的,必须按照捐赠协议中约定的用途、方式、期限使用。本会违反捐赠协议使用捐赠财产的,资助人、捐赠人有权要求本会遵守捐赠协议或者向人民法院申请撤销捐赠行为、解除捐赠协议。本会接受税务、会计主管部门依法实施的税务监督和会计监督。本会配备具有专业资格的会计人员。会计不得兼出纳。会计人员调动工作或离职时,必须与接管人员办清交接手续。本会专职工作人员的工资和保险、福利待遇,根据国家有关规定执行。本会每年1月1日至12月31日为业务及会计年度,每年3月31日前,理事会对下列事项进行审定:上年度业务报告及经费收支决算;本年度业务计划及经费收支预算;财产清册。本会进行换届、更换法定代表人以及清算,应当进行财务审计,并报送登记管理机关和业务主管单位。本会按照《社会团体登记管理条例》规定接受登记管理机关组织的年度检查。

商会有以下情形之一,应当终止和剩余财产处理:完成章程规定的宗旨的;无法按照章程规定的宗旨继续从事公益活动的;发生分立、合并的;自行解散的。

商会终止,应由理事会提出终止动议,经会员代表大会表决通过后15日内,报业务主管单位审查。经业务主管单位审查同意后15日内,向登记管理机关申请注销登记。本会终止前,应当在登记管理机关、业务主管单位的指导下成立清算组织,清理债权债务,处理善后事宜。清算期间,不开展清算以外的活动。本会经社会团体登记管理机关办理注销登记手续后即为终止。本会注销后的剩余财产,应当在业务主管单位和登记管理机关的监督下,按照国家有关规定,转赠并用于发展与本会宗旨相关的事业。

商会内设办事机构:秘书处、联络部、宣传部、咨询部等。秘书处职能是处理日常商会事务；收集整理会员、理事的建议和议案，落实商会有关决议；处理有关往来函电、文件，并负责有保存价值的资料、函电、文件（包括电子文本、图片）等的建档、归档和保存；负责协调商会分支机构；负责商会的日常财务管理，编制年度财务支出预、决算；负责催收会费和有关赞助费；负责策划和安排商会有关会议和活动、包括会议和活动的有关文件的起草、编印和分发；协助《上海闽商》的发行；负责发展新会员，做好会员档案的建立和管理工作；负责会长、副会长交办的其他事宜。宣传部职能是负责编辑、出版、发行《上海闽商》；负责对会员宣传商会章程、党和国家政策法规；围绕服务经济建设中心，做好宣传福建和宣传上海的工作，侧重做好宣传福建的工作；宣传闽商精神，培育上海闽商文化，塑造上海闽商品牌；宣传上海闽商和各界乡亲的建功立业的先进事迹，积极宣传他们参与各种公益事业和回馈桑梓的善举；联络有关新闻媒体，做好商会的对外宣传报道工作；做好其他对内、对外的宣传工作。咨询部职能是为会员单位提供法律和政策法规咨询；为境内外福建乡亲来沪投资兴业提供咨询和帮助；为在沪闽籍乡亲提供咨询和帮助；为各界人士到福建投资兴业、合作交流提供咨询和帮助；为福建各级政府、企事业单位和社会团体来沪开展合作交流活动提供咨询和帮助；协助在沪企业和乡亲排忧解难、重点维护会员的合法权益；开展其他咨询活动。联络部职能是负责联络商会会员，促进会员间的信息交流和商务合作，及时了解会员情况，更新会员资料；负责联络闽籍在沪企业，做好发展单位会员工作；负责联络福建在沪乡亲，促进闽籍各界乡亲间的交流与合作，做好发展个人会员工作；负责联络福建、上海有关部门，为闽籍在沪企业、乡亲牵线搭桥；负责联络我省各级工商联组织和我省各异地商会，促进我省各商会间的互相学习与交流；负责联络各省在沪商会，增进兄弟省市间的商会交往；开展调研活动，及时了解企业的发展状况和亟待解决的问题，积极向有关部门反映问题，寻求帮助；积极扩大对外交往，促进会员与境外驻沪商务团体间的交流合作；开展其他联络、交流活动。

  安徽福建商会的最高权力机构是会员代表大会，会员代表大会须有 2/3 以上的会员出席方能召开，任何决议须经到会会员代表半数以上表决通过方能生效。会员代表大会每届三年。理事会是会员代表大会的执行机构，在闭会期间领导本商会开展日常工作，对会员代表大会负责。理事会须有 2/3 以上理事出席方能召开，其决议须经到会理事 2/3 以上表决通过方能生效。理事会每年至少召开一次会议，情况特殊的，也可采用通讯形式召开。商会设立会长办公会，会长办公会须有 2/3 以上的常务理事出席方能召开，其决议须经到会常务理事 2/3 以上表决通过方能生效。会长办公会每季度召开一次会议，情况特殊的也可以采用通讯形式召开。安徽福建商会章程对商会领导的任免做了规定：本商会的会长、监事长、常务副会长、副监事长、副会长、秘书长如超过最高任职年龄的，须经理事会表决通过，报业务主管单位审查并经社团登记管理机关批准同意后，方可任职。本商会的会长、监事长、常务副会长、副监事长、副会长任期 3 年。因特殊情况需延长任期的，须经会员代表大会 2/3 以上会员代表表决通过，报业务主管单位审查并经社团登记管理机关批准同意后方可任职。

  湖北福建商会还设立监事会，对理事会工作实施监督，对会员代表大会负责并报告工作。监事会由监事会监事长、副监事长和监事组成。湖北福建商会的经费来源有以下几种：会费；捐赠；政府资助；在核准的业务范围内开展活动或服务的收入；利息及理财收入；其他合法收入。商会经费用于本章程规定的业务范围和事业的发展，不得在会员中分配。同时建立严格的财务管理制度，保证会计资料合法、真实、准确、完整。商会配备具有专业资格的会计人员。会计不得兼任出纳。会计必须进行会计核算，实行会计监督。会计人员调动工作或离职时，必须与接管人员办清交接手续。商会的资产管理必须执行国家规定的财务管理制度，接受会员代表大会和财政部门的监督。资产来源属于国家拨款或者社会捐赠、资助的，必须接受审计机关的监督，并将有关情况以适当的方式向社会公布。

虽然近年来异地商会发展较快，在促进会员交流、规范会员行为、为会员提供服务、加强会员与两地政府的联系，推动两地经济合作和发展方面做了一定的工作，发挥了积极的作用。但毋庸置疑，在其发展和管理的过程中，也存在着一些问题：一是内部管理不够规范，凝聚力需进一步加强。尽管不少异地商会都有会议、学习及财务等一套规范的管理制度，但执行还不够到位，特别是会员之间的活动开展少，财务支出还不够透明，导致会员对商会信任度减低。再是异地商会党建机制不健全，异地商会是党建工作的新领域。异地商会党组织是异地商会健康发展的有力保障。但与党的工作要求，与异地商会健康发展的内在需要相比，还存在服务会员的力度不够大，途径不够多，党组织凝聚力向心力不够强，工作机制未健全，人员经费难保障等诸多问题。

针对异地商会的特点和这些问题，要尽早研究制定相关的政策，积极采取应对措施规范管理。

第五节　典型人物

在异军突起的异地闽商中，有很多杰出的企业家，抽取的典型人物仅仅是他们中的一些代表，他们兼具以下几点要素：第一个人影响力。有较广泛的人脉和影响力，为商会建设和会员企业发展提供独特资源。第二奉献精神。具有较高的综合素质，能合理平衡商会和自身企业的关系，有奉献精神。第三组织领导能力。不断创新商会工作思路，商会班子和秘书处运作规范。第四创业创新。能积极带领会员企业共同发展，在抱团发展、回乡投资等方面有突出成绩。第五候选人或所属企业积极承担社会责任，热心支持公益事业，社会反响好。

一、上海市福建商会会长许荣茂

许荣茂，1950年7月生，福建石狮人，无党派，研究生学历。现任中国民间商会副会长、香港世茂集团董事局主席。是第十届、十一、十二届全国政协委员，第十届全国工商联副主席，中国侨商联合会荣誉会长。2013年3月13日政协第十二届全国委员会常务委员会经济委员会副主任。

许荣茂在20世纪70年代末的中国香港做过股票经纪人,他的第一桶金便来自于香港八十年代初的股市。回到中国国内后,他做过服装出口生意,主要销往美国;之后又投资了200万美元在他的家乡福建建造了一个度假村[12]。后来开始把注意力转移到了高档房地产项目的投资,开始于北京,而主要的业务都在上海。世茂集团去年的销售收入达到5亿美元(2000年2.5亿美元),纳税超过0.12亿美元,有1500名员工。世茂集团主要投资于5大项目,预计总投资达25亿美元,同时也开始往中小城市发展。许荣茂有MBA学位。上海世茂股份有限公司是经上海市政府批准成立且其股票在上海证券交易所上市(1994年2月4日)的股份有限公司。公司原名"上海万象(集团)股份有限公司",主营业务为商业百货零售业。2000年8月上海世茂投资发展有限公司受让黄浦区国资办持有本公司6250万股国家股,以第一大股东身份正式入主上市公司,并于2001年4月30日变更公司名称为"上海世茂股份有限公司"(股票简称:世茂股份[15],股票代码:600823);同时主营业务转型,从商业百货业转为房地产综合经营开发。2002年12月上海世茂企业发展有限公司协议受让上海世茂投资发展有限公司持有的本公司法人股6250万股,成为本公司第一大股东。公司在新一届董事会的领导下确立了"诚信、专业、开拓、创新"的企业精神和大力拓展房地产新主业的产业发展战略。公司立足高端市场,凭借强大的资金实力、规模效应及产品创新等开发理念,强调运作速度、产品质量和服务水准,在业界确立了良好的社会形象与知名度。

二、天津市福建商会会长阮志雄

阮志雄,荣任政协天津市委员会港澳委员、天津市福建商会会长、香港金雄集团董事长。1958年出生于泉州,1990年下半年,他毅然辞去了在众人眼中是政府重要部门官员的"肥差",下海经商。1998年合伙创办了金雄彩印有限公司。从零开始,阮志雄逐渐在天津闯出了一片天地。他创办的金雄彩印有限公司现已成为雀巢、卡夫、可口可乐、蓝天六必治、长春"人参"牌香烟等国内外食品、药品、日化等行业知名品牌纸包装的国内供应商。公司还在美国西雅图成立了分公司,在纽约设立了办事处,跨行业的经营涉足房地产和铁矿开发领域,在天津和内蒙古,成功开发了多个房地产项目。公司发展壮大,阮志雄本人也因此结缘天津,被选为政协天津市的港澳委员,担任了天津市福建商会会长、天津市侨商会副会长、天津市三胞中青年联谊会副会长等社会职务。

作为天津市福建商会会长,阮志雄对商会工作尽心尽力。阮志雄把企业的管理模式移植到商会管理中,第一他为商会搭建了一套非常完整的组织架构,制定并通过了商会章程和相应制度。接着,他提出"商会要经营"的建议被采纳实施,并很快为商会带来了可观的收入。阮志雄引导商会积极投入本地和福建经济建设上,把积极开展双向服务活动作为工作重点。把服务天津滨海新区开发开放和海西经济建设作为工作重点。2007年商会领导班子积极组织协助参加了以任学锋副市长为团长的天津市政府代表团赴福建学习考察活动。2008年组织了环渤海地区五省二市的40余家商会在津成立了"环渤海地区闽商联盟"。2010年9月19日换届大会,阮志雄会长代表新一届领导班子提出下一个五年计划,其中要再建一个福建工业园,为闽商来津投资发展提供一个新的平台,筹建"福建闽商大厦"。为两地经济发展做了极大的贡献。

三、黑龙江省福建商会会长吴庆和

吴庆和,1968年3月生,福建莆田人,现任哈尔滨禧龙国际商贸物流园区总裁、哈尔滨市政协委员、黑龙江省福建商会会长、哈尔滨市总商会副会长、哈尔滨市场协会副会长、哈尔滨物流协会副会长、哈尔滨民营企业家理事、哈尔滨市政府大项目办监督员。

吴庆和先生于1986年创办石油物资装备有限公司,主要从事钢材、石油等各类物资的经销。通过多年的不懈努力、进取,企业不断发展壮大。吴先生以他在黑龙江省多年的经商体会,感觉到龙江发展有广阔的前景和优良的投资环境,招商政策较优惠。于是,在2000年经过亲身的实地考察及各有关专家的论证与可行性分析,毅然投巨资在哈尔滨市兴建了黑龙江省禧龙陶瓷批发大市场。吴庆和同志在创业过程中取得了非凡业绩,从2005年开始 吴庆和先后当选哈尔滨政协委员、哈尔滨市总商会副会长、哈尔滨市场协会副会长等社会职务。他也曾多次捐款捐物,在参与慈善公益事业中做出了突出的贡献。在2002年,他出资50万元在家乡修建公路、广场、安装路灯等,促进了家乡经济的发展;2003年为家乡福建省莆田市捐款20万元,用于修建革命纪念碑;2004年为哈尔滨市道外区团结镇中学危房改造捐款20万元;2005年为道外区发生火灾居民捐款5万元,2006年为福建省残障儿童基金会捐款18万元,在2007年组织成立"同心禧龙助学基金会",捐款50万元,用以资助那些因贫困而辍学的优秀学生;2008年5月,吴庆和先生又在为四川地震灾区 举行的募捐活动中,携禧龙园区全体业户捐款200多万元。他所倡导的"兴旺不忘报国、繁荣不忘福民"的理念已经成为付诸行动的座右铭。

四、四川省福建商会会长陈国良

陈国良,1964年1月24日出生于福建惠安,高级经济师。四川省创元投资集团有限公司董事长,四川省政协委员,四川省政协经济委副主任,"陈国良奖教奖学基金会"会长,四川省光彩促进会常务理事,中国企业家协会会员;2012年4月起担任四川省循环经济促进会副会长。作为四川省福建商会主要发起人,带领四川省福建商会筹备小组历经坎坷,终于于2005年1月15日依法完成注册,全票当选四川省福建商会第一届会长。2010年任四川省福建商会第二届会长。2012年12月15日,四川省福建商会第三届理事会第一次会员代表大会上荣任"创会会长"与"永远荣誉会长"。2003年7月,被四川省政府授予"四川省首届优秀创业企业家";2005年11月被国际企业家联合会及世界英豪杂志社联合授予"2004年世界英豪杰出人物"称号;2009年10月被评为"四川省优秀诚信示范企业家";2010年2月,出任世界杰出华商协会副理事长;2010年8月,出任福建省海峡品牌经济发展研究院荣誉院长;2012年5月,集团公司被授予四川知名、新兴企业荣誉称号。

四川省创元投资集团有限公司成立于1998年,集团注册资本金为一亿元,旗下有17家独立法人实体。集团公司在董事长陈国良先生的领导下,久经市场洗礼,每以"如履薄冰"而自警,然一路走来步履稳健,业绩赫然。创元集团作为在川知名闽商企业,主要通过房地产项目投资实现扩张,目前分别拥有位于成都市繁华城区的几处优质物业,位于都江堰境内的大宗林业资产(近4万亩)和村镇建设开发权、甘孜州境内及新疆阿勒泰地区的大、中型有色金属矿开发权,攀枝花境内的2个非金属矿业权等资产。

在事业上取得巨大成功的陈国良热衷公益事业,积极回馈社会。2006年2月,深入藏区考察归来的陈国良先生,利用川闽资源在家乡《海峡都市报》的配合下发起"闽川汉藏孩子一家亲·六一特别援助行动",本次募捐棉被、衣服、文具盒等共计40000件/套,价值达260多万元。2007年9月,响应省招商局"对口帮扶"提议,陈国良代表四川省福建商会为凉山州普格县安木足小学捐资20万元。2008年5月,在我国遭受汶川地震的时候,陈国良为灾区累计捐钱、捐物达80万元。在以陈国良为福建商会会长的组织领导下,在川闽企业捐款捐物共计6804.65万元,其中捐款4873.81万元,捐物1930.84万元。2010年12月,四川省福建商会换届,陈国良先生捐款100万元。

五、辽宁省福建商会会长倪新财

倪新财是北京保罗投资集团董事长,保利(沈阳)房地产开发有限公司董事长。

北京保罗投资集团(母公司)是于2000年8月29日在北京工商行政管理局依法注册设立的有限公司,系拥有注册资本金10300万元人民币,现旗下绝对控股有子公司6家,总资产超过7.4亿,资产遍布国内外多个地区。集团是一家具有综合型实力的专业化的国际性集团公司,横跨了房地产、环保、能源、金融、服务等多个行业。公司始终秉承"诚信、发展、稳健、规范、高效、求实、创新"的经营理念、"以人为本、建卓越团队、创成功业绩"的管理理念和"热情、快捷、共享、共赢"的服务理念,共同打造一个多元化的投资集团。

保利(沈阳)房地产开发有限公司成立于2003年8月,由保利房地产股份有限公司控股,公司注册资金1亿元。本着保利地产"和谐生活、自然舒适"的品牌原则,以人为本、尊重自然的设计理念,对所开发的每个项目都进行系统的详细规划设计,力争为沈阳人民奉献更多的精品住宅。已经成功开发了保利花园1、2、3期,保利海棠花园,保利百合花园,保利上林湾等深受沈城人民喜爱的项目。保利(沈阳)公司将秉承"务实、高效"的宗旨,根据国内外成功的开发管理经验,提高沈阳周边区域的居住品位,为沈阳市房地产的开发注入新理念。公司还将充分考虑现代化人居的生活品质和自然环境的亲和性,统筹安排,让不同文化层次、不同年龄层的人们都自行其乐,从而形成和谐的社区氛围,为提高沈阳市民的居住环境、推进沈阳市市郊城市化进程贡献自己的力量。

六、吉林省福建商会会长陈金富

陈金富,吉林省富民房地产开发有限公司董事长,吉林省福建商会会长。1978年,陈金富只身来到长春开始创业之路。1988年年初,陈金富创办了远达木材经销公司、长春市富春木材经销公司。此后他更是加快创业步伐,和长春市星宇集团合作,创办了木材大市场。2001年,吉林省富民房地产开发有限公司成立,陈金富出任董事长。在当时棚户区改造工程上,为第二故乡的建设做出了贡献。2001年,公司开发建设项目富民花园小区,富民花园第四期3栋居民住宅——富民雅居,在"长春地产十年风云"评选中,荣获"城市创新楼盘"奖。

作为一名人大代表、商会会长,几年来,陈金富积极参与各项公益活动,他带领全公司向四川灾区捐款十万余元;公司开发棚户区改造项目区域内,有几十户特困户、五保户、残疾人因回迁没有钱无法入住,公司无偿免除其各项费用解决实际困难。同时,在陈金富的号召下,吉林省福建商会还组织会员积极为社会服务。2010年7月以来,吉林省发生了百年罕见的洪涝灾害,商会会员慷慨解囊,奉献爱心,广大闽商踊跃捐款149万元。

七、湖北省福建省会陈涵霖

陈涵霖,祖籍福建安溪,1957年1月出生于福建省厦门。现任湖北省工商联副主席,省人大代表,湖北恒隆集团董事局主席,中国汽车系统股份公司和香港晋明股份有限公司董事局主席。

湖北恒隆企业集团是以香港晋明集团有限公司为投资主体设立的企业集团,拥有一家美国上市公司,三家境内外投资公司,十六家控股成员企业。总资产过10亿元,净资产5亿元,年销售收入超过8亿元。集团的主导业务为汽车零部件系统及电子系统的研发、制造、销售。其中汽车动力转向器的制造已有10多年历史,现已形成年产85万台套的生产能力,产品覆盖重、中、轻、轿、微等全系列车型,是国内规模最大、品种最多、实力最强的转向系统生产企业之一。集团注重技术进步,在北京、长春、湖北三地建有研发基地,成立了汽车科技研究所、省级技术中心,建立了产品实验室、试验场,并相继开展了与清华大学、中国地质大学等著名高校以及澳大利亚BISHOP公司、德尔福公司、韩国南阳公司等国际知名公司的合作,自主开发的技术和产品获多项国家专利,已成功地研发出电动转向器、电液转向器、齿轮齿条变速比动力转向器、GPS车载导航仪等国际先进水平的汽车零部件产品。集团以"科技打造恒隆品质"为经营理念,不断追求卓越。

八、安徽福建商会会长吴端革

吴端革,福建省泉州人,1998年至安徽合肥创业。现任安徽福建商会会长、合肥泉州商会名誉会长,先创电子有限公司董事、美时投资发展有限公司董事长、安徽腾辉置业有限公司董事。

在2008年举行的安徽福建商会成立大会上,吴端革当选为创会会长。凭借着他已在合肥泉州商会任职4年的商会工作经验,带领商会积极牵线搭桥,加强了与安徽省经委的合作联络闽皖两地,促进皖闽两省招商引资。短短几个月时间,先后协助举办恳谈会、对接会和考察调研10余次,成功地引进了多家福建知名企业来皖考察和投资,经过商会的牵线搭桥,多家福建省大型企业集团投资安徽,恒安集团、立州集团、匹克、旗牌王、九牧王、贵人鸟等知名企业的生产基地也相继迁入安徽。在2008年短短几个月时间内,商会联络闽皖两地,促成了项目投资协议近280亿元,其中在商会成立大会上签署的100亿元投资项目和"9·8厦门投洽会"上签署的30亿元投资项目,已有45%的项目成功落地。尤其是在9月8日在厦门召开"国际贸易投资洽谈会"期间,安徽福建商会促成6个成员单位分别与所在市签约7个投资项目,投资额达30多亿元。与此同时,安徽福建商会联合在皖的9个闽籍兄弟商会,致力搭建安徽与福建、政府与企业相互沟通联系的桥梁,广泛开展皖闽产业对接,为推动闽商和外来投资者到安徽投资兴业,促进安徽和福建两省之间的经济联系与合作做出了应有的贡献。

九、甘肃省福建商会谢贵春

谢贵春,泉州人。甘肃省福建商会目前有会员300多家,涉及行业有房地产开发、商贸流通、水暖器材、消防工程、建材石材、医疗服务、机械制造、石油化工、IT电子等。

十、陕西福建商会会长林后辉

林后辉,陕西君辉实业集团有限责任公司董事长,现任陕西福建商会会长。集团是一家集生产、销售、物流、投资等为一体的多元化经营的集团公司,旗下有八家分公司,员工800多人。君辉集团实力雄厚、恪守诚信,在业界具有良好的声誉。君辉集团以"奋进、创新、诚信、共赢"为根本宗旨,强化企业管理,注重质量意识,积极引进人才,提升员工素质,使企业的市场竞争能力不断得到提高。2009年,君辉集团投资西安红光钢铁物流园钢材市场项目,该项目计划总投资达25亿元,预计入驻商户将500多家,年销售额80多亿元。为了营造钢材市场更加有利的投资经营环境,君辉集团专门为钢材经销企业搭建了融资服务平台。其中,注册资金1亿元的陕西中融投资担保有限公司已经成立,它将为钢材经销企业融资提供强有力的资金支持和更加便捷的服务。

林后辉先生在事业不断发展的同时还承担起了企业家的社会责任。他先后担任了省工商联执委、省政协专家与企业家联谊会副会长、省工商联闽商商会执行会长、省工商联建材商会常务副会长、省工商联建材商会管业委员会会长、陕西省侨商会常务副会长、宁德市工商联常委、宁德市蕉城区政协委员、福建省宁德市蕉城区政协驻陕联络组组长等多个社会职务。

十一、湖南省福建商会会长吴培辉

吴培辉,现任湖南省福建商会会长,是湖南省第十届政协委员、湖南省海外联谊会副会长、福建省工商联九届五次执委、株洲市工商联副主席、长沙市泉州商会名誉会长、株洲市泉州商会名誉会长、香港厦门联谊总会名誉会长、湖南省福建商会执行会长、厦门百江集团投资有限公司董事长、香港万佳集团有限公司董事长、湖南百汇投资有限公司董事长。

吴培辉个性谦逊、谦和,求知、求智,并一贯奉行"诚实守信、互惠互利、回报社会、共图发展"的处事原则。在商场闯荡多年,吴培辉的诚信让他的公司不仅取得了良好的经济效益,还获得了不错的社会效益。多年来,他一直被石狮市授予"优秀民营企业家"称号。为此,常常有一些人通过周围熟人的引荐来向他讨教,寻求帮助。渐渐地,吴培辉在业内有了威望,现身兼多个群团职务。吴培辉还十分注重社会公益事业建设,他推崇"修身、齐家、治国、平天下"的生活理念。在湖南,为改善株洲市容市貌和提升芦淞区的整体形象,他对S211株洲县南阳桥至衡东石岗拓宽改造,投入了1500万元建设资金,投资1500万元用于株洲市枫溪大道拓宽,投资400万元用于株洲市政道路建设,又按市规划要求新建成一条从S211线至大冲口的18米宽道路。此外,2008年汶川地震、2010年甘肃、青海泥石流以及闽西北水灾,他社会公益捐款超千万元。

十二、广西福建商会会长苏景昌

苏景昌,现任广西福建商会会长。1958年生于泉州,1985年他怀着创业的梦想只身离开家乡闽南泉州到广西南宁创业,经过努力拼搏,现已成为广西钢管生产的代表,他所经营的钢管公司已成为广西行业内龙头企业,是中国西南地区最大的钢架(脚手架)管材生产基地。苏景昌在推行新技术的应用、新制度的建立和售后服务的完善方面做足功夫,进一步把企业的品牌做大做强。佳利工贸有限公司自2006年10月份正式投产以来,年产塑料建材已超过亿元,而与之比翼的振宁西南薄板钢管公司年产值已超过5亿,已成为同行业的领军企业,成为中国西南最大的钢管生产基地。"邕江牌"普及型热镀锌管和"西楠牌"高档热镀锌管成为国家重点工程建设项目首选的优良管材,产品远销湖南、广东等国内众多城市,赢得了广阔的市场,深受东盟各国的青睐。

在苏景昌同志的经营管理下,佳利工贸有限公司和振宁西南薄板钢管有限公司先后解决了500多下岗工人的就业问题,为社会稳定做出贡献。此外,苏景昌同志还带领八桂闽商参与扶贫助学的公益事业。2006年,苏景昌同志和广西福建商会的同仁一起到武鸣府城镇德灵捐建了广西福建希望小学,盖起了教学大楼和学生宿舍楼。他亲力亲为,出现在施工现场,抓好这项公益工程。之后每年逢节日,他还带队去学校给师生们送去所需的学习用品,以表达对八桂大地的深深情意。

十三、周晓斌与他的团队:"潜龙在田"

周晓斌,1976年12月18日出生,属龙,籍贯福建周宁,上海市福建商会副会长。由于家庭条件,比同龄人更早投入到改革开放的大潮中。虽然没有很高的学历,但他从小就拥有做生意的天赋,一路走来积累了丰富的社会阅历。先是两年学徒,后承包县里的小工程,积攒了一身的胆量和斗志,立志要成就一番事业、衣锦还乡。2001年赴深圳做建材生意,2003年来到上海开拓新的事业蓝图,从中深有感触,"小企业,借一万元都难"。在经营企业的过程中,对中小企业发展困境深有体会,同时特有的天分让他对国家相关产业及金融政策有着深刻而独到的理解。2003年创立上海宝滨工贸有限公司,2005年设立上海欣明仓储有限公司,2009年成立上海杨浦华宏小额贷款股份有限公司,现任上海华宏控股集团有限公司董事长。

海华宏控股集团有限公司是一家注册在杨浦区的大型民营企业集团,于2009年12月18日登记注册。集团及所属企业现拥有注册资本5.3亿元,总资产近20亿元,员工500余人。主要经营范围有小额贷款、融资担保、房地产及固定资产投资、现代农业、仓储物流与管理、加工与贸易进出口等。

周晓斌对整个集团的运作及定位有着清晰而细致的经营思路。他提出集团要"以人为本、诚信敬业、敢于创新"的经营理念,对集团提出"重新定义、引领标准"的发展要求,依托集团及股东雄厚的资金实力,不断优化发展战略,完善产业结构,强化经营管理,实现集团的稳健发展。在周晓斌的带领下,集团的经营逐步进入崭新的轨道,今后还将继续提升经营理念,努力实现华宏控股集团的五大品牌愿景——"提升全球视野、崇尚创新能力、融合竞争合作、扶持中小企业、注重人本管理",为经济社会发展做出积极贡献。集团近期获得中国民营企业家协会颁发的"中国优秀民营企业"光荣称号,并被上海福建省商会吸收为"副会长企业单位"。

周晓斌回馈乡野的方式挺特别,华宏控股的主要经营范围里,有项"现代农业"。原因何在?周宁山多水好,灵山秀水育名茶。鼎鼎大名的官思茶诞生于此。1915年5月,由当年福建省实业厅选送的采用官思茶嫩叶制作的福建周鼎兴茶与福安坦洋工夫茶,在巴拿马国际博览会上同获奖章。时任政府官员为之振奋,在《纪实》一书中写道:"今幸巴拿马大博览会审查之结果,华茶获大奖七,获名誉优奖金牌奖约四十,成绩之佳无与伦比,使世人咸晓然于华茶品质之优美。"2000年,在中断、沉寂了几十年后,官思茶荣获中国国际茶博会金奖。两年前,华宏控股在这里包了一片茶叶基地,海拔1300多米,空气湿润,云雾缭绕,极有利于茶叶品质的形成。管理由十几岁就开始做茶叶的郑仙顿负责,于去年起打造品牌。如今,华宏控股把茶叶基地开发好了,即交由当地茶农管,收购时再按市场最高价收购,并精加工,执行每一片茶叶不落地的清洁化生产标准。只不过,如此高端定位的茶,产量有限,华宏控股不再售出,仅为自用和客户专享。周晓斌的想法很简单,回馈家乡。

当然,身为周宁县慈善总会副会长的他,想法并不特殊。周宁在外企业家对家乡建设的支持早已蔚然成风。在2003年周宁提出"劳务强县"的战略口号之前的数年内,周宁在外企业家对家乡的各项建设捐资达500多万元;之后,企业家热爱家乡、回报家乡的热情被进一步激发。仅周宁在沪企业家,仅2004年,据不完全统计,投资县宾馆改造项目和县一中迁建项目750多万元;全县所有行政村的水泥路硬化,得到支持累计180多万;驻沪企业家与家乡400多名贫困学生结对,累计资助50多万元;30位被聘为名誉校长的企业家,为学校捐款捐物达40多万。只是,华宏控股这一片铁肩担道义的情怀,很是"周晓斌":低调,谦和,授人以鱼更授人以渔。

十四、郑龙智——"新生代闽商:创新闯出新天地"

郑龙智祖籍福建周宁,现任上海永翔投资(集团)有限公司总经理,历任周宁县慈善总会名誉会长,周宁上海商会常务副会长,周宁县第六届政协委员,2007年被中共周宁县委、县人民政府授予"热心家乡公益事业突出贡献企业家"荣誉称号。

2002年,郑龙智从泉州华侨大学国际金融专业毕业。意气风发的他,跟随父亲来到上海,成立了上海升晖物资有限公司,准备大干一番事业。

创业之初,郑龙智从最基层的工作做起。从一开始做出纳、财务,跑银行,到后来做采购、营销,四处出差,郑龙智在各个岗位上轮番实践,经受磨练,"因为父亲教我,要做一个公司的老板,只有先熟知了所有的岗位业务,才能交代员工怎么做,才能更好地做好管理工作"。

一开始,公司经营型钢、脚手架等贸易业务。经过一步步的摸索,2003年起,公司开始主营建筑钢材。"当时由于信息不对称,市场上的钢材资源非常缺乏,只要能抢到钢材,就不愁卖不出去"。由此,采购成了公司利润来源的关键环节。于是,郑龙智一头扎进钢材采购员的队伍中去,开始了走南闯北的生活。河北唐山、山西晋城等钢厂较为聚集的地方,一开始也成为郑龙智"主攻"的方向。但这些地方,早已是周宁钢贸商人聚集的老地盘。很多有经验的前辈,出手都相当快,"一般只要谈好价格,就会赶快打款定下钢材",买钢用"抢",这一说法在当时实在不为过。因为只有抢到更多钢材,才能在市场竞争上占得先机。激烈的竞争下,郑龙智虚心向前辈求教,积极地寻求货源,每天最多要跑五六个钢厂。

与其固守原地苦寻机会,还不如开拓一片新领地。有心的郑龙智开始利用网络资源,很快就搜索到,在辽宁鞍山,可能会有一批钢源。鞍山,对于当时周宁的钢贸商人来说,完全是个陌生的市场。但郑龙智还是决定独自前往,一探究竟。初到目的地,郑龙智只发现了一家几乎快荒废的老钢厂,并没有发现新的钢厂。但他并没有泄气,而是与老钢厂的一位销售员攀谈起来,同时决定先收购100吨的钢材,并预先把货款打了过来。经过几天的接触,销售员被这个年轻人的真诚打动了,主动提出带郑龙智去另外几家鲜为人知的大型钢厂。在那些钢厂,郑龙智一次采购到了2000多吨的钢材。这2000多吨钢材,不仅带给郑龙智丰厚的收益,还让他悟出了一个为商准则:"任何时候都要敢于开拓创新。企业要发展壮大,也必须抢占先机,不断寻找新的利润蓝海。如果固守旧有的模式,只能原地踏步,很难有突破,甚至还会被淘汰"。

"有容乃大"——一幅古朴苍劲的篆书,悬挂在郑龙智办公室醒目的位置钢贸生意中,有时遇到市场行情变化,钢材售出的价格会远远低于采购时的价格。每次遇到这种状况,郑龙智从不含糊,总是按照原先谈好的价格将钢材低价出售给客户。这种一诺千金的品格,为郑龙智赢得了越来越多的客户和朋友,也使其广聚人缘,在业内树立起了良好的口碑。

经过一次又一次的历练,如今的郑龙智在商场上显得愈发成熟。在外人看来,有父亲"撑腰",郑龙智创业平台高,大可高枕无忧。但他却说,"我宁愿在坎坷中成长。"因为他始终坚信,只有不断征服困难,自己才能真正地强大起来。

古人云:"涉浅水者见虾,颇深者察鱼鳖,其尤深者观蛟龙"。当前,市场竞争日趋激烈、日益多元化,郑龙智清醒地意识到,钢材贸易行业受市场外部环境影响较大,过于单一的业务模式往往不利于企业的长远发展。唯有寻找新的增长点,发展多元业态的经营模式,才能在市场竞争中立于不败之地。创业和创新的因子再次在他的血液里流淌和激发。在沪创业十年之间,郑龙智暗暗寻找事业新的突破口。

机会始终降临有准备的人。就在此时,郑龙智机缘巧合地遇到了上海普信融资担保有限公司有关负责人。借助上海建设金融服务中心的规划以及国家有关部门对担保行业的整顿,敏锐而又富有前瞻性的郑龙智马上看到了其中发展的契机。站在钢贸看担保,跳出钢贸看担保。钢贸行业的担保公司众多,实力雄厚、竞争力强劲的不少,2010年9月,郑龙智还是果断以上海升晖物资有限公司为主发起人,联合几个股东,收购了上海普信融资担保有限公司,介入担保行业。经过内部清算和规范后,重新注资3亿元资金。凭借他在钢贸圈中十年的沉淀和积累,普信融资担保公司的业务很快就开展得风生水起。短短半年,在保业务已达2.7亿元,成为行业中的后起之秀。2010年底,上海金融办响应国家的政策,开始对全市担保公司进行整改规范,淘汰一些无业务的小担保公司,并对一些资质好、经营管理规范的担保公司颁发融资经营许可证。全市担保公司迎来新一轮洗牌。4月14日,经过上海市金融办层层严格的审核,上海普信融资担保公司最终获得了金融办的重新审核确认。这张证书的含金量可不小,这意味担保行业因为规范监管而获得了更高的行业信用度和银行认同度,也相对应地把担保公司由普通的工商企业提升到了目前的准金融行业。

江山代有才人出。作为闽商的新生代,刚过而立之年的郑龙智正率领着他的经营团队,继承父辈的创富精神,开拓新蓝海,书写新篇章。

第十章

驻福建的外地(国)商会

第一节　驻福建的外地商会

改革开放以来,福建省充分发挥自身各种优势,实施更加开放的沿海经济发展战略,经济取得长足的发展,社会事业日益进步。福建经济社会的发展给全国各地的企业和商人提供了巨大的商机,在利益的吸引下,越来越多的外省企业和商人进入福建经商。为加强联系、扩大交流、联系乡谊等,他们纷纷组建商会,外省在闽异地商会因此也蓬勃发展起来。

一、主要分布区域

截至 2010 年底,福建省有 9 家省级外地驻闽商会,分别是福建省江西商会、福建省浙江商会、福建省安徽商会、福建省四川商会、福建省湖北商会、福建省重庆商会、福建省陕西商会、福建省广东商会和福建省湖南商会。其中一家在泉州,四家在厦门,四家在福州。

表 10-1　驻福建的外地省级商会统计表

商会名称	成立时间	所　在　地
福建省江西商会	2006 年 4 月	福　州
福建省浙江商会	2007 年 2 月	福　州
福建省安徽商会	2008 年 1 月	泉　州
福建省四川商会	2008 年 5 月	厦　门
福建省湖北商会	2008 年 11 月	福　州
福建省重庆商会	2008 年 12 月	厦　门
福建省陕西商会	2009 年 4 月	厦　门

续表

商会名称	成立时间	所在地
福建省广东商会	2010年4月	福州
福建省湖南商会	2010年8月	厦门

福建省江西商会于2006年4月22日在福州成立,是在福建省成立的第一家省级外地商会。福建省江西商会由江西省人民政府驻福建办事处牵头,由福州、泉州、南平、三明部分江西籍企业家发起,由在福建的江西籍企事业单位的法人代表自愿组成的民间性的、非营利性的民间社团组织。经过6年多的发展壮大,在历经三届理事会的努力经营下,截至目前,福建省江西商会已经发展成为拥有70余家副会长单位、近500家会员单位,在福建省内实力首屈一指的省级异地商会。商会通过多种形式的日常活动组织商会成员团结协作,携手并进,加强凝聚力,为会员提供更加丰富、更加有效的服务。

浙商是中国人数多、分布广、影响大的经营者群体。福建与浙江"山水相连,人缘相近",自20世纪60年代初就有大批浙江人移民福建省从事手工业作坊和经商等,目前福建约有60万浙商大军。哪里有市场,那里就有浙商,浙江经济发展模式在"海西经济区"建设实践中,不断得到创新和发展,为福建经济的建设做出引人注目的贡献。为给60多万在闽浙商提供服务,把以工带商的"小商品、大市场"经济的企业自律引向行业自律,2006年底,福建省浙江商会在浙江省政府驻福建办事处、经济合作交流办公室召集与筹划下,由福建省民政厅批准于2007年2月6日在福州成立,是全国成立的第二十七家省级浙江商会。目前,在闽浙商有60多万人,福建省浙江商会直属个人会员和团体会员中,浙商企业数有1900多家。当好沟通闽浙两省政府与福建浙籍民营企业家、发展闽浙两省和台湾海峡两岸经济的桥梁与纽带,是福建省浙江商会义不容辞的历史责任。

作为中国商业鼻祖和中国十大商帮之一的徽商,以"源远流长,贾而好儒,贾儒结合"名扬天下。几百年前,徽商参与了福建地区的"海上丝绸之路"、"互市"等重要经济活动,如今安徽"新商会"遍布福建各地。据不完全统计,在福建地区的安徽籍人士有80万之多,其中创办的企业达到千家之数,"新徽商"近年来在福建地区创业投资已经超过100亿元,主要是在纺织、服装、建材、鞋业、电子、贸易、旅游、印刷、广告、文体用品和流通行业等,为福建地区经济的发挥了一定的作用。福建省安徽商会于2008年1月在泉州成立,其目的是为"新徽商"与福建商界创造多种合作渠道,加强与在闽安徽籍人士之间联系,促进福建和安徽的经济互动发展,开展多种商贸洽谈、展销会、交易会和联谊活动,提供信息、科技、管理、策划、法律维权、融资、咨询等服务,让安徽省驻闽经济、服务组织及个人从此有了自己的家。从成立起,福建省安徽商会就致力于让聚居在福建这个创业热土上的"新徽商"更加紧密地团结在一起,发扬"徽商"精神,弘扬"徽商"文化,和"闽商"取长补短,加快发展,并就此搭建闽皖两地交流沟通的新平台。

福建省四川商会于2008年5月17日在厦门成立。商会从最初的酝酿、发起、倡议、筹备到正式在福建省民政厅登记,前后历经五年时间。借改革开放的东风,遍布在八闽大地的巴蜀儿女,继承四川人敢闯、敢拼、敢干的精神,白手起家,靠勤劳创下了自己的一番事业,他们的发展史,真实地记录了川商在福建的奋斗历程。商会的建立标志着川商在福建各自为阵、单枪匹马奋斗时代的结束,讲团结、求发展的新川商时代已经来临,商会是川商在福建共同的家。目前在闽川商创办的企业近5000家,涉及数十个行业,其中发电设备、航空电气、建筑石材、物流供应链、空间资源、工业设计等行业的数家企业已跻身全国同行业龙头企业行列,具有一定规模川商企业超过600家。已加入商会的会员平均年龄不到40岁,会长办公会成员中,本科以上学历占80%以上,这是一个朝气蓬勃、充满竞争力的川商群体。

据不完全统计,截至2007年底,至少有10万湖北人在福建境内工作和创业,其中注册资金50万元以上的湖北籍企业已就有近千家。为进一步凝聚湖北商业界精英,整合在闽湖北商人的资源,维护湖北商人合法权益,提升湖北商人形象,构筑商政联系沟通的平台,谋求企业共同发展,促进鄂闽经济繁荣,在闽湖北企业界人士和闽鄂两省政府的支持下,福建省湖北商会于2008年11月8日在福州正式成立。成立后的福建省湖北商会,秉承章程及办会宗旨和业务范围,热诚服务广大会员和在闽楚商,并利用商会这一平台,创造性地开展工作,积极发挥"新楚商之家、信息平台、维权机构、政企桥梁"的功能,为繁荣海峡西岸做出努力。

重庆市地处内陆,在祖国的大西南,山清水秀,人杰地灵,是一座融合了现代化又保留着老一辈革命气息的工业城市。重庆市工业基础雄厚,水陆空交通发达,具有雾都、桥都之称。在福建创业的重庆人也非常多。据不完全统计,在福建的重庆商人、企业工作人员约20万余人,是一支新生力量。福建省重庆商会成立于2008年12月20日,在谭卫东会长的带领下,经过4年的发展,从创立之初仅有40名会员,增长到了200多名,其中不乏许多非常出色的企业家。重庆商会的成立成为渝商联络乡谊、资源共享、优势互补的桥梁,对加强两地之间的信息、经济、文化交流搭建了一个良好平台,也促进了福建和重庆东西两地经济的互通和共赢,将有助于海西建设发挥更大的作用。

陕西是中华文明的发源地,有着丰厚历史积淀。秦岭渭水养育了不畏艰险、奋力拼搏、勇聚潮头的新秦商。在建设和谐社会的前沿,全国各地陕西籍人士已达上百万人,创办的企业逐渐发展壮大,涉及各个领域。福建省陕西商会是在陕西省和福建省人民政府与在福建的秦商大力支持下于2009年4月在厦门成立。加强交流、互通有无、合作共赢是福建省陕西商会的重要使命。商会自成立以来,始终坚持把"发展陕商、做好社会服务"作为己任,积极开展工作,充分利用商会"平台",瞄准市场,不断捕捉商机,在建设和谐社会的热潮中,勇于开拓创新,高水准地发挥好职能作用。作为西部大开发的桥头堡,陕西面临着新的发展机遇,福建省陕西商会注重于整合现代秦商在福建省各地的各种资源,加强与当地政府、兄弟商会和企事业单位的交流与合作,凝聚智慧和力量,发挥陕西在技术、人才、自然资源等方面的整体优势,对接"建设和谐社会"的历史发展机遇,促进两地经济社会的繁荣与进步。

由福建福晟集团有限公司等多家粤籍在闽企业提议,在广东省人民政府驻武汉办事处、福建省民政厅和福建省经济社团联合会的指导支持下,福建省广东商会经过近一年的酝酿和筹备,于2010年4月8日在福州正式成立。福建省广东商会现有企业或个人会员80多家,商会将始终以"服务会员、服务广东企业、服务政府"为宗旨,弘扬"务实平等、勇于创新、兼容并包和灵活应变"的粤商精神,充分发挥"联谊、促联、维权"的作用。同时,商会将坚持团结兴会、服务立会、制度管会、实体强会的发展思路,不断增强商会的凝聚力和影响力,全力维护在闽粤商的合法权益,团结和凝聚在闽粤商,积极融入福建、服务福建,共同提升粤商品牌在福建的影响。致力搭建会员与会员、商会与行业、商会与政府相互沟通联系的桥梁,促进广东与福建两省之间的经济联系和合作,为粤闽两地的经济社会发展做出贡献,为广东增光,为福建添彩!

福建省湖南商会于2010年8月26日在厦门成立,这是湖南在外地成立的第36家省级商会。近年来,随着海峡西岸越来越突出的战略地位,许多湖南人前往八闽大地打拼创业。据不完全统计,目前有近60万湖南人在福建办企业、经商、务工;在福建的湘企约有3000家,主要分布在厦门、泉州、龙岩、漳州、莆田、福州等地,从事卫浴、石材、建材、光电等行业。其中,资产上千万元的有100多家,资产上亿元的有10多家。如福建省湖南商会会长单位厦门松霖集团生产经营卫浴产品,产品主打国际市场,2009年已实现产值20亿元。在湖南商会成立前,在闽的湘商已先后在厦门、龙岩成立"湖南经济文化促进会"(经济社团),在泉州、漳州、福州成立"湖南商会筹委会"等组织。湖南商会的成立,使在闽湖南企业和商人有了自己的交流合作平台,为促进资源商机共享、调解矛盾、协同发展以及湘商在海西建设中发挥重要引导作用。

此外,还有福建省山东商会、福建省山西商会、福建省吉林商会等在有序筹建之中。随着福建省社会经济的进一步发展,相信会有更多的驻闽外地商会成立,为促进海西的建设与发展做出更大的贡献。

二、驻闽外省商会与福建在商贸上的联系

商会是市场经济运行发展的必然产物。商会是在市场经济条件下实现资源优化配置不可或缺的重要环节,是实现政府与商人、商人与商人、商人与社会之间相互联系的重要纽带。商会在团结、联系、帮助、引导广大会员合法经营,扩大联系,增加交流,帮助中小企业开展业务,加强管理水平,提高竞争能力,促进企业做大做强,同时加强与政府有关部门和社会各界的联系。外地商会都具备商会的这些功能。驻福建的省级外地商会会员企业涉及行业众多,有着丰富的人力资源、财务资源和信息资源,它们扎根福建,与福建有密切的商贸联系,为福建的社会经济发展做出了很大的贡献。

江西是福建广阔的腹地,福建是江西主要的出口口岸。目前,有70多万江西儿女在福建务工、经商,其中的佼佼者,办起1000多家各类企业。据了解,在闽的赣企资产上千万元的有50多家,上亿元的有13家。在此基础上建立的福建省江西商会已经发展成为拥有70余家副会长单位、近500家会员单位,在福建省内实力首屈一指的省级异地商会之一。福建圣农实业有限公司、福建新吉福企业有限公司、荣誉酒店集团就是其中的著名会员企业。福建省圣农实业有限公司是农业产业化国家级重点龙头企业,作为"全国

优质肉鸡科技产业化示范基地"(中国农学会考评),始建于1983年4月,法人代表是农业部"全国乡镇企业家"、福建省工商联副会长傅光明先生。圣农实业是集贸工农、产加销为一体,是福建省规模最大的出口创汇型肉鸡养殖加工企业,全国500家最大私营企业排名第136位,是国际百胜餐饮集团肯德基公司大中国区长期冻鸡供应商。公司占地面积4700亩,资产总额3.62亿元,下辖三个子公司,60个生产场、厂,员工2030人,2002年完成总产值5.2亿元,销售额3.1亿元,从1997年以来连续4年被福建省农业银行评为AAA级信用企业。

据福建省安徽商会资料,目前在福建的安徽籍人士达80万之多,创办的企业有几千家之数,投资创业已逾100亿元,主要涉及纺织、服装、建材、鞋业、电子、贸易、旅游、印刷、广告、文体用品和流通等行业。仅在泉州地区的"新徽商"就有40万之多,近年来创业投资已经超过40亿元。根据福建省浙江商会2011年对五百多家大中型浙商企业的不完全统计,他们在福建投资总额超过1千多亿元人民币,年营业额超过600亿元人民币。就宁德地区而言,闽浙高速公路通车不到五年,浙商在那里的投资就超过200亿元人民币,产值超过500亿元。而在2007年底,已经至少有10万湖北人在福建境内工作和创业,其中注册资金50万元以上的湖北籍企业已就有近千家,总注册资本数十亿元,年销售额过百亿元,其中产销额亿元以上的至少有10个,行业涉及电子科技、建筑建材、房地产、餐饮娱乐、医疗保健、金融证券、文化教育、法律咨询、交通物流等多种行业和领域。

福建省广东商会是2010年成立的新商会,现有企业或个人会员80多家。它的发起企业福建福晟集团有限公司是全国知名企业。福晟集团是一家涉及地产开发、建筑施工、金融投资、建材生产及贸易等众多领域的大型综合性集团,下属有福建六建集团、广东云星集团、四川福晟集团、湖南福晟集团、香港福晟集团、天津钱隆基金公司等百余家子公司,总资产200多亿元,员工3500多人,业务横跨广东、天津、福建、四川、湖南、江苏、江西、广西等省市,现已成为中国最具活力和最具前景的综合性集团公司之一,品牌价值逾32亿元,是中国房地产百强企业之一。集团创始人、董事局主席潘伟明先生自1993年辞去镇长职务投身实业界,历时20年,其所带领的企业为社会解决了近20万人次的就业问题,上缴利税数10亿元,他本人也获得了社会各界的广泛赞誉和认可。

在加强福建与各地的商贸联系,在闽外地商会也发挥着很大的作用。外地商会的建立,不仅加强了商会内部会员之间的经济贸易联系,还是联结企业与政府的桥梁,是促进两地交流合作的纽带,在加强经济方面的沟通以及创造更多的合作渠道、促进两地的经贸发展发挥着重要作用。如福建省安徽商会成功协助举办"2009安徽－福建经济贸易合作洽谈会"等活动,促进安徽和福建的经济发展互动,加强两地之间的经济贸易与合作。此外,各外地商会在促进会员企业合法经营、公平竞争、科学发展等方面也有显著的成绩,对于促进福建地区经济贸易秩序良好发展也发挥了很大的作用。

综上所述可以看出,驻福建省的外地商会对福建的社会经济发展作了很大的贡献。在闽外地企业数量日益增多,投资不断增大,上缴税收也不断增多,是所在地经济发展的重要推动力。同时,大规模企业的兴建也解决了大量的就业问题,对社会的良好有序发展也起了很大的作用。

三、典型人物

(一)福建省江西商会会长刘群仙

刘群仙,江西永新县人,福建省江西商会会长,1994年注册创立福建新吉福企业有限公司。福建新吉福企业有限公司是一家完全按现代企业制度创立的集生产、采矿、加工、销售与进出口贸易于一体、集团化管理的综合性民营企业,总注册资本近三亿元。在总经理刘群仙的领导下,不断调整经营策略、努力拓宽经营渠道,企业综合经济实力与营业收入连年攀升,已成为福建省重要的纳税大户之一。自2001年以来,公司连续被中国企业联合会评为"中国名优企业",被福建省企业评价中心和福建省企业评价协会评为"福建省第三产业百强企业"、"3A信用单位",并多次被福建省统计局评为"省诚信单位",被福建省质量管理协会评为"先进企业",被福州市国税局评为"诚信纳税大户"等。目前,公司在钢铁生产、加工与贸易,油田与矿产勘探,房地产开发及进出口贸易等领域均保持了良好的发展态势,企业的经济效益与社会效益均创同行业新高,为海西的经济建设与社会发展了做出了巨大贡献。在公司发展、事业有成之下,刘群仙总经理始终恪守"以诚立业、以信言商、以人为本、客户至上"的经营理念,带领公司员工再创新的佳绩。

(二)福建省浙江商会会长林瑞春

林瑞春,浙江温州人,浙江大学土木工程专业毕业,土木工程师,现任福建省浙江商会会长、福建彤春置业投资有限公司董事长。2003年,林瑞春只身来到福州,2004年创立福建彤春置业投资有限公司。企业已发展成全国多范围的地产置业投资、地产开发、建筑装饰、水电能源、生态农业,旅游、融资担保、酒店经营、拍卖行业等多板块、多元化的集团型公司。林瑞春善于把握时代的脉搏和社会发展趋势,从国家政策走向和社会变迁中发现和捕捉商机;以敏锐的眼光和独到的商业感悟,从大处着眼,小处着手,在平凡小事中演绎出大手笔的项目发展和温州经济模式在海西沃土发展的传奇。林瑞春同志热心商会公益事业,在福建省浙江商会成立伊始就担任常务副会长,积极参与商会"抱团作大项目"、"投资建设新农村建设"等各项活动,主动承担组建含有商会和社会公益内含的投资企业。2009年筹资4000万投资宁德地区水利电站等新农村建设项目。帮扶解困、携手组织投资承办福建八闽浙商融资担保公司、拍卖公司、投资公司等项目,为广大浙商发展生产,渡过世界金融危机做出有声有色的贡献。

(三)福建省四川商会执行会长吴明津

吴明津,四川人,福建四川商会执行会长、中国明辉机电有限公司、泰明(中国)电力系统有限公司董事长。明辉机电成立于1997年,在掌门人吴明津的领导下,经过12年的发展,明辉集团已跻身行业前十强,在行业唯一荣登"福布斯2009年中国潜力企业200

强"榜单,拥有包括福建明辉机电有限公司、泰明电力系统有限公司等数家公司,公司注册资本1.5亿人民币,资产总额3亿元,净资产超过2亿元人民币,2008年营业额达6亿元,利税超过5000万,被福州市政府评为纳税大户。公司曾先后被当地政府授予"守合同重信用单位"、"3·15质量诚信企业"、"高成长型工业企业"、2006年福建省用户满意产品、福建省用户满意服务证书等资质和荣誉。2009年初,他被中国民营企业研究会主办的民企总裁峰会评为"优秀总裁"称号。这足以证明,吴明津先生是在闽川商创业成功的典范,其麾下的明辉企业,具有显著的代表性,在行业内具有强大的影响力,并具有积极的成长性和生命力。吴明津先生还热心公益事业,因为5·12地震后积极参与赈灾和捐赠希望小学获得"福州市送春风优秀个人"称号。

(四)福建省陕西商会会长邹剑寒

邹剑寒,福建省陕西商会会长、厦门蒙发利科技(集团)股份有限公司董事长。邹剑寒大学毕业后就分配到厦门工作,一次偶然的机会让他与按摩器结下不懈之缘。1996年8月1日,他白手起家,创立厦门蒙发利科技(集团)股份有限公司。创立之初的蒙发利所有工人加起来才几个人,说是一个小作坊也不为过。然而蒙发利的产品2010年的营业收入是17.6亿元,出口到30多个国家和地区。公司下设8个子公司,分布在深圳、上海、福建漳州、厦门等地。公司自成立以来,一直专注于按摩器具系列产品的设计、研发、制造和销售,以"不懈锐意进取,拓宽按摩产品领域;致力产品创新,提高人们生活品质"为己任,一直致力于以适于大众消费的合理价格提供高品质的按摩器具产品,目前已发展成为国内最大的按摩器具制造服务商,为客户提供全系列的按摩器具产品,产品具体型号多达1000余种;产品行销全球五大洲一百多个国家和地区;同时,自有品牌"轻松伴侣"产品销售和售后服务网络覆盖国内各大中城市。"轻松伴侣"按摩器具系列产品以其优良质量和信誉获得"国家免检产品"等荣誉称号。邹剑寒的突出才能和业绩,使他在2007年被全国工商联等单位授予"中国优秀民营科技企业家",被中共漳州市委、漳州市人民政府授予"2007年度经济建设功臣"荣誉称号;2008年11月获得中国民营科技促进会颁发的"民营科技发展贡献奖";2008年12月荣获"厦门市第二届优秀企业家"。

(五)福建省湖南商会会长周华松

周华松,福建省湖南商会会长、厦门湖南文化促进会名誉会长、厦门松霖集团董事长。周华松出生于湖南衡阳,1985年考入衡阳医学院(现南华大学)临床医学专业,1990年毕业后进入卫浴行业,1994年即创办了松霖集团。经过十多年的发展,"松霖"已成为国际卫厨产业界技术领导性的专业厂商,专业从事淋浴系统集成软管花洒终端、精密水龙头、电脑马桶盖、即热热水器等产品的研发、创新及制造,客户均为世界五百强以及行业的领袖财团的顶级品牌企业,分别有美国Masco集团、美国富俊集团、美国科勒、日本TOTO、西班牙roca等。在视创新为企业生命力的周华松的率领下,松霖集团现已有专利160多项,每年还新增20～30项专利,在世界同行业排第一,年产值十多亿人民币。而周华松也凭借自己在中国乃至世界卫浴行业领军地位在首届"中国杰出湘商"中占据重要一席。为了鼓励创新,周华松还专门设有"创新失败光荣奖",让创新深入到每一个员工的骨髓里。他的企业一年拥有的发明、实用新型、外观专利超过200件,在福建省当仁不让名列首位,在全球同行业遥遥领先。他将"通过对水终端更佳解决方案的不断实现,推动人与水的和谐共生"作为企业的终生使命他代表湘商,站在全球卫浴行业的制高点上,在与国际对手的对话中一骑绝尘。

除追求公司发展外,周华松还致力于公司环境和文化建设。徜徉于厦门市海沧区松霖科技园,绝对是一件令人爽心悦目的事。4万平方米的范围内,触目皆是观赏木与果木。观赏木都是各种名贵树木,果树则有荔枝、龙眼、菠萝、杨桃、杨梅、枇杷等几十种。它们栽种在不同的院落,间隔出不同的区域,这些区域又被赋予了不同的名称:创新广场、技术广场、客户广场、人文广场。这四个广场,代表了松霖集团企业文化的核心内涵——以人为本关爱员工,给员工提供无障碍进行创新的环境,以不断创新的核心技术保证企业的绝对领先地位,从而满足客户不断变化的消费需求。与其说这是花园、果园,倒不如说是文化园,这是一家把企业文化"种"在地上、根植于每一个员工心中的企业。

(六)福建省湖北商会会长陈华贵

陈华贵,湖北荆州人,高级工程师,现任福建省湖北商会会长、鑫楚商投资有限公司董事长、驰铭国际集团有限公司董事长及福建省工商业联合会执委等职。他九十年代初进入福建创业,创办了驰铭国际集团,与全国知名企业及央企联合投资建筑业、房地产业、建材业,并成立了福建驰铭建筑科技有限公司、福建驰铭防水装饰工程有限公司、福州驰铭新型建材有限公司、荆门驰铭防水装饰有限公司。企业成功研制生产了绿色建材"驰铭"牌、"永铭"牌CME系列高分子防水涂料,CMJ系列防水卷材等两大系列20余中产品,在经济性、可靠性、耐久性、环保性、安全性等多个方面具有出色表现,达到国内同类产品的先进水平,先后被国家有关部门授予"中国绿色环保建材"、"全国知名防水材料十佳名优品牌"、"质量过硬放心品牌"、"工程建设推荐产品"等项荣誉称号。企业为专业防水施工国家二级资质企业,并通过了ISO9001国际质量管理体系认证,年产值(含销售)几亿元。陈华贵还热心公益,为家乡捐款扶贫助学、修桥铺路,为政府解决就业岗位数千个,帮助在福建的5000余名湖北籍乡亲过上了小康生活,为福建经济社会发展和城市建设贡献了很大的力量。

(七)福建省广东商会会长潘伟明

潘伟明,广东广州人,现任福建省广东商会会长、广州云星集团总裁、福晟集团董事长等职。一切成功都是源于一个梦想和勇敢者的坚持。对于福晟掌门人潘伟明来说,苦难是人生最好的大学。30年前,十二三岁的潘伟明和他的哥哥俩人一起用稚嫩的肩膀担起了生活的重担。假期里,他们一个卖冰棍,一个卖水果,只为丰富一下这个贫穷的餐桌和填补自己下学期的学费。后来两兄弟都考上大学,毕业后走上了公务员的岗位。创业之前,潘伟明两兄弟当时都在公务员位置上做得挺好,大哥当时在监察部门工作,25岁的潘伟明已经成为从化最为年轻的镇长,生活过得十分滋润。但1993年,凭着一身勇气和胆识,潘伟明毅然辞去公职,与其兄创建了云星集团,短短几年时间在广东开发了包括星河绿洲、夏日港湾在内的30多个地产项目,总开发面积达500多万平方米。潘伟明敢闯且善闯,2004年,他携数亿资金进驻福州,亲手缔造福晟集团。并在2006年大手笔收购兼并重组福建六建集团,凭借16年深厚房地产开发经验,5年积累福晟60亿资产,横跨中国六省七市开发了20多个钱隆系列精品项目,福晟集团成为福建一线知名房地产品牌。

潘伟明对楼市有独到的辨别力和见解,通过多年的成功实践,潘伟明和他的精英团队已形成一套成熟且稳健的项目操作经验:全国拓展但谨慎拿地、快速开发但严格把控产品质量、快速销售但绝不欺骗消费者、未雨绸缪时刻树立危机意识、保证资金链的安全与完善等等。特别是"福晟五不拍原则"、"福晟369模式"等运作方式,被业界称为"福晟地产运作法宝"。2008年,潘伟明在媒体公开提出了"企业健康,才不怕楼市流感"的观点,为房地产行业在危机面前何去何从指明了方向,在业界引起了极大反响,该文也因此被《人民文摘》收录,其后为众多媒体转载刊登,2009年其文章《跨越》也被《人民文摘》收录。

第二节 在闽主要境外商(协)会机构

历史以来,福建就是中国通过海洋联接世界的重要门户,更是世界了解中国的第一站;大量闽籍移民更使得福建在对外开放中有着地缘、亲缘与文缘的优势。截至2010年底,在闽设立商(协)会机构的共有三个,它们是:香港贸易发展局福州代表处、日本冲绳县产业振兴公社福州代表处和欧盟欧洲中小企业服务中心华东南办事处。这三个机构正是福建省在对外经济交流、合作的历史以及现状的三个具有代表性的层面。据陈田爽主编的《港澳台闽籍社团汇编》一书记载,旅港闽人超过100万、社团207个;这种"先天"的地缘、亲缘与文缘关系无疑是闽港两地加强贸易的基础。而日本冲绳县产业振兴公社福州代表处的设立更是对历史上福建与琉球友好关系的延续。我们知道,福州是明清两朝近500年官方唯一的"通琉球"港口。直到1872年,日本宣布琉球群岛是日本的领土,结束了其与日本的朝贡关系,设置琉球藩,封琉球国王尚泰为藩王,正式侵占琉球。古琉球国就是今天的日本冲绳县,而日本学者木下尚子所主持的研究"13—14世纪的琉球与福建"(2005—08年科学研究补助基础研究A−2研究成果报告书,研究课题编号17251007)更是将琉球古国与福建的海洋贸易关系远追至13—14世纪的宋元时代。这种长期的海洋贸易不仅带来了中琉不同物产的交流,更带来人员与文化的融合,这也正是2000年,遗留在今天冲绳县那霸市的琉球古国遗址被列入世界文化遗产的背景。而欧盟将"欧洲中小企业服务中心华南办事处"设在福建更是富有深意,一方面是今天的福建以民营企业的发展、中小企业的成就树立起中国工商业的一面旗帜;另一方面,在前工业文明时代,"福建制造"的茶叶、淘瓷、漆器,还有文化产品"建本"都是欧洲人追逐的"奢饰品"。特别是17—19世纪闽茶在欧洲的流行使得印欧语系中对"茶"之发音依然使用闽方言的借音,这种文缘在今天也是具有特别价值的。

一、香港贸易发展局福州代表处

1995年8月2日,香港贸易发展局福州办事处设立。十年后的2006年,随着工作的拓展,办事处升格为代表处。地址一直在福建 福州五四路环球广场21层11单元。香港大约有1/6的人口是闽籍。福建人对香港、香港人对福建都相当熟悉,具有先天的亲缘与文缘关系。香港的产业始终以服务业为主,差不多有87%属于服务业,而福建以制造业为主,双方可以很好地互补。十多年来,福建不少民营企业通过香港这个窗口走出去、在香港挂牌上市,不仅使得福建民企早早融入全球化的网络,同时,通过香港这一重要的窗口学习提升自己。

香港贸易发展局(香港贸发局,或HKTDC)于1966年根据香港贸易发展局条例(香港法例第1114章)成立,是专责推广香港对外贸易的法定机构,服务对象包括以香港为基地的贸易商、制造商及服务供货商。香港贸易发展局理事会是本局的最高决策层,由19位成员组成,包括香港工商界领袖及政府高层官员。理事会负责策划及监督本局的运作和全球推广活动,同时监督香港会议展览中心的营运。

香港贸易发展局为香港公司缔造商机,促进产品和服务贸易。为有意开拓海外和内地市场的港商提供服务。在世界各地设有40多个办事处,其中12个在中国内地,分为三个区域,一个总部在北京,管整个北方;一个在上海,管中部;还有一个就是华南区,总部在广州。除了三个大区办事处外,设有办事处的有:成都、大连、福州、杭州、南京、青岛、深圳、武汉、西安,等。在福建设立代表处是国内在大区办事处之外较早的。

2007年9月,香港贸易发展局负责福建省推广工作的福州代表处代表吴文慧在接受《东南早报》记者采访时,称:闽企上市欲望强过珠三角地区的企业,福建民营企业对上市和"走出去"的需求比珠三角地区的企业更强烈。福建企业有很强的学习需求,发展到某一个程度就可能不懂得怎么再成长,因此利用香港作为平台可以找到一些可靠的合作伙伴。顺着市场的变化,特别是在打开国内市场方面,吴文慧更是认为:目前是一个转型的时机,香港跟内地在这一点上可以配合,港企不可能自行做内销,肯定要找一个合作伙伴,把一些国际产品带入市场。

应该说,香港贸易发展局福州代表处在服务香港企业在福建发展以及福建民营企业以香港为平台走出去,同时,以福建为孵化区、将香港的企业管理、技术等引进大陆,起到了应有的作用。

二、日本冲绳县产业振兴公社福州代表处

1998年7月9日,日本国财团法人冲绳县产业振兴公社福州代表处成立,其办公地

址在福建福州华林路97号福建冲绳友好会馆5层。该代表处主要代表日本国财团法人冲绳县产业振兴公社在闽开展商贸业务联络与咨询等非直接经营性活动。冲绳产业振兴公社主要是促进冲绳与海外在经贸、投资、旅游等领域的交流合作,该代表处在福建的成立是进一步促进福建省与冲绳县结为友好省的经贸合作工作。而在四年前的1994年10月,冲绳—中国经济交流协会驻福州贸易办事处也开业。我们知道,冲绳与福建的这种渊源是有着深厚的地缘、文缘与亲缘的背景的。

冲绳在古代称作"琉球",历史上与中国特别是与福建省交往密切。明朝洪武五年(1372),明太祖派使者出使琉球,册封琉球国王。第二年,琉球国王派其弟前来中国朝贡。琉球国向中国的朝贡直到清光绪五年(1879)。明太祖曾派遣福建擅长造船、航海等技术的人(俗称闽人三十六姓)移居琉球国。这些福建人同当地人民友好相处,世代共同开发冲绳、并经营琉球与其他区域的海洋贸易。1879年,琉球国被日本并入版图,设冲绳县。第二次世界大战期间,美军占领冲绳县。战后,被列为美军占领区。1972年,美国将冲绳县归还日本。但美军在冲绳仍有基地,驻扎军队。

1992年,为纪念中日邦交正常化20周年,福建省人民对外友好协会和日本日中友协冲绳支部共同举办"中国大陆3000公里徒步行"活动。这次活动旨在发扬先辈光荣传统,增进中日两国人民的相互了解和友谊。活动前后组织近200名日本青年沿着600多年前琉球国进贡使的进京路线,从福州出发,分段徒步或乘车、船前往北京,途经南平、建瓯、浦城和浙江、江苏、山东、河北、天津等省(市),全程3000公里,历时2个月,共有40人走完全程。其实,8年前的1984年10月,由《冲绳时报》组织的冲绳县友好访问团一行54人,沿着祖辈从琉球到北京所走过的路访问了在福建段的厦门、泉州、福州、闽清、南平等地。

1994年10月,由福建省和日本冲绳县合作兴建、象征着双方友好交往历史和美好未来的"福建—冲绳友好会馆"在福州市举行隆重的奠基仪式。

1995年1月3日,"罗江"号轮首航厦门—那霸—博多。通过这条航线,福建向冲绳县出口渔船、河砂、花岗石、花苗、茶叶等,进口冲绳县旧报纸、泡盛酒、铁树种子等。

1997年3月12日,由冲绳县政府、琉球新报社和日本航海训练协会联合推出的仿古进贡船——"海星"号帆船抵达马尾港。同年,日本NHK冲绳支局记者在福州、泉州等地拍摄题为《亚洲的琉球史——海洋国家的兴亡》电视专题片,主题反映福建与琉球友好交往的历史和现状。

1998年7月,应时任福建省省长贺国强邀请,冲绳县知事大田昌秀、议长友寄信助率领冲绳县友好代表团一行140人访问福建,参加福建—冲绳友好会馆竣工典礼。友好会馆共14层,总建筑面积13.6万平方米。4～7层设有福建—冲绳友好历史交流展馆、冲绳县物产展室以及冲绳县驻福州办事处等。

这种广泛、深入的交流自然带来商业机会的共享,截至到1998年,冲绳县在福建省兴办南安县金涛草制品有限公司、福州星光石材有限公司、南安菊沅实业有限公司、惠安鑫滕实业公司、厦门北进食品有限公司、福建四季红花卉有限公司、福建连江桃园体育娱乐公司、福州温泉高尔夫球场、东山丸善食品有限公司、福州丸善食品有限公司等10家企业,总投资465万美元。

三、欧盟创新投资中心(EEN)中国华东南办事处

欧盟创新投资中心(EEN)在中国的第二家分支机构"中国华东南办事处"于2009年12月7日在福州成立。

欧盟欧洲企业服务中心(Enterprise Europe Network,EEN)由欧盟委员会创立,是旨在为中小企业提供技术创新、经贸支持等服务的标志性机构。该机构在欧盟40多个国家内设立了600多家办事处,拥有3000多名各行业的专家及专业人士,为促进中小企业的经贸合作、技术交流与合作提供专业的咨询于服务。

欧盟欧洲企业服务中心中国华东南办事处是经欧盟委员会授权,在中国成立的第二家欧盟创新投资中心的分支机构。该办事处以福建省贸促会为协调单位,工作区域为中国东南沿海经济最为发达的福建、浙江、广东、海南及广西。工作宗旨为开展新技术、新项目的合作与交流,以整合资源,促进区域经济合作,科技交流。办事处的成立,对于促进相互了解和往来,不断挖掘中国和欧洲各国企业之间的合作潜力,帮助东南沿海区域的中小企业发展,开拓市场,引进资金、产品、技术和人才,推动企业与政府之间的良性互动,在中国与欧洲各国中小企业之间构筑起直接交流与合作的桥梁,为中国与欧洲各国经贸关系的全面发展将起到积极的作用。今后,华东南五省企业,特别是中小企业可通过办事处走向国际大舞台。

欧盟驻华代表团副团长溥马克博士表示,此次办事处之所以设在福建:一是因为福建省贸促会的积极争取,二是因为福建与欧盟经贸往来历史悠久,欧盟是福建最大的贸易伙伴,同时,也有很多欧洲企业来闽投资。中小企业就好比经济发展中的基石,代表着明天的繁荣。据统计,中小企业数量约占欧盟企业总数的99%,这点与同为中小企业相当发达的福建颇为相似。中小企业不仅解决了众多人口的就业问题,而且对GDP的增长起到了很大的推动作用。中小企业的发展困难也是有目共睹,为此,欧盟每年都有资金资助。为中小企业提供服务的EEN便会帮助中小企业获得这些资助,并在最短的时间内帮他们获得新信息、新市场、新技术。而从欧盟方面来说,EEN也能使他们最早了解到中小企业的信息。同时,EEN用卫星折射点的概念,把信息辐射到中国、印度、加拿大等世界各地。

"9·8投洽会"对欧洲企业来说,是非常有名的。每年都吸引了很多欧洲企业前来参加。溥马克博士介绍,未来,办事处将为华东南企业特别是中小企业,与欧洲各国中小企业之间构筑起一座直接交流与合作的桥梁。

第三节　福建工商组织与驻福建的外地（国）商会的关系

福建省工商业联合会，又称福建省总商会，成立于1953年5月，是中华全国工商业联合会的地方组织，是中国人民政治协商会议福建省委员会的组成单位之一，是党和政府联系非公有制经济人士的桥梁纽带，是政府管理和服务非公有制经济的助手，具有统战性、经济性、民间性有机统一的基本特征。工商联工作是中国共产党统一战线工作和经济工作的重要内容。

第19次全国统战工作会议，首次提出了"非公有制经济人士健康成长"，并与"非公有制经济健康发展"提法加以并列。"两个健康"是工商联工作的出发点和落脚点，是工商联"三性"结合的集中体现，是实现非公有制经济又好又快发展的有力保障。"两个健康"不可分割，对非公有制经济人士的教育引导也要体现以经济建设为中心，最终落实在促进非公有制经济健康发展上，同时在非公有制经济健康发展过程中提升非公有制经济人士的综合素质，以其健康成长实现自身全面发展。

根据中发〔2010〕16号文件和闽委〔2011〕5号文件精神，福建省工商联工作对象主要包括私营企业、非公有制经济成分控股的有限责任公司和股份有限公司、港澳台投资企业等，私营企业出资人、个体工商户、在内地投资的港澳工商界人士、原工商业者等。

截至2014年6月30日，福建省工商联共有会员149467个，比2013年底增加11371个，增长8.2%。其中，企业会员95375个，占63.8%；团体会员1836个，占1.2%；个人会员52256个，占35%（其中，个体工商户26355个、原工商业者2196个）。此外，县及县以下工商联会员100818个，占67.5%；行业商会会员48305个，占32.3%。福建省工商联共有县级以上工商联组织99个。其中，行政区划的地方组织94个、其他5个。福建省行政区划95个（含金门县），已建立了工商联各级地方组织94个，分别为：省工商联1个、设区市工商联9个、县级工商联84个（设区市辖区工商联26个、县级市工商联14个、县级工商联44个，平潭仍统计在县级工商联中）。已建立工商联组织的非行政区划的地方组织有5个，分别是漳州市常山华侨经济开发区、泉州经济技术开发区、泉州台商投资区、莆田市湄洲岛和湄洲湾北岸管委会。全省各级工商联共有商会组织1729个，比去年底增加123个，增加7.7%。其中，异地商会1007个，占58.2%，增加86个，增加8.5%；乡镇商会253个，占14.6%，增加19个，增加8.1%；行业商会328个，占19%，减少34个，下降9.4%。在工商联所属的328个行业商会中，已登记250个，登记率76.2%。省级工商联16个行业商会、地级市工商联85个行业商会均进行了法人登记，县级工商联行业商会225个，已登记147个，登记率占65.3%。

福建省工商联（总商会）是驻福建的外地（国）商会的业务主管单位，对其活动进行指导。

首先,加强和改进非公有制经济人士思想政治工作。引导非公有制经济人士践行社会主义核心价值体系,树立中国特色社会主义共同理想,树立义利兼顾、以义为先理念,学习、贯彻党和国家的方针政策,发扬自我教育的优良传统,自觉地把自身企业的发展与国家的发展结合起来,把个人富裕与全体人民的共同富裕结合起来,把遵循市场法则与发扬社会主义道德结合起来,爱国、敬业、诚信、守法、贡献,做合格的中国特色社会主义事业建设者。宣传表彰他们中的先进典型。引导非公有制经济人士弘扬中华传统美德,弘扬时代新风,致富思源、富而思进,积极承担社会责任,热心公益事业,投身光彩事业,加强企业文化建设,支持企业党建工作,为基层党组织开展活动、发挥作用提供必要条件。

其次,参与政治协商,发挥民主监督作用,积极参政议政。密切同非公有制经济人士的联系,深入了解他们的意愿和要求,向党和政府提出相关意见和建议。围绕贯彻落实党的路线方针政策,参与国家有关政策、法律法规的制定和贯彻执行,促进非公有制经济市场环境、政策环境、法治环境、社会环境的改善。帮助非公有制经济代表人士提高参政议政能力和水平,积极反映社情民意,有序参与政治生活和社会事务。做好非公有制经济代表人士的发现、培养、推荐和管理工作。

再次,服务非公有制经济。反映非公有制企业和非公有制经济人士利益诉求,维护其合法权益。参与经济纠纷的调解、仲裁。积极探索建立适应社会主义市场经济要求的服务载体和机制,为非公有制企业提供政策、信息、法律、融资、技术、人才等方面服务,引导非公有制企业按照科学发展观要求,加快经济发展方式转变和产业优化升级,推进结构调整和自主创新,不断增强市场竞争能力、抵御风险能力和可持续发展能力。增强与香港特别行政区、澳门特别行政区和台湾地区工商界的联系,促进经贸合作。积极开展民间外交,加强同国外工商界的交流合作,为非公有制企业开展国际合作提供服务。承办政府和有关部门委托事项。组织非公有制企业参与实施国家区域发展战略,为地方经济建设服务,促进城乡、区域统筹协调发展。

复次,促进行业协会商会改革发展。履行社会团体业务主管单位职责,指导和推动商会组织依照法律法规和本章程制定商会章程,完善法人治理结构,规范内部管理,发挥宣传政策、提供服务、反映诉求、维护权益、加强自律的作用,培育和发展中国特色商会组织。参与行业协会商会政策法律的制定。指导商会反映行业发展动态,促进行业健康发展。

最后,参与协调劳动关系,协同社会管理,促进社会和谐稳定。参与协调劳动关系三方会议,同政府部门、工会组织和其他有关企业方代表一道,共同推动劳动关系立法、健全劳动标准体系和劳动关系协调机制,共同研究解决劳动关系中的重大问题,参与劳动争议调解、仲裁。引导非公有制企业依法与工会就职工工资、生活福利、社会保险等涉及职工切身利益问题进行平等协商,签订集体合同。协调处理投资者利益和劳动者权益的关系,引导非公有制企业构建和谐劳动关系,积极创造就业岗位,严格遵守国家相关法律法规和政策措施,尊重和维护员工合法权益,协助指导非公有制企业党建工作,推动其建立工会等群团组织,积极开展活动。

第十一章

福建省异地商会的功能

第一节 福建省异地商会的特点[①]

"异地商会"作为专门术语是2001年出现在工商联的工作报告中,同年,全国工商联系统开始将异地商会这一组织形式纳入统计范畴。根据全国工商联办公厅〔2010〕48号文《关于会员发展和组织建设情况的通报》的数据显示,截至2009年底。全国除青海、西藏、上海、新疆生产建设兵团以外,各省在外私营企业人士都建立了异地商会组织。截至2009年,福建省有异地商会由2002年的31家增加到2009年的444个,占全国异地商会总数的24.9%,是全国异地商会数量最多的省份。其中,省级异地商会有85家,占总数的19.1%;市级异地商会有137家,占总数的32.8%;县级异地商会220家,占总数的49.5%;乡镇(街道)异地商会2家,占总数的0.45%。其中,市、县级异地商会加总357家,占总数的82.3%,可见,市、县级异地商会已发展成为当前福建异地商会的主体。不同级别的福建异地商会是平等、独立开展日常工作的社团主体.在自愿参与的原则下,福建省级异地商会还可吸收福建市级或县级异地商会作为分会组织或团体会员。经过10余年的发展,福建异地商会逐步形成了"分会工作,总会支持;总会活动,分会参与;总会资源,分会共享"的运行机制和网络体系,在会员维权、筹集资金、行业自律、承担社会责任等领域中发挥着越来越重要的作用,成为地方一支不可或缺的治理力量。在全国异地商会排行榜上,闽籍异地商会一直在全国异地商会数量上遥遥领先。

我们认为中国近代意义的商人以及商人集团(阶级)的出现是在突破陆地经济的锁

[①] 本章参考:中共福建省委统战部经济处《论福建省异地商会的十大功能》,《福建省社会主义学报》2010年第2期;李长文:《异地商会管理体制:现状、问题及对策》,《甘肃社会科学》2012年第2期。由于统计口径的差异,关于福建省异地商会的数量有多种版本:全国工商联办公厅〔2010〕48号文《关于会员发展和组织建设情况的通报》的数据显示2009年为止,福建省异地商会444家;而中共福建省委统战部经济处的数据为287家。我们在本书中采用的是全国工商联的数值。

闭式结构、在海洋贸易拉动之下而产生的。"闽商"作为海商之不同与其他中国商帮的特别意义也就在于此。闽商文化最重要的特色就在于它的海洋性,具体表现在开拓、冒险、多元、包容、共享。

唐朝中叶,由于怛罗斯战役(751)的失利与"安史之乱"(755-763)的爆发,黄河流域生灵涂炭,陆上丝绸之路无以为继。中国的经济文化重心由黄河中、上游开始向东、向南转移。地处东南沿海的闽逐渐走入中原文化的视野。唐代,中国行政管理上的市舶司制度为农业大国植入了海洋经济的因素。有唐一代,闽地逐渐形成了沿海经济文化带,并初步出现了以三个主要河流入海口为中心的繁荣区:闽江入海口区域、木兰溪入海口区域和晋江入海口区域。以福建为中心的中国东南沿海成为构建中古世界海洋经贸交通与文化交往的重要枢纽。闽人经商的能力与海洋族群的天性具备了生长为"闽商"群体的时代需求。我们看到,从唐宋元到明清时期,再到改革开放30年,中国经济文化重心共经历了三次"向海"发展的历程。唐开元年间,由于大海带来丰沛的资源和利润,中国在传统陆域经济之外,有了海洋经济的强力补充;明朝时期,东南沿海的闽商冲破朝廷的海禁,传承着"海上陶瓷之路"的荣光,对接起欧洲人开启的"大航海"商船,开启了中国经济的"白银时代";而1978年至今,改革开放让东南沿海的海洋族群闽商推开了中国的南大门,中国经济文化的重心第三次奔流如海。闽籍异地商会所有的辉煌正是中国经济文化第三次"向海"时期应运而生的。

历史以来,福建人就以经商能力著称。改革开放试验区落户闽粤,更是闽人的商业基因再一次获得生长的环境;最早离开福建、到外省打拼的闽人要么在资金上有所积累、要么在市场上有所经验。他们将在改革开放试验区里的所获得的观念与方式带到北方、内地,对于当时的人们来说,这种来自于观念的冲击与生活方式的示范是中国改革开放最为成功的地方。福建省异地商会就在这种示范中不仅成长了自我,也对中国社会的进一步改革开放起到了推动的作用。福建省异地商会与闽商互为品牌,"爱拼才会赢"早已响彻全国。

然而,与蓬勃发展的异地商会相比,国家在异地商会管理体制方面尚有可供完善的空间。让我们看看异地商会的管理体制现状。体制是国家机关、企业事业单位在机构设置、领导隶属关系和管理权限划分等方面的体系、制度、方法、形式等总称。就异地商会的管理体制而言,其组织体系包括中央和地方各级党委、政府及从事异地商会管理或与异地商会管理相关的部门、团体及商会会员;其制度规范包括对异地商会管理相关部门的层级划分、隶属关系、分工、权限和责任规定等。福建省异地商会经历了10余年的社团管理实践,逐步形成了很多自己独有的特点。其中,最为突显的是以下两方面:

1. "两地"管理。同时接受原籍地和创业所在地两省相关部门的管理是福建异地商会管理体制最鲜明的特点。异地商会从发起、筹备到成立大会以及成立之后的会务运作离不开创业所在地和原籍地两地党委和政府及其相关部门之间的支持和相互协调,它们之间有着千丝万缕的紧密联系。据研究者李长文对200家福建异地商会的调查问卷显示。福建异地商会在筹备发起阶段,同时经过两省有关部门批准的占39.6%,经原籍地或创业地有关部门单方面批准的占60.4%。情系"两地"是异地商会发展过程中不同于其他社会组织所独有的特点,一方面异地商会在开展各项活动中要与创业地相关部门发生联系,另一方面乡情纽带又使异地商会与原籍地相关部门保持着多方面关联。反哺桑梓、回报家乡的闽商文化令异地商会成为创业所在地与原籍地紧密联系、协调的桥梁。因此,"两地管理"是福建异地商会管理体制中的首要特点。

2.多重业务主管。据现行社会团体管理条例的规定,现行依法登记的异地商会必须接受社团登记机关民政部门和政府授权的异地商会业务主管单位的双重管理。然而,全国各省的异地商会业务主管单位却五花八门。分散在全国10余个政府职能部门间。同样来自李长文的调查显示:全国各省先后有统战部、工商联、经济技术协作办(经济合作办、合作交流办)、招商引资局(招商促进局)、工业局、经贸局、贸易服务局、发改委、经济委员会、商务厅、扶贫办、侨办、经社联、驻外机构等14个部门为异地福建商会的业务主管单位。其中,以工商联、经济技术协作办(经济合作办)、招商引资局(促进局)三个部门居多。由此,也带来了闽籍异地商会在管理上的一些问题。第一,异地商会管理体制中存在一定程度管理过度现象,主要体现在对异地商会会员的限制。民政部门规定异地商会会员"由单位会员组成,不吸收个人会员",个体会员被拒之商会门外,背离了异地商会的宗旨,影响了异地商会的可持续发展;第二,有部分省、市党委或政府都将异地商会视为原籍地政府驻创业地办事机构。代行了很多额外政府职能。增加了商会负担,极大地削弱了异地商会的民主性、自主性;第三,登记门槛高。2003年.民政部办公厅《关于异地商会登记有关问题的意见》(民办函〔2003〕16号文件)规定:"异地商会登记在省,即只能由省、自治区、直辖市民政部门登记省际投资企业组织的协会、商会。地、县级不得建立异地商会。省级异地商会不设地域性分会。"以上规定给予省级异地商会合法性认同的同时,却将大量富有生机活力和巨大发展潜力的市、县级异地商会拒之门外,极大地影响了其他市、县等行政区域的社会、经济发展。另外,我国纵向上、下行政级别的惯性权威也使行政级别低的原籍地企业在创业地登记成立异地商会更为困难,这种由行政级别带来的登记不公平困扰和阻滞了异地商会蓬勃发展。据福建省工商联提供的资料,截至2009年底.福建省444家异地商会中有200家在创业地民政部门登记,占45%,244家异地福建市级和县级商会未能在创业地登记,占55%,其中有119家异地商会在原籍地政府部门登记,占27%。

中国的社会主义市场建设是一个漫长的历史过程,相信在未来的社会实践中,在调整中发展,在发展中调整;商会与市场经济共发展。异地商会一定会越做越好。

第二节 传承历史与创新机制的功能

一、传承文化历史的功能[①]

闽商是中国最为重要的海商群体。在当今世界上,海外闽商是国际商界的劲旅,国内闽商也再次崭露头角,其快速成长的态势和经济实力已引起各方关注。闽商在国际商界活跃了上千年,其过去的成就和今天的辉煌,都与闽商的历史渊源和文化的传承因素有着非常密切的关系,闽商能在国内海禁与欧洲列强的夹缝之中成长壮大,是中国的海洋文化坚强生长的历史的必然和文化的传承。

闽商的历史文化传统对于当代新闽商来说也是有很大影响的,身处异乡的闽籍商人凭着敢闯敢拼的冒险精神,秉承"善观时变、顺势有为,敢冒风险、爱拼会赢,合群团结、豪爽义气,恋祖爱乡、回馈桑梓"的闽商精神,互相交流协作,互相支援,共同发展,互利共赢。闽商的血源性与地缘性促进了闽商在不同地域、不同行业等的不同程度的自发的联合性和组织性,促进相互间的联系、交流合作与互利共赢等。闽商历史文化传统,不仅增强了异地闽商的凝聚力和活力,还提高了闽商的整体竞争力,促进异地闽商的协同发展。同时,在异地商会集体力量的支撑下,异地闽籍商人可以更有力发挥"爱拼才会赢"的重商冒险精神,在经济贸易中不断取得新成绩。

异地商会还把闽商文化习俗带到了各地。博饼是福建闽南地区几百年来特有的中秋传统活动,是一种独特的分享文化,也是闽南人对历史的一种传承。如今,博饼渐渐向其他的城市扩散,有覆盖整个福建省的趋势;同时通过闽籍异地商会还带到了全国各地。大部分闽籍异地商会在中秋佳节都会举行博饼活动。四川省福建商会正带着福建文化传统向蜀道开拓另一片区域,希望博饼这种分享的文化传统能在四川落地生根,希望所有的川人都可以分享这份快乐,一起感受浓厚的博饼文化。2010年中秋佳节,北京福建企业总商会与各商会秘书处"迎中秋 庆国庆"博饼联谊会在茶业商会会员企业——天丰源茶产业有限公司旗下的六妙茶坊精彩上演。此次活动由北京福建企业总商会主办,茶业商会承办,特邀各商会秘书处以及福建省驻京办等100余名工作人员前来参与。经过一个多小时的角逐,参与此次博饼联谊会的工作人员大多满载而归,安溪商会的吴梅珠更是勇夺状元王,抱走了最高奖项——惠普笔记本电脑一台,并由总商会的郑武秘书长亲自为其颁奖。

许多商会还通过不同的形式在异地传承着闽商的优秀文化。内蒙古福建商会在平

[①] 本节参考廖新平、吴贵明等:《闽商文化特色探究》,《福建商业高等专科学校学报》2006年第6期。

时工作中,把内蒙古、福建两地文化的融合当作商务活动的重要内容来抓,按照"汇闽越之精华,连八方之宾客"的宗旨,商会在每一次组织活动中都没有忘记宣传闽文化。每年一度的商会成立周年庆典和迎新春酒会,是宣传祖居地文化的重要时刻,文艺演出中选唱闽南传统歌曲和地方小调都是会员们的保留节目,每当会员们登台演唱都能引起台上台下的强烈共鸣,将晚会推向高潮。福建会馆的建立更为福建商人提供了会客交流的良好平台,也是地方了解闽南文化的重要窗口,会馆的建筑装潢都按照闽南风格设计建造,造型独特高雅,使人入馆就有来到闽南客家的感觉。会馆的闽南餐饮更是让人回味无穷:佛跳墙、南日鲍等各式海鲜以其色彩绚丽、鲜醇香嫩、烹调细腻、味道奇特、器皿考究将福建餐饮特色表现得淋漓尽致。茶文化是中华民族的瑰宝,更是闽文化的经典,呼闽茶城和福建会馆茶城统领闽南茶文化在内蒙古的传播,将品茶、茶具、茶点,观看茶俗、茶艺融为一体,给人领略闽南小镇古韵风情的美感,也把福建茶文化在内蒙古广袤的大草原上传播开来。

二、异地商会创新机制的功能

异地商会作为工商联基层组织建设的新生事物和特殊形式,还没有规范性文件和政策,也没有可遵循的固有模式,商会工作的落脚点在于加强自身建设,提升工作水平。要切实加强异地商会组织自身建设,就要在发展中逐步规范,在实践中不断创新。各地异地商会虽然做法各不相同,但有一点共同的就是在机制上不断创新,建立健全商会规章制度和运作规范。

北京福建企业总商会成立于2003年,是北京市第一家异地总商会,商会会址在福建大厦,下设秘书处现有9个部门18名专职工作人员,为全国民间商会最大的服务工作机构。七年来,商会在秘书处全体工作人员的有效执行、努力下,紧紧团结和依靠广大会员,坚持依章办会,以服务会员企业、促进会员企业发展为重点,积极开展各项会务活动,努力建设"大商会",不断推进商会持续健康和谐发展。商会还聘请了100多名司厅级以上领导、专家教授担任商会顾问,为商会发展出谋划策,为会员在地方各项工作协调帮助。商会在机制上不断创新,注重加强商会制度化、规范化建设,严格按照制度和工作程序办事,强化对业务流程的管理与监督。第一,建立会员进出机制,对拟任副会长以上会员严把关,由商会人力资源管理委员会(两名常务副会长组成)组织走访考察,报常务会长办公会审议通过;对不履行商会义务和不参加商会活动的会员实行通报公布并视为自动放弃会员资格,取消会籍。第二,建立健全财务管理制、监事会每季度审查一次财务收支制、监事长验收日常财务报销制等,严格财务审批,使财务更加公开、透明。第三,推行会长轮值制、会长常务副会长工作分工制、常务办公会议事规则,充分发挥集体领导效能;实行秘书处工作部门主任负责制、考核奖惩机制、目标责任制、周工作计划落实汇报制等,保证各项工作正常高效运转;实行分会会长担任省会常务副会长或副会长交纳团体会费制,各分会上报的理事、常务理事免交会费制,减少了会员多头参会、多家交费问题,保护各分会发展核心利益。第四,出台《北京福建企业总商会分支机构管理暂行办法》，按照"分会工作，总会支持；总会活动，分会参与；总会资源，分会共享"的工作方针，积极支持各分会开展会务活动，努力使在京闽籍各商会进一步团结起来、活动起来，促进交流合作，携手共赢共荣。经过几年探索，商会已形成了"权利义务一致、决策民主科学、执行顺畅合理、监督作用有力"的商会新运营机制，及省会与各分会合作发展的和谐融洽关系。商会特编辑出版了《商会制度汇编》，不断总结推进商会工作制度化、规范化、程序化建设进程成果。商会还提出建立了"协作、责任、细心、灵敏"的秘书处文化，充实提高秘书处人员整体素质，帮助培训各商会专职工作人员，建设专业化商会工作者工作队伍，不断加强秘书处专职工作人员工作管理，改进工作作风，树立好工作形象，保证商会不断发展的工作需要。

上海市福建商会是最早成立的福建省级异地商会，在上海市和福建省两地政府和有关部门的指导和关心下，在社会各界朋友的大力支持下，按照商会章程所规定的宗旨和任务，办实事，求实效，以"服务、服务、再服务"为基点，以推动发展和引导回归为主线，积极为会员服务。商会不断发展，影响力不断扩大。近年来，商会不断创新规范运行机制，推动商会转型。一是以商会换届为契机，增强商会领导班子力量。2008年11月1日，召开商会第八届会员代表大会，选举产生了商会第八届理事会。推选全国工商联副主席、世茂集团董事局主席许荣茂先生为商会会长，吸收了一大批近几年崛起的闽籍企业中青年企业家充实商会理事会。同时，将原福建省人民政府驻上海办事处副主任、商会会长肖金通选为商会执行会长，主持商会日常工作，商会秘书长及秘书处主要工作人员由办事处干部兼任，完成商会向着"在商言商"的方向转型。二是乔迁三山会馆，与办事处办公分离。商会与黄浦区人民政府三山会馆管理处就共同开发具有百年历史意义的"三山会馆"达成共识，并于9月正式入驻三山会馆办公。作为沪上唯一保存完好的晚清会馆建筑，三山会馆见证了一百年来上海闽商的辉煌历程。商会迁入三山会馆办公，既是对上海闽商历史的完美接续，更是昭示上海闽商未来新一轮发展高潮的里程碑。三是完善财务制度。认真执行年度费用支出预决算制度，商会年度支出预算先通过监事会审核，再提交理事会审议通过。重大活动开支预决算，向理事会作详细报告。四是编辑上海市福建商会《会员通讯录》，将商会简介、章程、机构设置及职能、财务管理制度，会员通讯，福建各市县在沪办事机构、商会等联系方式汇集成册，作为商会内强素质，外塑形象的重要基础工作之一。通过这些机制创新，商会增强了服务职能，为商会和会员企业的发展提供了更好的平台。

山西省福建商会成立于1999年12月，是山西省成立最早的异地民间商会，2004年被山西省民政厅授予"全省先进民间组织"。在十余年的发展路途中，商会不断创新商会工作思路，推动商会工作和商会会员的新发展。一是在组织上创新，努力壮大商会队伍。商会聘请在晋闽籍兄弟商会会长任省商会常务副会长，以此为纽带，把在晋闽商组成一个联系密切的团队；组建专业委员会，按照会员从事不同的行业业务，组建了水暖、阀门、汽配工程机械、茶叶、水产、服装、鞋业、矿业六个专业委员会，通过专委会联系广大会员，支持专委会独立自主地开展工作，把会员紧密团结在商会周围；商会还成立了自己的党支部。商会于2009年12月7日成立了中共山西省福建商会支部委员会，这也是山西省工商联系统中异地商会成立的第一个党支部。商会注意发挥党支部在商会工作中的战斗堡垒作用和共产党员的先锋模范作用,使之成为促进商会工作健康发展的重要力量。二是思想上创新。商会把创建文明和谐单位作为商会思想建设的重要内容。民间组织创建文明和谐单位,是一个全新的课题,党支部成立以后,商会进行了大胆探索。商会成立了以会长为组长,执行会长、监事长、支部书记为成员的精神文明建设领导组,下设办公室,由商会办公室承担创建的具体工作。商会把创建工作列入全年工作计划,制订了创建工作目标及具体工作计划,一年内召开两次常务理事会,研究创建工作,并参加了省直系统文明办主任培训班。商会努力打造创建活动的载体。商会第一在水暖阀门专委会开展行业自律活动,接着在茶叶专委会推广,鼓励引导会员诚信经营,照章纳税,保证商品质量,提高服务水平。商会在会员中大力倡导公民道德建设,争当先进会员。例如在2006年6月,会员吴高明为夺回一素不相识的妇女被抢走的挎包勇追歹徒,不幸被刺成重伤,生命垂危。商会一方面协助医院大力救治,一方面通过新闻媒体、见义勇为协会,大力宣传吴高明见义勇为的精神,在山西、福建引起了强烈的反响,也在会员中树立起学习的榜样。在太原市评选十大诚信模范活动中,商会执行会长黄文清获得提名奖。三是文化上创新。商会文化体现商会的精神,反映会员的风貌。为了加强商会文化建设,打造福建品牌,塑造闽商新的形象,商会采取了许多措施,取得了明显的成效。商会连续五年在太原汾河举办龙舟赛,专门从福州定制了三艘比赛用的龙舟。这项活动不仅活跃了会员的文化生活,激发了会员团结拼搏的精神,而且给太原人民带来了一道南方特色的文化大餐。商会组织一年一度的青年篮球赛,为年轻会员提供了健康活泼的活动平台。商会还参加了省工商联举办的乒乓球赛,特别在2009年,商会赞助举办了山西省首届"福建商会杯"乒乓球联赛,有力地推动了山西省的全民健身运动。四是工作方法上创新。第一在为会员提供服务上,建立起应急机制。遇到突发事件时,商会领导要在第一时间赶到现场处理。为了加大维权的力度,商会聘请了太原5个律师事务所6位业务各有侧重的著名律师为客座律师,为会员免费提供法律咨询。涉及诉讼收费,以优惠的价格由双方协商解决。第二在拓宽参政议政渠道上,商会竭力为会员参政议政搭建良好平台。商会积极与各级人大、政协、工商联以及其他社会组织沟通联系,向有关部门推荐合适的人选。第三在解决会员之间发生的纠纷时,不当裁判员,当好调解员。商会在遇到会员的纠纷时,坚持"三不"、"三为主"的原则,不偏听偏信,不急于表态,也不为某些外力所左右;坚持在落实有关事实的基础上,以分清是非为主,以调解为主,以耐心说服教育为主。第四积极扩大对外交流。商会保持了与其他闽籍异地商会的密切联系,通过参加活动,互通信息,交流经验,大大增进了乡情友情,互为对方开展业务提供了便利。2007年9月,商会邀请了与台湾断交、准备与我国建交的哥斯达黎加共和国阿拉胡埃拉市政府代表团到商会交流,达成商贸合作的意向。这是民间商会开展的第一次外事活动,具有开创的意义。

贵州省福建总商会自成立以来,不断创新服务理念,充分整合闽商优势资源,拓展企业与政府之间的沟通,增进企业与企业之间的交流,竭诚为会员企业办实事,办好事,努力把商会建设成为企业发展的服务站,经济发展的助推器,招商引资的新载体。总商会成立以来,根据商会章程,加强商会内部管理,建立健全工作制度、重大事项议事等项制度。总商会领导班子不断健全,副会长以上成员已达50多人,商会会员队伍也不断扩大,2010年就发展新会员企业30多家。商会家底越来越厚,资产已超百万。商会认真做好财产、资金的管理,严把财务收支关,做到财务收支一清二楚,一目了然,年终由专职会计师事务所进行审计和评估,上报管理部门进行年审。为了提高总商会的知名度,特编辑《贵州省福建总商会》画册,收集了会员和会员企业宣传资料,介绍主要企业的生产经营情况和企业家基本情况,刊登总商分领导班子活动剪影,介绍贵州省投资环境。画册发送省内外有关单位和部门近千册,让社会各界更加了解贵州省福建总商会。逢年过节,还坚持发送"贺卡"、"挂历",以增进单位间的友谊。由于加大宣传力度,贵州省内各地闽商纷纷要求加入总商会,每天到商会来的福建商人川流不息,有了解信息的,有法律咨询的,有寻求商机的等等。尽管总商会成立时间不长,但知名度不断提高,凝聚力、影响力不断增强。

创新是异地商会发展的根本。"商会一年不创新就没出路,两年不创新就没活路,三年不创新就会是死路。"天津市福建商会会长阮志雄如是说。在现有情形下,要提升商会的工作水平,必须在商会机制上不断创新,建立健全规章制度,如会长办公制度、秘书长工作制度、秘书处工作职责、财务管理制度、人员聘用制度等,并切实贯彻实施,做到制度办会、制度管人。通过机制创新,加强自身各项基础建设,建立良好的工作机制,才能把商会建设好,才能不断提升商会的工作水平,使商会和会员企业和谐有序发展。

第三节 市场经济与组织集成的功能

一、市场经济的功能

市场经济条件下的福建省异地商会,是由在省外从事商务活动的闽籍经营实体为了自身的利益而自愿发起成立的非营利性的民间组织。福建省异地商会在发展的过程中,在凝聚闽商、承接市场、搏击商海、服务海西的进程中发挥着直接作用。社会主义市场经济的发展,又为福建省异地商会建设,提供了强大生机。福建省异地商会既然是社会主义市场经济发展的产物,它就具备了市场经济的功能。在异地商会组织机制下,会员企业通过资源整合,优势互补,使企业获得规模发展,同时通过商会提供的融资服务、市场信息等,解决了企业发展的诸多实际问题。

在异地商会的聚合下,异地闽籍企业可以把力量汇聚在一起,形成一股强大的整体力量,充分发挥优势,获得集体下的规模效益。天津市福建商会成立于2005年,经过5年的历练和发展,商会已拥有福州分会、南安分会、沙县小吃三个分会,共有会员企业2000余家,还有很大部分个人会员。现有近30万闽商在津创办企业数千家,其中阀门、陶瓷、石材、木材、茶叶五大行业占领天津市场的大多数份额,在印刷、钢材等行业也已形成了一定的规模,其中:陶瓷行业,现有注册企业(商家)约1600余家,企业注册资金约8亿元,年销售量近400万吨,销售额约60亿元;石材行业,现有注册企业(商家)约700家,企业注册资金约7亿元,年销售量约4200万平方米,年营业额约33.6亿元;水暖阀门行业,现有制造企业130家,销售代理企业约300家,企业注册资金约16亿元,年销售(生产)额约40亿元;木材行业,现有注册企业(商家)约1500家,企业注册资金约15亿万,年销售量约200万平方米,年销售额约30亿万;茶叶行业,现有注册企业(商家)约800家,零售商家约500家,企业注册资金约4亿元,年销售量约20万担(约2000万斤),年销售额约16亿元。在钢材销售、物流、房地产开发、服装、医疗等行业,天津闽商也取得了很大的业绩。这些企业(商家)大部分是商会会员,在商会的聚合下,通过资源整合,优势互补,取得了越来越大的规模效益。

湖北省福建商会成立于2007年,创会伊始就致力为闽籍企业协调创造一个良好的投资、生产、经营的市场环境,增进信息交流,促进闽籍企业之间的大团结、大联合、大流通、大市场,获得最大的企业集成发展的规模效益。商会现有近3000家会员,在鄂闽籍从业人员近30万人,在鄂投资总额超过2000亿元人民币,年上缴税收超过50亿元。行业涉及公路建筑、船运、集装码头、房地产、建筑建材、软件开发、汽车配件、商贸物流、包装印刷、酒店、食品、娱乐、服装、茶艺、专业市场等领域,涉及近百个行业。在3000家会员企业中,有一批相当实力和初具规模的企业。如制造业:湖北恒隆企业集团、百恒集团、百信集团、湖北合兴包装印刷、湖北福鑫重工、湖北孝感恒安、湖北银鹭、湖北盼盼食品、湖北达利园食品、湖北华鑫实业、湖北源宝矿业等;房地产企业:融侨集团、纵横集团、世茂集团武汉公司、民发集团、湖北龙胜行投资、湖北昆仑房地产开发、利嘉置业(武汉)、武汉青澳置业、湖北佳辰投资、厦门联发地产等;服务业:湖北新闽商投资担保、湖北京鸿基投资、湖北华坤投资集团、武汉星光国际建材城、兴业银行武汉分行、湖北新闽商投资担保、湖北盛辉物流、武汉国际集装箱转运、东亚银行武汉分行、湖北闽泉建筑、中南长城机电市场等。在商会协调下,各会员企业相互促进,大小联合,合力发展,互利共赢。

陕西省工商联闽商商会于2008年12月成立,仅一年多的发展就在陕西省100多家异地商会中名列榜首,已经成为颇具影响力的大会、强会。商会在实践中探索,在探索中前进,始终贯穿着以创新和务实为主旨的工作思路,已形成具有鲜明特色的办会理念。在1100家会员企业中,各会员企业领办和开办的全资子公司,控股与参股公司多达600户以上,已有集团公司和母子公司体制的会员单位超过了50户。据不完全统计,会员企业在陕投资累计已达到850亿元,年销售总额超过1500亿元;提供社会就业岗位30000余个。已经成为兴陕富民,拉动地方经济增长的一支民间投资的重要骨干力量。这些投资几乎涵盖了二三产业的各个方面,在房地产业、商业地产、钢铁生产贸易、建材、服装、木业、超市、投融资、餐饮、娱乐休闲等业界均已形成规模化经营,其中,钢铁经营已占到西安地区2/3的市场份额,钢铁生产、建材经营、商业地产、超市及投融资领域均已处于全省领先地位。与此同时,企业通过自身扩张与互相参股,并购重组等方式,呈现出了规模化、群体化、集团化发展的良好势头。

企业发展要资金,但是对于大部分在外的闽籍中小企业和商家来说,融资问题常是困扰企业发展的重要问题。在异地商会这样的大组织下，发挥集体的信誉优势，使会员企业在融资方面获得了很大的便利。北京市福建企业总商会为解决融资难的问题，筹集并成立扶持中小会员企业发展基金帮助一些会员企业临时急用资金渡过难关；并与兴业银行北京分行、北京银行、建设银行、华夏银行、民生银行等金融、担保机构合作，多方为会员企业发展开辟融资渠道，专门成立融资服务中心，沟通协调为会员企业提供联保联贷等融资方式服务，截至目前共为115家会员企业共融资到12.52亿元，千方百计为会员企业融资牵线搭桥服务。北京福建企业总商会的下属分会北京福建茶叶商会，成立于2008年。商会成立之初就遇到全球经济危机，商会会员面临周转资金不足的严重问题，这多是因为大部分茶企属于小微企业，规模小，固定资产不多，难以从银行获得贷款。2008年6月，在北京福建茶业商会秘书处的推动下，与兴业银行合作，为会员企业发放信用卡。几个月后，商会与邮政储蓄银行推出了三方联保信贷，由三名持营业执照的个体工商户或个人独资企业主组成一个联保小组，不再需要其他担保，就可以向邮政储蓄银行申请贷款，每个商户的最高贷款额为10万元。2010年6月，商会再与民生银行合作，使金融服务实现了批量化、系统化，建立健全商会金融服务体系和理念。同时期，商会还与农业银行展开合作，首次突破了联保贷款中的房产限制；并通过与华夏银行、农业担保公司的三方合作的小额联保将金融服务普惠到全体会员等，为商会会员企业的稳步发展奠定了坚实基础。

江西省福建总商会会及各分支机构积极推动银企合作，帮助会员解决融资问题。2009年11月和2010年1月，商会先后两次组织近百户会员企业参加中行江西分行举办的融资峰会，会后按照"银行＋商会＋企业法人＋会员个人"的融资模式，实行支行与商会对接，帮助会员企业解决融资难问题。2010年8月份，商会与中国民生银行南昌分行共同举办"商贷通"产品推介会，帮助中小会员企业融资。据不完全统计，2009年商会会员通过银企合作获得各种贷款5.91亿元，2010年有望突破8亿元。这些举措，极大地解决了商会会员企业发展的资金问题。重庆市福建商会成立以来积极与重庆市各大银行联系，广泛开展合作，旨在为会员提供实质性融资服务，特别是与农业银行重庆分行的合作，开展了商银合作的新局面。商会会长黄祖仕与农业银行重庆市分行冯行长会面，共同确定推动商会与农业银行开展长期、稳定、良好的合作关系。农业银行将为商会会员提供"一户一策"的信贷业务支持，为中小企业提供10亿元意向性信用额度，并根据实际需求增加信用额度用于商会会员的融资要求。商会积极协调推荐50余户企业与农业银行进行对接，农行已经发放贷款一户，企业十余户正在评级授信，并为会员发放了高额度尊然白金信用卡。

市场信息是企业制定经营的战略与策略，进行市场竞争的重要依据，因此各大异地商会都十分注重市场信息的收集和发布。山西省福建商会是较早成立的省级异地商会，商会把提供经济信息当作重要工作来抓，为会员企业的发展牵线搭桥。商会向会员通报了山西省发改委公布的产业政策与目录，防止会员盲目投资造成损失；通报了太原市古交区建设太原西出口商业集散地的优惠政策；通报了土地招标、资产拍卖、煤矿转让、矿山合作等等经济信息，为会员企业与有关单位洽谈搭建沟通的桥梁。这些信息有的通过商会网站发布,有的以短信、书面方式向会员通报,引起了会员的普遍关注。新疆福建企业联合会积极参与自治区招商引资工作,充分搜集市场信息,为会员企业搭建信息交流平台。商会成立以来,认真落实自治区招商引资和促进经济合作的工作部署,充分发挥桥梁和纽带作用,在组织会员企业开展各类经贸活动中,广泛建立与各地州政府的联系,在促进经济合作交流中做了很多实际工作,为会员企业投资发展搭建了平台。商会为搜集信息,一是组织会员企业参加各地州的经贸活动,促进地区间、企业间的交流与合作。八年来,商会多次组织会员单位参加乌鲁木齐对外经济贸易洽谈会(乌洽会)、中国东西部合作与投资贸易洽谈会(西洽会)、中国国际投资贸易洽谈会(厦洽会)等会展活动,以及在克拉玛依水节、乌苏啤酒节等商贸活动期间,与当地政府进行多方面的联系和信息沟通。二是商会组织经贸考察团或参加政府组织的经贸考察团到各地州实地考察,了解当地的资源优势和政策优势信息,寻找创业计划。八年来,商会共组织考察团先后考察了伊犁州、塔城地区、石河子、吉木萨尔县、阿克苏市、哈密地区。2010年10月份,商会组织了有25人参加的考察团,赴喀什地区考察当地的旧城改造项目,了解当地的投资环境和政府的优惠政策。在参加自治区招商发展局组织的北疆地区经贸考察中,有的企业在乌苏市、阿克苏市、哈密地区、尼勒克县等达成了投资合作意向。三是组织会员企业积极参加各地州在乌鲁木齐举办的招商项目推介会,收集各地的招商项目信息。八年来,在乌洽会期间参加的各推介会达80多次。通过这些措施,商会搜集到了许多市场信息,使商会企业攫取了许多的创业良机,有力地促进了会员企业的投资发展。

除此外,还有一些商会筹集成立投资公司,提供资金、信息等综合性服务。2010年,重庆市福建商会为加强在渝福建乡友的联系,发挥联合发展优势,商会成立了注册资本为五亿元的重庆市闽商投资股份有限公司,旨在通过建立规范化管理的公司模式,树立在渝闽企的典范和榜样,创造一个共同的具有市场化、规范化、合法化运作的发展平台和空间。通过公司的运作,打造福建大厦,构筑闽商在渝永久会所;同时组建一家融资担保公司,帮助众多在渝福建企业解决融资难题,对重庆、福建两省市及商界人士起到良好的促进作用。辽宁省福建商会也计划在2011年集合会员力量成立辽宁闽商投资有限公司。公司计划下辖3个子公司:辽宁宝莱物业有限公司、辽宁闽商咨询有限公司、辽宁闽商担保有限公司。商会希望通过公司的成立扩大闽商的经营范围,为商会会员发展做出更大的贡献。商会投资公司的创立,对于集合商会企业力量共对市场竞争,为商会企业的规模发展走出了一条可行的道路。

异地商会把分散的各地的闽商聚集在一起,壮大异地闽商的整体实力,通过商会联系政企、企业与企业的桥梁纽带功能,整合优势资源,解决会员企业融资、市场信息等问题,实现商会企业的规模发展。各地商会应该创新发展模式,充分发挥市场经济功能,推动商会和会员企业的新发展。

二、组织集成的功能

福建省异地商会始终坚持以服务经济建设为中心,遵循"团结、交流、协作、服务"的原则,健康有序依法开展商会活动,并在商会党的建设和企业的思想政治工作方面发挥了重要的组织集成作用。异地商会加强思想政治方面的学习,坚决贯彻执行党和国家的方针、政策,同时,商会纷纷组建商会党支部,发展党员,加强会员的社会主义思想理论的学习,在经营活动中学习和践行科学发展观,促进会员企业与商会的健康发展。

北京福建企业总商会党总支自2008年10月18日成立以来,积极探索非公有制企业党建工作,努力构建"以党建带会建,以会建促党建,以共建求发展"的工作新机制,开创了"以党总支为中心,以商会活动为主体,以党员会员为骨干,全体会员积极参与"的工作新局面。根据朝阳区委、非公经济工委第二批开展学习实践科学发展观活动的主要精神和部署要求,积极组织动员部署开展科学发展观学习实践活动,2009年9月朝阳区委召开深入学习贯彻党的十七届四中全会精神暨第二批学习实践科学发展观活动总结大会,商会党总支被朝阳区委授予朝阳区基层党建创新奖,并获得1万元的党建经费奖励。党总支领导还先后两次被邀请出席中组部、北京市委组织部召开的两新组织党建工作座谈会,作为党组织典型在会上发言交流,得到了中央组织部部务委员兼组织局局长傅思和的肯定。2010年7月,党总支书记陈春玖被评为"朝阳区群众心目中的好党员",商会党总支被朝阳区委组织部授予朝阳区社会领域党的建设"五个好"示范点单位。同时商会党总支作为非公党建工作典型,被邀请参加北京市委政策研究室、北京市委组织部在朝阳区委组织部的调研座谈会,介绍非公党建工作经验,2009年11月在朝阳区第一届思想政治工作"双优"评选表彰活动中,商会党总支荣获"思想政治工作优秀单位"称号和"共产党员献爱心"活动荣誉证书。商会党总支通过吸收闽籍在京流动党员和党员会员进入,现党员人数共有102人,成立了6个党支部,共已发展入党积极分子11人,北京市委组织部、团市委、市社会工委、朝阳区委组织部、朝阳区非公经济工委、朝阳区团委、安贞街道办事处等各级领导到会考察指导商会党建、团建工作,给予工作鼓励支持。

坚定正确的政治方向,是商会健康发展的政治保障。内蒙古福建商会从成立开始,就把抓紧学习、提高思想政治水平,坚决贯彻党和国家的方针政策,紧跟形势,促进企业发展,作为商会的灵魂工程来抓。商会坚持用最新理论成果指导自身工作,积极组织商会会员学习十七大和十七届五中全会精神,坚持以中国特色社会主义理论体系为指导,认真学习贯彻党的创新理论和国家各级政府的最新政策和决策决议。2010年8月,内蒙古自治区政府颁发了《关于促进中小企业发展的意见》的66号文件和《创业投资引导基金筹备办法》的42号文件两个支持民营中小企业发展的政策性文件。在参加内蒙古党委统战部的传达学习后,商会组织了常务班子成员进一步逐条逐句、严抠细学,并结合会员企业情况进行了分析整理,对比企业享受优惠政策情况做到学好新政策,用好新政策,使会员企业发展受益。2009年9月,商会被列入第三批学习实践科学发展观活动单位,认真参加了民政厅和工商联组织的集中动员和经营交流视频会议等活动,按照"提高思想认识,解决突出问题,创新制度机制,促进科学发展"的总体要求,认真组织商会学习实践活动的开展,扎实开展主题实践活动。商会开展关爱员工、创建"活力和谐企业活动",做到企业增效、干部受锻炼、员工得实惠的目的。在学习实践活动期间,会员企业进一步发展壮大,仅在2009—2010年度就有中诺矿业公司、闽融担保公司、丰瑞房地产、闽商小额贷款公司等14家会员企业开业,为繁荣市场经济做出了贡献,学习实践科学发展观活动也取得了丰硕成果。2010年2月,国家民政部授予内蒙古福建商会"社会组织深入学习实践科学发展观活动先进单位"荣誉称号。商会戴洪九会长说:"商会没有党组织是一种欠缺。"因此,加强党组织建设,发展会员党员,发挥党员的带头作用,也是商会的重要工作,2006年,商会党支部在内蒙古工商联系统28个基层党组中被评为"优秀基层党组"。

自2005年宁夏福建企业家协会党支部成立以来,商会积极做好党支部党建工作,深入开展学习实践科学发展观和创先争优活动,促进协会、党支部共同健康发展。党支部成立以来,先后发展了13名优秀副会长和会员入党,增强了支部党员队伍;改选成立了新一届支部委员会;建立健全制订了"三会一课"、"民主议党员"和"发展新党员"等7项支部工作制度。根据自治区社会组织党工委统一部署和要求,认真深入开展了学习实践科学发展观和创先争优活动。在开展活动中,紧紧围绕"加强支部、协会组织建设,推进科学发展"的总体工作目标,根据会员所需,做好服务工作,做好协会换届工作,推动协会健康快速发展;深入开展创"先进协会、先进党支部、发挥党员先锋模范作用、争当优秀党员"活动,实现"党建促会建,会建促党建"互助合作的机制,促进协会、支部共同健康发展。

中国共产党是中国社会主义事业的领导核心,加强异地商会的党建工作和思想政治教育工作就显得十分重要。通过异地商会的党支部建设工作,发挥支部党员的先锋带头作用,增加党组织与商会会员群众的联系,切实反映会员群众的要求,帮助解决会员群众的实际困难,加强交流与合作,促进商会企业的共同发展。同时,通过党支部可以加强商会会员的思想政治教育工作,学习中国特色社会主义理论,学习实践科学发展观,贯彻党和国家的方针政策。总之,异地商会要充分发挥商会的组织集成作用,加强商会的党支部建设和思想政治理论学习,为商会和会员企业的快速发展保驾护航。

第四节　桥梁纽带与回馈社会的功能

一、异地商会的桥梁纽带功能

充当两地政府与企业、企业与企业之间的经济贸易往来与合作的桥梁纽带是异地商会的重要功能。异地商会的建立和发展壮大,开辟了一条异地商会企业家与政府联络的便捷通道,搭建了"以商引商"、"以商联商"、"以商扶商"的平台。随着社会经济的发展,会员群体的不断扩大,实力的不断增强,异地商会的重点职能已从"三维"(维持联系、维系乡情、维护权益),逐步向"三共"(共求合作、共寻商机、共谋发展)转变。异地商会能及时捕捉会员企业的投资信息,拓宽企业间的信息沟通渠道,加强企业间的合作,形成了企业间优势互补、强强联手的良好态势,同时,异地商会还能发挥企业与政府合作的桥梁作用,引导异地闽籍企业加强与福建省内的经济贸易联系,积极响应"民资回归工程",发挥优势,参与海西建设。

"民资回归工程"已成为福建发展和海西建设的重要渠道,"回归工程"也成为闽籍异地商会发挥政企合作的桥梁和纽带功能的主要方式和集中体现。福建各地积极发挥异地商会的桥梁和纽带功能,积极引导异地闽籍企业家回乡投资发展。福州市自2002年开始就实施"回归工程",市委统战部、市工商联就借助异地商会渠道,积极引导广大榕商回乡投资兴业,实现家乡经济与企业自身和谐发展、互利共赢。据不完全统计,2002年—2009年,福州市榕商民资"回归"项目共计150项,总投资额达441.12亿元,其中上亿元项目达98项,占项目总数的65%,项目涉及纺织、冶金、船舶、光电子技术、新能源开发、房地产、机械、农业、食品、餐饮娱乐等行业。2010年1—3季度,福州市市、县两级共落实榕商回归投资项目92项(含合同、协议项目),投资金额达人民币244.93亿元,美元1亿元。引资项目数和投资额均分别超越了"回归工程"自2002年实施以来前八年的引资项目数和投资额总和(150项,441.12亿元)的一半,显示出"回归工程"在做大经济总量、实现跨越发展中的强势后劲。

在外投资发展的泉州人势众资强,同时也建立了数量众多的异地商会,对在外地发展起来的泉州企业家来说,返乡投资、参与泉州建设不仅是一种"家乡情结",同时也是看中泉州经济对自身企业发展的助力作用。许多事业有成的泉籍商人都把回流资产参与家乡建设当成为他们报效家乡的主要方式,泉州市因势利导,积极促成异地商会企业的"回归工程"建设。2008年,郑州、广东、上海、北京、长春、温州等地泉籍商会20多位企业家回泉州投资50多亿元,涉及印刷、石材、粮食、水暖、鞋业等多个领域。比较典型的有:洛江区籍企业家集资8000多万、占地10亩的企业家大厦已经动工建设;郑州泉州商会会长洪文泽回乡投资1亿创办鸿海投资有限公司;广东晋江商会会长杨金溪投资3000万美金在泉州出口加工区成立金鹰印刷有限公司;温州泉州商会会长黄劲松投资2000万元创办泉州劲松鞋材有限公司。2009年外地泉商掀起了回归创业、支持家乡建设的小高潮,有一批好的回乡投资项目正在形成,有的达成意向,有的首期资金已经到位,有的已经开始动工兴建。其中,投资亿元以上并且已经落地的有5个,投资金额13.5亿元;有明确投资指向,正在洽谈并且进展比较顺利的项目有6个,投资金额8.3亿元;投资意向明确,正在抓紧规划、征地等前期工作的项目有4个,投资金额31亿元,项目涉及物流仓储、制药、创意产业园、大型家装市场等。除了亿元以上项目,各县(市、区)还达成了1千万元至1亿元的项目意向20多个。在泉州投资建设实体企业或者公共设施,有力地促进了泉州的经济建设。至2010年5月底为止,泉州市"回归创业"的有11个项目,累计101702万美元,异地泉商已成为建设泉州的一支生力军。发挥泉州异地商会的桥梁功能,加强"回归工程"建设,引导各类生产要素回流泉州,是推动"泉州人经济"和"泉州经济"互动发展的良方。

上海市福建商会是最早成立的一家省级异地商会,商会心系福建,时刻关注福建的发展。商会通过会刊《上海闽商》及商会网站"上海闽商网"等大力宣传家乡海峡西岸经济区建设,系统地介绍了福建省各地市在建设海峡西岸经济区中的定位和战略,同时大力宣传国务院《关于支持福建省加快建设海峡西岸经济区的若干意见》。自2004年开始,商会与福建省人民政府驻上海办事处联合举办了六届"上海闽商发展论坛",分别以"发展闽商新优势"、"凝聚长三角闽商力量、推进海西经济区建设"、"创新五缘六求文化、凝聚长三角闽商建设海峡西岸经济区"、"上海福建人研究"、"弘扬福建优秀文化、促进海峡西岸发展"、"把握上海世博机遇、促进海峡西岸发展"为主题,在宣传海峡西岸经济区、培育上海闽商文化、塑造上海福建人整体形象方面起到重要的作用。特别是在第五届上海闽商发展论坛上,全国政协委员、全国工商联副主席、世茂集团董事局主席、商会会长许荣茂先生领衔,向海内外闽商发出了《共襄回归倡议书》,鼓励在沪企业在自身发展的同时,身在上海,心系家乡,不忘支援家乡的经济建设。为认真贯彻落实国务院《关于支持福建省加快建设海峡西岸经济区的若干意见》和"共襄回归"的倡议,商会积极组织企业家回省考察。2009年6月15日至21日,商会组织考察团一行共49人,在许荣茂会长带领下回福建省考察,先后赴福州、莆田、泉州、厦门等地深入考察了投资环境和项目,并参加第七届中国·海峡项目成果交易会。七天的回乡考察使考察团受益匪浅,不少考察团成员在考察结束后仍然留在福建,对当地推出的有意向项目进一步进行洽谈,并表示回上海后将把家乡了解到的情况向更多的企业宣传,动员在上海的闽商都来为家乡发展出力。

北京福建企业总商会始终以服务北京和福建发展为己任,成立起就积极引导会员参与海西建设,为福建省的发展做出了突出贡献。商会积极宣传国务院、福建省关于海西建设若干意见及实施方案,响应福建省委、省政府"民资回归工程"的号召,大力倡导和多次组团回乡考察、投资兴业,为加快福建发展与海西建设贡献力量。据统计,目前共有120多家会员企业回乡投资创业,共注资2500多亿元。此外,商会还努力倡导会员企业履行社会责任,积极投身福建省的社会公益、慈善、光彩事业,多年来商会慈善基金管理委员会先后募集资金2500多万元,主要用于京闽两地扶危济困、捐资助学、抗洪救灾和支持福建各地新农村建设等。为此,2010年3月3日,福建省委书记孙春兰带领省四套领导班子专程看望商会50多名会员企业家代表并座谈交流,她高度评价了闽籍企业家们在北京取得的成就,鼓励闽商再创辉煌,积极回乡投资兴业,回报桑梓。

为两地经济往来穿针引线,促进两地经济贸易的交流与合作,异地商会也发挥着很大的作用。例如,泉州商品到河南郑州、陕西西安展销,两地的泉籍商人为展销会的顺利举办做了大量的铺垫和前期工作,赢得了市领导和有关部门的高度赞赏;泉州市及各县市区组团到各地经贸考察,开展文化、艺术交流活动,各地泉州商会都热情款待并提供了各种便利。2004年泉州市委书记、市长到江西宜春承接全国农运会会旗,江西的泉籍商会动员会员踊跃参与,组织400名乡亲到主会场助威,先声夺人,打响了泉州的名气;2007年年底,泉州市政府赴江西南昌参加海峡西岸港口推介活动,江西泉州商会、九江福建商会充分发挥各自的优势,提前介入联系客商等各项准备工作,为推介活动开展提供了有力的保障。省外地区到泉州招商引资,所在地的泉籍商会积极配合当地政府的先头部队,来泉开展前期工作,保证了招商任务的到位和落实。沈阳、青岛、杭州、银川等30多个城市来泉举办招商会,异地商会发挥了不可取代的作用,促使各场招商会圆满成功。沈阳市来泉招商,意向投资就达20亿元人民币,当时的市长陈政高对泉籍商会工作给予高度肯定,并表示商会的工作需要政府支持的,可以直接找市长,并要做到特事特办。

山西省福建商会近年来努力打造政企、企业与企业沟通的平台,组织会员参加各种经贸活动。商会组团参加了三届世界闽商大会,二次闽商聚厦门活动,参加了山西省政府在香港、广州、上海举办的招商活动,并签订了投资协议。商会组织部分会员企业到大同、朔州、忻州、长治、晋中、汾阳、太谷、大寨、大同市新荣区、沁县、岚县等地,了解投资环境,考察投资项目,达成一些意向。商会为厦门市思明区、泉州市、长乐市政府到山西招商引资、引进劳务等牵线搭桥,提供服务。商会还参加了首届东北(国际)陶瓷博览会、第七届中国·南安国际石材博览会、第五届全国陶瓷建材(晋江)博览会,参加了三峡库区、河北张家口、辽宁营口、铁岭、新民、山东东昌等地举办的招商推介会。接待了泉州市民营企业、福建三安集团、新疆米泉市等到山西考察。这些活动,扩大了会员及会员企业的对外交流,提升了与福建省内的经贸联系,得到了许多有益的信息,为企业的进一步发展打下了好的基础。同时,商会通过商会网站、短信、书面等形式向会员提供经济信息,为会员企业的发展牵线搭桥。商会向会员通报了山西省发改委公布的产业政策与目录,防止会员盲目投资造成损失;通报了太原市古交区建设太原西出口商业集散地的优惠政策;通报了土地招标、资产拍实、煤矿转让、矿山合作等等经济信息,为会员企业与有关单位洽谈搭建沟通的桥梁。

此外,许多商会还组织考察团外出考察,发挥功能作用,为企业走出去拓宽投资渠道。2009年4月16—28日,上海市福建商会和香港中华工商业协会联合组织"上海市福建商会赴欧洲八国考察暨参加2009德国汉诺威国际工业博览会"考察团,考察团一行20人先后考察了法国、比利时、荷兰、德国、瑞士、列支敦士登、奥地利和意大利等国,先后拜会了比利时卢森堡省、德国法兰克福福莱美两河地区国际投资促进委员会并座谈,参加了汉诺威工业博览会。考察团成员通过考察、交流与学习,收获丰富,取得了预期的结果。2009年10月11日,受斯里兰卡投资局之邀,商会考察团12人,在肖金通执行会长的带领下赴斯里兰卡进行了七天的商务考察。2010年11月3—15日,应美国马里兰中心邀请,商会肖金通执行会长带商会考察团20余位到美国进行考察,拜访马里兰商务部、马里兰中美科技园、巴尔的摩开发公司,考察巴尔的摩投资项目。同时,商会积极组织企业家到国内城市进行考察,如成都、重庆等。2010年8月29日到9月2日,到吉林参加第六届东北亚投资贸易博览会,并考察了白山、吉林、长春等市,受到了当地政府的热情接待,成效良好。此外,商会还组织会员参加福建省在商会召开的项目推介会,寻找商机,同时为福建省各市县在上海举办项目推介会提供服务。

二、回馈社会的功能

福建省异地商会发展迅速,引导各地企业取得了很大的进步。发展强大起来的异地商会不忘自身的社会责任,积极参与各种慈善公益活动和光彩事业,扶危济困,努力回馈社会。

北京市福建企业总商会努力倡导会员企业履行社会责任,积极投身社会公益、慈善、光彩事业,多年来商会慈善基金管理委员会先后募集资金2500多万元,主要用于京闽两地扶危济困、捐资助学、抗洪救灾和支持福建各地新农村建设等。如组织参与北京市政府倡导的"北京市社会组织服务民生行动",捐资10万元支持"蚁族"群体中贫困毕业生自强就业帮扶和贫困大学生完成学业项目;向福建省委、省政府捐赠1300万元,支持家乡重建家园,修造三明泰宁水南桥,捐建南平延平区建溪学校教学楼;向省光彩事业促进会捐赠60万元,支持福建贫困地区农民发展生产,建设社会主义新农村;向各地市共185名在京闽籍贫困大学生开展捐资助学及会员企业家结对子帮学活动,每位大学生每年获得2000元生活补助金;向第五届特殊奥运会捐赠20万元,支持光彩事业等。商会还积极引导会员心系国家安危、社会冷暖、富不忘本,积极回报社会,先后向四川汶川、青海玉树、西南干旱等灾区通过各级红十字会、基金会等慈善机构捐资捐物达6500多万元。目前,商会正积极与北京市民政局基金处沟通筹备成立北京京华公益事业基金会(公募基金会),解决会员捐资税前扣除发票问题,准备做更多的公益慈善事业。基于商会的突出贡献,2007年,商会被福建省委统战部、省工商联、省光彩事业促进会授予建设社会主义新农村"海西光彩事业行动突出贡献奖"。

江西省福建总商会在2009年、2010年连续两次被国家民政部授予"全国先进社会组织"荣誉称号,是江西省唯一两次获得此项殊荣的省级异地商会,也是福建省唯一两次获得此项殊荣的异地福建商会。商会成立以来,广大会员自觉承担社会责任,积极参与社会公益事业,向灾区和贫困地区送温暖、献爱心,为构建和谐社会做出了自己应有的贡献。据不完全统计,商会及会员捐款超过7000万元,会员人均捐款3万多元。在诸多捐赠活动中,商会是活动的策划和组织者。2008年上半年,我国南方数省遭受持续雨雪冰冻灾害,5月12日,又发生了四川汶川特大地震。2010年4月14日,青海省玉树县发生了7.1级地震,6月份以来,江西省抚州市等市县发生特大洪灾,福建省南平市、三明市等市县因特大暴风雨引发山体滑坡泥石流等特大灾害。这些灾害发生后,商会及广大会员迅速做出反应,齐心协力抗灾救灾。据不完全统计,雨雪冰冻灾害发生后,商会及会员捐款捐物共161万元;四川汶川发生地震后,商会及会员又捐款1200多万元。2010年上半年又为青海玉树、江西抚州、福建南平、三明等灾区捐款近600万元。商会赈灾捐款活动有三个特点:一是领导带头、率先垂范。自然灾害发生后,商会领导立即召开会议,及时部署抗灾赈灾工作,动员和组织会员捐赠,领导带头认捐。在上述5次捐款中,省总商会领导及其所在企业捐款总额超过50%。二是发动广泛,覆盖面广。5次赈灾捐款覆盖了省总商会所属分支机构和广大会员。许多会员不仅参加商会捐款,而且参加社会、参加会员所在地区和行业、参加福建家乡的赈灾捐款活动。三是形式多样,不拘一格。如商会副会长单位英博雪津(南昌)啤酒有限公司,在第一时间已向受灾最严重的抚州地区捐助了20万元。为让灾区困难群众尽快有一个温暖的家,再次捐赠60万元,帮助600户受灾户重建家园。其后,又与江南都市报联合举办"雪津啤酒,情系江西——百万爱心大行动"大型公益活动,三次捐赠总额突破100万元。

抗灾赈灾突显闽商本色,平时公益捐赠同样显示闽商大爱。江西省福建总商会先后组织会员参加了南昌八一起义纪念馆改扩建工程、抗击非典、第五届农运会等大型公益捐款活动。2009年,商会社会公益捐款近500万元。省总商会常务副会长、赣州市福建商会会长林阿龙等会员,为赣州市水东片区马祖岩修复捐款183万元。省总商会常务理事、新余市福建商会荣誉会长陈自辉三年前将价值1000万元的20亩土地无偿献给新余市经济开发区胜利小学,2009年9月25日再次捐款20万元用于该校建设,为当地义务教育发展做了一件实实在在的好事。江西德和集团2009年9月26日在宜春迎宾园奠基仪式上向宜春市捐款100万元建希望小学。正是这一笔笔善款,一件件善事,尽显了广大会员对人民的大爱。

上海市福建商会积极鼓励在沪企业在自身发展的同时,不忘引导会员企业践行社会责任,推进社会公益慈善事业发展。2008年"5·12"汶川大地震发生后,商会立即举办向四川地震灾区献爱心捐赠活动,体现了在危难时刻勇担社会责任的精神风貌。2008年5月16日,在上海外滩茂悦大酒店举办"福建在沪机构、企业、乡亲为四川地震灾区献爱心捐赠活动"。据不完全统计,在沪闽商、在沪福建乡亲已通过不同渠道向灾区捐款超过1.5亿元。世茂集团向地震灾区捐款1.1亿元,其中1亿元用于在受灾严重地区建设100家爱心医院,世茂集团员工还捐款43.5万元。2009年8月8日,受台风"莫拉克"影响,台湾同胞生命财产遭受严重损失。为积极响应福建省工商业联合会、福建省总商会、福建省光彩事业促进会联合发布的《关于组织动员全省各级工商联和广大非公有制经济人士向台湾受灾同胞募捐的紧急通知》,商会特别以短信的方式呼吁全体会员企业对台湾受灾地区和人民进行募捐。

在福建地区,上海市福建商会也致力于家乡的慈善事业,为家乡的建设添砖增瓦。2005年以来,商会每年捐资20万元,用于资助家乡贫困地区小学的教学楼改、扩建,至今已经完成了周宁纯池中心小学、政和念山小学、平和安厚中心小学、连城新泉中心小学、泰宁朱口中心小学、仙游县坑北小学等六所小学教学楼的改、扩建,并命名为"上善楼",受到了当地政府和群众的高度赞扬,并特地送来"情系老区,恩泽未来"、"捐资建校,造福桑梓"等牌匾。2010年,又捐资永泰县城峰镇东门小学教学楼"上善楼"建设。2007年8月,超强台风"桑美"袭击东南沿海。福建省宁德市所属福鼎、霞浦、寿宁、福安、柘荣等县(市)均遭重创,灾情极为严重。9月23日,办事处、商会与福建省文联、中共宁德市委、宁德市政府、福建省红十字会联合主办"情系宁德——福建书画名家赈灾作品(上海)展览"。商会积极发动在沪企业家认购义卖作品,向灾区人民献爱心。在沪闽商积极响应,踊跃认购,共筹善款234多万元用于灾后重建。2010年6月,暴雨横扫福建,持续强降雨致使山洪暴发,地质灾害频发,大量民房倒塌,基础设施损毁。7月7日,商会与福建省人民政府驻上海办事处联合举行了"血浓于水、大爱无疆—上海闽籍各界乡亲向福建灾区捐款赈灾活动",到场人员近200人,捐款气氛高涨。在沪闽商、乡亲纷纷捐款,奉献爱心。据不完全统计,在沪闽商、乡亲通过不同渠道,共向福建灾区捐款1763万元。

此外,上海市福建商会还积极为福建省关爱残疾人事业出力献爱。在《上海闽商》会刊上转载了福建省残疾人福利基金会理事长、原福建省委常委、省军区司令员陈明端将军"致福建各界人士的一封信",办事处与商会联合发出"致《上海闽商》读者一封信",倡议在沪闽商和乡亲有力出力、有钱出钱,一起来关爱和帮助残疾人。商会积极响应"爱在海西、共享福祉"号召,倡导企业家关爱无房残疾人,积极参与支援农村贫困残疾人"安居工程"的资助,携手共筑"福善居"。通过商会的积极宣传,在沪闽商积极响应,助残工作受到了基金会理事会成员的一致好评。

山西省福建商会热心参与社会公益事业,积极参加扶贫济困活动,为构建和谐社会努力做贡献。商会时刻不忘山西人民对商会工作的支持,对会员企业的关爱。在发生自然灾害的时候,商会向灾区捐款捐物,在寒冬到来之际,商会向灾区人民送去温暖。十多年里,商会向山西老区、灾区、贫困地区和家庭困难的大学生捐赠各种善款累计300多万元。2008年5月12日,汶川地震牵动了全体在晋闽商的心,灾区人民的安危冷暖成了商会时刻关注的问题。商会在第一时间以短信发动会员向灾区捐款,并向四川省福建商会发去慰问电。商会多次组织会员参加捐赠活动。据不完全统计,在晋闽商累计向灾区捐款568万元,捐药5000万元,新棉被500床。此外商会还向南方冰雪灾区、福鼎受"桑美"台风袭击的灾民、太原市见义勇为协会、山西省高中生基金会、福建籍残疾人姚吉顺等提供赞助。这一幕幕生动感人的事,高扬起闽商豪侠仗义的旗帜,奏响了回报社会的赞歌。商会还组织企业参加了全省民营企业招聘周活动,安排了一些人就业。2010年玉树地震发生后,商会号召会员积极向灾区捐款捐物,共捐款247.91万元,捐药1500万元。2010年7月,福建闽西北遭受特大暴雨,灾情严重,商会号召会员发扬闽商"恋祖爱乡,回馈桑梓"的精神,向灾区捐款100万元。第五届全国特奥会在福州举办时,商会向组委会捐款20万元,支持残疾人事业。商会还参加了山西省委统战部、省工商联组织的光彩事业"左权行"活动,向老区捐款10万元。商会发出通知,要求会员和企业积极参加"博爱一日捐"募捐活动,并向省城高校闽籍大学生捐赠助学金6万元,累计已达30余万元,帮助贫困学生完成学业。

内蒙古福建商会积极投身慈善光彩事业,树立闽商的良好形象。商会在自身取得发展的同时,自觉地承担起社会责任,注重引导会员企业树立"爱国、敬业、诚信、守法、贡献"的良好形象,充分认识企业家承担社会责任的必要性和紧迫性,积极倡导参与社会公益活动,组织会员参与闽蒙两地的光彩、慈善、公益事业,扶危济困,为政府分忧,为社会解难,为构建和谐社会尽心尽力。最近几年,内蒙古福建商会组织会员参加自治区红十字会博爱一日捐、救助贫困农民、贫病儿童、捐助台湾8·8台风受灾同胞、玉树地震、福建宁德水灾、向小学捐书、向第五届特奥会、向呼和浩特市人大30周年庆典活动等捐款共计达100万元。鉴于商会的出色工作,自治区统战部、自治区工商联授予商会"支援四川抗震救灾先进集体",2010年2月26日,国家民政部授予商会"全国先进社会组织"荣誉称号。

福建省异地商会在谋求自身的发展壮大时不忘身上肩负的社会责任,积极参与社会慈善公益事业、光彩事业,彰显了"合群团结、豪爽义气;恋祖爱乡、回馈桑梓"的闽商精神和新时期闽商的博爱精神,塑造了闽商在新世纪的良好形象,为各地商会和会员企业的发展奠定了深厚的人文基础。

第五节　和谐社会与应对危机的功能

当前,我国法制不健全、政府行为不规范、市场经济机制不完善,某些地区市场意识的滞后和当地民众的排外心态,在外投资创业的闽商企业家不可避免地受到各地一些不公正待遇。作为个体私营企业,在招工、用地、税收、贷款、融资、担保、经营许可、产业准入等方面,与国有企业和集体企业相比仍然处于极不平等的地位,在日常经营活动中甚至有时遭受乱收费、滥罚款、恶意竞争、欺诈等现象。而在当前体制下,这些问题有很大一部分不能及时有效的处理,给企业经营和发展造成许多困难。因此,以组织的力量维护自身的合法权益,沟通、协调与所在地政府之间的关系,创造一个良好的投资创业环境就成为闽籍异地商会发展的现实需要。异地商会是具有自治性、规范性、服务性的民间组织,作为当前一种重要的市场治理和社会利益协调机制,异地商会在政企沟通、营业、竞争、自律和市场经济调控方面起着重要的作用,在参与地方经济事务管理、应对各种经贸危机、创建和谐社会也发挥着特殊的作用。

北京福建企业总商会成立七年来,始终以服务为根本,坚持有为有位,把为会员企业排忧解难、提供服务作为商会办实事的具体行动。商会为会员企业提供项目推介、人才招聘、融资牵线、法律咨询、金融理财、企业问诊等服务,努力为会员协调关系、开拓市场、促进合作、维护权益,使全体会员在商会平台上实现"资源共享、优势互补、相互帮助、合作发展"的愿望。商会如先后为顺义区仁河镇木材市场、丰台区新发地木材市场、海淀区明光村金五星茶叶市场等因经济遭受严重损害请求帮助的会员企业,商会通过开具介绍信,协助取证,撰写诉讼,联系协调有关部门提出合理要求,维护了合法权益,挽回经济损失3000多万元。为解决融资难的问题,商会筹集并成立扶持中小会员企业发展基金帮助一些会员企业临时急用资金渡过难关;并与兴业银行北京分行、北京银行、建设银行、华夏银行、民生银行等金融、担保机构合作,多方为会员企业发展开辟融资渠道,专门成立融资服务中心,沟通协调为会员企业提供联保联贷等融资方式服务,截至目前共为115家会员企业共融资到12.52亿元,千方百计为会员企业融资牵线搭桥服务。七年来,商会共为会员企业开具各种证明、介绍信、函件1800多份,无偿为270多家会员企业提供法律帮助,上门服务190多人次,帮助会员企业牵线搭桥、协调关系、排忧解难共1000多人次,挽回直接经济损失近一亿元。这些举措,很好地解决了企业遇到的经营困难和社会纠纷,对于促进会员企业与当地的互利共赢、促进地方社会和谐发展发挥了应有作用。

北京福建企业总商会下属的北京福建茶叶商会成立之初,恰逢全球经济危机爆发,茶叶企业遭受融资困境,因为大部分茶企属于小微企业,规模小,固定资产不多,难以从银行获得贷款。在如此严峻的经济形势下,商会创新服务机制,与金融机构合作为会员企业提供金融服务,大力解决融资问题。2008年6月,在北京福建茶业商会秘书处的推动下,兴业银行开始走进会员企业,为他们安装pose机,并发放了一些大额信用卡。几个月后,邮政储蓄银行推出了三方联保信贷,由三名持营业执照的个体工商户或个人独资企业主组成一个联保小组,不再需要其他担保,就可以向邮政储蓄银行申请贷款,每个商户的最高贷款额为10万元。之后,在2010年6月,商会再与民生银行合作,使金融服务实现了批量化、系统化,建立健全商会金融服务体系和理念。同时期,商会还与农业银行展开合作,首次突破了联保贷款中的房产限制;并通过与华夏银行、农业担保公司的三方合作的小额联保将金融服务普惠到全体会员。通过商会提供的金融服务,会员企业很好地解决了融资问题,成功地应对了金融危机,谋求了企业的新发展,也使整个茶叶行业获得了和谐、有序、健康的发展。

吉林省福建商会三年来为会员排忧解难,解决实际困难100余件,挽回经济损失800多万元。2009年,一名副会长投资了6000万要建大市场,合法权益遭受有关部门的侵害,一度在闽商中造成很大的负面影响。商会多次出面找到辽宁省委书记、省长以及省环境办公室反映情况,引起当地政府及相关部门的高度重视,省委书记、省长亲自签批责成省纪委、监察厅组成了联合调查组进行调查,使情况有所好转。2010年年初,商会一个木材大市场因拆迁补偿产生纠纷。商会领导积极协调,使市场获得了200万元的拆迁补偿。5月份,一家会员企业在哈尔滨投资的合法权益受到侵害,损失100多万元。商会常务副会长亲自到哈尔滨协调,并及时向两地公安机关报案,使此事得以立案调查。2010年开始,长春市内8个建材市场普遍面临着经营场所搬迁的难题,致使商会会员人心惶惶。春节前,商会会长找到二道区相关领导做了大量工作,使四化桥木材市场延缓拆迁,会员可以过一个安定的春节。2010年6月,陈会长带队到二道开发区等地进行实地考察木材市场新址。此外,商会还把这个问题专门汇报给来商会调研的福建省省工商联王文副主席,同时继续和长春市二道区、高新产业开发区、经济技术开发区、九台市、公主岭市范家屯开发区领导进行协调沟通,帮助会员逐步解决经营场所的问题,最大程度减少拆迁带来的损失和影响。为更有效地监督政府管理部门依法行政,加大商会及会员单位对省市软环境建设监督发言权的力度,商会秘书处协调有关部门,使8个会员单位被授权为全省软环境监测点单位,有73人被聘为全省软环境监督员。

江西省福建总商会成立以来,不断创新服务方式,提高服务质量,当好维护闽商权益的代言人。一是健全机构、完善制度。总商会及各分支机构均设立了维权服务中心,配备了专职人员和法律顾问,制订了相关规章制度并在维权中不断完善,做到会员诉求有人受理、有人办理、处理结果及时反馈。商会会员诉求每年近百起,95%以上均得到妥善处理。二是学法用法,依法经营。商会运用会刊和网站,大力宣传法律法规和党的方针政策;不少分支机构请法律顾问作专题法律知识讲座,帮助会员增强法律意识,预防和降低企业经营与治理过程中的法律风险,受到广大会员的欢迎和称赞。三是结合效能监察,提高维权质量。商会是江西省纪委、省效能办推荐批准的省级优化发展环境监测点,各设区市商会相应成为所在地监测点。履行监测点职责以来,商会自觉地把效能监察与维权服务有机地结合起来,有不少比较棘手的问题,都是通过效能监察得以顺利解决。如鹰潭市一做水果生意的会员企业,赊账卖给该市一政府机关近万元水果。因人事变动,局长换了几任,货款一直收不回来,无奈之下求助省总商会。省总商会监督员向该机关的上级机关纪委反映,很快得到圆满解决。四是有理必争,全力帮助。有一会员在江西省抚州市租店面开连锁店,经营有方,生意红火,出租方找借口提出中止租赁合同。商会听到反映后立即致函当地政府说明情况,请求帮助。一审判决该会员胜诉,对方不甘心提出上诉。该会员再次向我会求助。商会主要领导专程到抚州市向有关领导面陈案情,当地领导非常重视,依法化解了矛盾。这个案子以该会员向对方增付10万元租金、租赁合同继续执行而告终,而增付金额只相当对方最初索要的1/30。五是不分内外,尽心帮助。商会帮助会员尽力,帮助未入会的闽商同样尽心。有一旅美闽籍侨商在江西两地投资近4000万元搞房地产开发,均遭投资风险,权益被侵害。多方求助效果不理想后转辗来到江西省福建总商会请求帮助。商会热情接待,认真听取情况介绍,帮他找问题症结,理清诉求思路,以商会名义为他起草诉求报告向江西省政府汇报。熊盛文副省长为此做出批示,指示有关部门实地调查,妥善处理,保护外来客商正当权益。这个曾投诉无门的问题终于有人问,有人管。商会对广大闽商的热情和处理诉求的能力,使越来越多的闽商对商会作用有了更多的认识,很多闽商就是在得到商会帮助后加入商会的。江西省安福县一闽商被打伤拖延20多天未处理,商会派人到事发地依靠当地政府讨回了公道,这位闽商事后加入了商会并担任分支机构理事。

宁夏福建企业家协会成立以来,为会员排忧解难,竭尽全力为会员企业做好服务工作,始终把为广大会员做好服务,作为协会的基本任务和中心工作。协会帮助会员企业考察联系解决创业投资项目、征地、起草立项报告、协助办理有关证照及落实有关优惠政策;向政府有关部门汇报反映解决会员企业在生产经营中存在的困难和问题、反映企业的各种诉求;向有关部门反映协调解决各种经济纠纷、合同纠纷、案件处理、市场拆迁等方面的问题;聘请了法律顾问,为会员进行法律咨询、出庭诉讼,挽回了经济损失,维护了企业的合法权益。例如贺兰县海峡建材市场拆迁问题。市场是2004年由福建企业投资经批准立项建设的,建成后先后有福建、山东、广东、四川等100多家石材、陶瓷商户入住(仅福建的商户就有40多家,投资近亿元),经过艰难的市场培育发展,已形成辐射周边多省区宁夏最大的建材专业市场。近年来,为银川市、贺兰县上缴税金400多万元,为当地的就业、经济发展做出了贡献。2010年3月23日,贺兰县政府发布了限4月15日拆迁海峡建材市场的拆迁布告,造成市场商户人心惶惶,生产经营、生活受到了严重影响。3月29日,几十名福建商户到贺兰县政府静坐上访。为了防止事态扩大,协会和县政府领导协商,并向银川市领导汇报情况,才避免了市场拆迁给企业造成的经济损失。协会还大力联系解决企业融资问题。经过积极协商,协会进行"银企"合作,得到了银行的支持,使协会、企业联保,两次解决了6家会员企业贷款640万元的融资困难问题。这些问题的解决,为会员企业办了实事、好事,得到了广大会员的好评,真正体现了协会是会员的家。

青海省福建商会是2009年新近成立的省级异地商会组织,商会充分发挥会员的主体作用,在组织建设、服务会员、维护会员权益、回馈社会等方面做了许多富有成效的工作,使商会步入健康发展的轨道。为会员单位服务,维护会员单位的合法权益,是商会工作的出发点和落脚点。商会成立一年来,始终将维权、解难作为商会工作的重中之重。

商会一是提供法律服务。西宁市某钢材管件租赁站与玉树州某公司的租赁合同纠纷案，闽籍商人陈某、艾某与甘肃田丰矿业开发公司合同违约案，商会领导与商会律师都多次为他们免费提供法律咨询和服务，使问题得到妥善解决。二是出具担保证明。因合同纠纷案，先后为某钢材管件租赁站等4户会员企业分别出具了近150万元的担保资金证明，有力地支持了会员企业的诉求。三是妥善处理会员经济纠纷。会员企业雪域同兴加油站从兰州购进柴油350吨被某执法大队扣押，经商会出面协调，使问题得到妥善解决，为会员至少减少损失20余万元。四是主动做好异地闽商的服务工作。四川闽籍商人林某因其弟遭受冤案求助于商会，商会工作人员多次听其诉求，两次派人陪同前往门源县公、检、法等部门联系，说明事实真相，还3次为其撰写上告信，请求相关部门妥善解决。经多方努力，其弟终于被释放。有关警方向他们当面赔礼道歉并赔偿损失费2万元。林某为感谢商会，向商会赠送了写有"贴心服务、闽商之家"字样的锦旗，并主动以异地闽商身份加入商会，成为第一名异地闽商会员。

湖北省福建商会秉承"和谐、合力、贡献、共赢"的宗旨，致力于为闽籍企业协调创造一个良好的投资、生产、经营的市场环境，增进信息交流，促进闽籍企业之间的大团结、大联合、大流通、大市场，以牵线搭桥、广交朋友、广获信息、广拓渠道、广聚财源为目的，发挥在鄂闽籍企业和政府之间的桥梁与纽带作用。因此，商会积极为会员排忧解难，提供实在的可靠服务。商会及时掌控会员企业发展中的困难，发挥省级商会平台的优势，向政府有关部门反映会员及其他在鄂的闽籍工商界人士的合理要求和愿望，维护其合法权益，协助解决会员在企业生产经营中所遇到的困难。对于非会员的闽籍企业的求助，商会也竭力予以帮助，树立商会在闽商心目中的良好形象。同时聘请知名的法律专家为会员提供服务，解决会员在生产经营中发生的经济纠纷和债务纠纷等问题，做到为会员企业维权受理率达100%。

为了应对日趋激烈的市场竞争和不规范的市场经营、不公正的市场竞争，内蒙古福建籍商人成立了自己的组织——内蒙古福建商会，以加强企业的交流协作，互相支援，积极协调参与当地市场竞争，应对瞬息万变的市场需求。商会对于企业遇到的与社会和地方部门之间的矛盾和纠纷及涉法问题，商会采取主动介入、控制事态、调解为主、依法办事、快速解决、和谐双赢的原则，维护会员的合法权益。如2009年2月某会员家中发生被盗事件，商会领导获悉后立即前往并约见物业相关部门人员，协调处理；同年3月，某县会员企业的生产活动与地方行政部门发生矛盾，商会领导邀请自治区工商联副主席郝智浓同志与秘书长焦万良同志一同前往该县，就会员企业的意见想法与县领导进行了磋商，达成了解决办法，为会员企业解决了实际困难。商会设有法律顾问，在为会员维权的同时，宣讲法律知识、解决法律问题、咨询法律事项100多次，促进会员企业规范经营、公平竞争，增强会员企业依法经营的思想，促进当地合理有序、公平竞争的经营环境的构建。

广西福建商会在推动经济建设、促进对外合作、关心公益事业、构建和谐社会等方面做了大量工作，收到社会各阶段广泛好评，被国家民政部评为"全国先进社会组织"。商会围绕"团结、诚信、服务、发展"的办会宗旨，竭诚为会员服务，促进会员发展，帮助解决会员遇到的各种经济困难和法律纠纷。商会按照国家的法律、法规，先后协调解决维权事件139起，做到能协调的尽量协调，不能协调的则通过法律专家事务委员会按照法律程序解决。商会的协调服务，消除了不安定因素，挽回了损失，维护了会员的合法权益，商会的凝聚力也日益增强，和谐温馨的良好氛围得到了充分体现，对外的影响也越来越大。

在当前中国经济发展形势下，需要一个全新的国家与社会的互动模式，需要一个善于调动、开发和利用各种社会资源及其能动性的社会管理新体制来调解社会经济发展中遇到的各种矛盾。而异地商会的出现正好适应了这个需求，现代社会需要异地商会积极的发挥协调功能，构建和谐的发展环境，促进经济发展，使商会会员与当地互利共赢。近年来，福建省异地商会数量扩张十分迅速，力量不断壮大，不仅在地方经济发展中成为重要阵地，而且在地方社会管理尤其是经济事务方面扮演着重要角色，成为弥补政府"治理盲区"的重要力量。福建省异地商会都把维护会员合法权益作为工作重点，积极发挥与政府沟通合作的桥梁功能，发挥协调组织和利益表达组织作用，调动组织内外各种资源，在应对经贸危机、化解经贸纠纷、协调劳资关系、维护会员合法权益、维护公平正义、促进和谐稳定等方面发挥出不可替代的作用。福建省异地商会调解社会矛盾，即促进了经济的协调有序发展，也对地方社会治理的合理安定发挥作用，有力地推动地方和谐社会的构建。

第十二章

同业商(协)会

第一节 福建省内同业商(协)会概况

同业商(协)会是指由同一行业或产业的企业、个人以及其他经济组织,为增进共同利益而自愿组成,实行行业服务和自律管理的非营利性社会团体。同业商(协)会是社会团体,属社会中介组织。随着政企分开、政社分开,我国市场经济的治理结构应逐步形成政府、企业和中介组织三位一体的社会发展管理模式。政府职能将切实转移到宏观调控、社会管理和公共服务上来,过去由政府行使的行业管理职能应逐步交给或委托给同业商协会来承担。[①] 因此,同业商协会的发展是社会发展的需要。

一、福建省同业商(协)会概述

2005年11月21日,福建省委、省政府出台《关于全面提升民营经济发展水平的若干意见》中明确提出,"授权工商联管理由工商联组建的同业商会(公会),要发挥同业商会在提升民营经济中的积极作用",支持省工商联开展组建行业商会工作。不久,福建省政府又正式授权福建省工商联作为部分全省性经济类社会团体的业务主管单位。在这些政策支持下,福建省工商联十分重视同业商(协)会的工作,积极探索和推动新时期行业商会规范化建设,引导行业商(协)会按照"自我管理、自我约束、自我规范、自我发展"的原则开展活动。截至2010年底,福建省已有各级同业公会(商会)组织327个,主要分布在工商业发达的福州、泉州、厦门地区。其中省工商联直属的省级行业同业商会有8个,分别是福建省拉链同业商会、福建省五金机电商会、福建省橱柜业商会、福建省布料同业商会、福建省高科技商会、福建省油气商会、福建省医用设备商会和福建省木门窗商会。

---

① 沈丹阳:《同业商协会改革发展的思考》,《今日中国论坛》2005年第4期,第96页。

表 12-1　福建省同业商会统计表

同业商会名称	成立时间	商会所在地
福建省拉链同业商会	2000 年 6 月	泉　州
福建省五金机电商会	2002 年 9 月	泉　州
福建省橱柜业商会	2004 年 7 月	厦　门
福建省布料同业商会	2006 年 10 月	泉　州
福建省高科技商会	2008 年	福　州
福建省油气商会	2009 年 9 月	厦　门
福建省木门窗商会	2010 年 1 月	福　州
福建省医用设备商会	2010 年 3 月	福　州

福建是我国拉链重点基地和拉链大省。拉链行业在改革开放初期通过引进外资，引进技术，逐步发展壮大，填补福建原来的空白，在经济发展中起着重要作用。福建拉链同业商会于 2000 年 6 月在省委统战部和省工商联的关心指导下在泉州成立。她顺应知识经济和市场经济规律，特别是顺应我国加入世贸组织的需要横空出世。商会成立标志着福建拉链行业一个新的转折，一个新的更高起点。

福建省五金机电商会 2002 年在泉州成立，现有福州、厦门、漳州、石狮四个团体会员和近 400 家会员企业。目前正筹备成立龙岩、宁德分会。多年来，商会不断创新服务会员企业的方式，通过打造品牌活动，既增进了企业之间的资讯交流，又为会员企业寻找潜在客户、拓宽投资渠道搭建了平台。

福建省橱柜业商会成立于 2004 年，是全国首个省级橱柜行业组织，现有会员企业 112 家。商会成立以来，通过深入实施八项职责，提升了行业的整体发展水平。商会的目标是：争取在三五年时间内，把以厦门、南安为中心的福建省卫厨业打造成世界卫厨生产基地，实现福建卫厨行业千亿产值群集。

福建省布料同业商会成立于 2006 年。自成立以来，商会致力于促进福建省布料行业健康有序快速发展，先后与省内外同业商会、展会建立互动信息平台，及时向会员提供信息、跟踪服务。布料同业商会与中国纺织中心等合作成立"福建省布料信息服务中心"，比较好的解决了福建省内布料业研发的薄弱问题，并依托商会平台进行福建的面料品牌建设和推广，提升福建面料业的整体实力。

福建省高科技商会在 2008 年正式改组成立，旨在加强省高科技企业的交流与沟通，进一步发挥科技进步和创新的重大作用，为打造福建高新技术产业群，造就福建拥有自主知名品牌的优秀高科技企业贡献力量。同时，商会致力于研究省高科技发展战略；探讨行业发展、共享社会资源，协调同业间的有序竞争，引导会员互相推动、互相自律；促进福建省高科技企业加入全球经济一体化，维护会员在国际竞争中的合法权益。

福建省油气商会2009年在厦门成立,现有会员企业200多家,会员企业成品油年销售量220多万吨,占全省市场份额的三分之一。两年来,商会积极引导会员企业抱团发展,致力推动成立油气股份公司,积极促进会员加入石油交易中心大厦建设,深化闽台两地交流,为会员企业"走出去"提供了有力的支撑。

福建省木门窗商会2010年在福州成立,现有会员近百家,理事33家,常务理事28家。"走出去"、推动会员企业在更广阔的平台上实现更大的发展是商会的一大宗旨。为此,商会自成立伊始就不断加强与省内外同行和商会的合作交流,先后赴黑龙江、贵州、安徽等地考察学习,积极组团参加国内各大知名展会和行业论坛,取得良好成效。

福建医用设备商会成立于2010年3月,也是新近成立的一家省级同业商会。商会充分发挥自身平台作用,组织会员参加全国、国际医疗器械博览会,组织召开全省医疗器械博览会、医用设备发展趋势研讨会等大型会议,主办和协办多场医学影像学术交流会等活动,为会员企业把握市场趋势、沟通行业信息、拓展产品市场等搭建了广阔的舞台。

二、同业商(协)会的组织建设

2005年,福建省政府正式授权福建省工商联作为部分全省性经济类社会团体的业务主管单位,因此福建省同业商协会在福建省工商联的直接领导之下。福建省工商联十分重视同业商(协)会的工作,积极探索和推动新时期行业商(协)会规范化建设,引导行业商(协)会按照"自我管理、自我约束、自我规范、自我发展"的原则开展活动。福建省工商联最近几年大力组织行业商会参加"5·18"、"6·18"、"9·8"等重大经贸活动,并通过召开直属组织工作座谈会,进行经验交流,详细了解当前工商联系统行业商(协)会发展状况、发展趋势和规律,剖析当前行业商(协)会工作中存在的问题,为进一步规范和加强行业商(协)会建设,更好地发挥行业商会作用,提出对策建议。

福建省同业商(协)会在自身建设之中也在不断完善。同业商(协)会一般设有会员大会、理事会、常务理事会等机构。会员大会是同业商(协)会最高权力机构,行驶制定和修改章程、选举和罢免理事、审议理事会的工作报告和财务报告、决定终止事宜等职权。会员大会一般每届三年,大会(或会员代表大会)须有2/3以上的会员(或会员代表)出席方能召开,其决议须经到会会员(或会员代表)半数以上表决通过方能生效。理事会是会员大会的执行机构,在闭会期间领导本会开展日常工作,对会员大会负责。理事会一般行驶执行会员大会的决议、选举和罢免理事长(会长)、副理事长(副会长)、秘书长、筹备召开会员大会、向会员大会报告工作和财务状况、领导本会各机构开展工作、制定内部管理制度等职权,是同业商会的主体机构。常务理事会由理事会选举产生,在理事会闭会期间行使理事会的大部分的职权,对理事会负责。规模较大的同业商(协)会还设有会长办公会议。会长办公会议由会长、副会长、秘书长组成,便于商讨商会的重大事宜。

商会会员一般分为企业会员、团体会员、个人会员三种。企业会员包括以经营和生产为主的企业单位,对企业会员一般要求是具有一定经济实力、商德商风好、诚信经营、守信用、讲信誉、重信义的企业。团体会员包括各地分支商会以及其他有关的社会团体及科研、事业单位。个人会员包括本行业的经营者、投资者和各种技术人才;与本会有联系的经济、理论、法律工作者和其他相关人士等。商会会员都要求是诚实守信的合法经营者,商会也进一步要求各会员单位在经营方面的规范化和制度化。

文化建设也是同业商(协)会非常重视的一面。如今越来越多的企业意识到企业文化对企业发展的重要性,并开始培养自己的企业文化。企业的发展、团队创新、创新学习等都必须以企业文化为基础,良好的企业文化有助于在企业内部形成良好的氛围,积极的工作态度,所以说企业文化是企业一个无形的软件,是企业最不可缺少的软件。同业商(协)会文化是基于同业企业文化之上的,是各企业文化的综合升华,对商(协)会的发展也是一种无形的推动力。各商(协)会纷纷创办会刊,宣扬自己的商会文化。如福建省拉链同业商会创办的《海西拉链》已经刊出100余期,福建省五金机电商会会刊《福建五金机电》至今出版了19期。

三、同业商(协)会的主要功能与业绩

同业商(协)会是具有自我管理、自我约束、自我规范、自我发展功能的民间组织,在新世纪已成为企业在市场经济竞争中站稳脚跟、赢得市场、做强做大的重要选择。建立同业商(协)会是帮助企业、行业进一步做强做大的有效举措,是市场经济发展的客观要求。同业商(协)会为企业提供各种服务,帮助其提高科学技术和经营管理水平,同时,也在很大程度上避免了同行业内部的无序生产、不良竞争,保证合法经营,公平有序竞争,满足企业和社会发展的内在要求,对促进行业健康快速发展具有十分重要的意义。福建拉链同业商会和福建布料同业商会是在这些方面做得比较出色的同业商会,因此它们来略述同业商(协)会的主要功能与业绩。

福建是全国拉链重点基地和拉链大省,拉链产业主要集中在泉州晋江地区,晋江多次被评为"中国拉链之都"。在晋江成立的福建拉链同业商会是福建较早成立的同业商会,现有会员单位120多家,并拥有一批龙头骨干企业如福建浔兴集团公司、福建福兴集团公司等。在福建拉链同业商会努力推动下,福建省省拉链行业积极、稳妥、健康的发展。在"中国拉链中心"晋江,全市拥有拉链企业300多家,从业人员6万多人,年产拉链60多亿米,产值60多亿元,是国内拉链生产加工基地和主要集散地之一。晋江拉链总产量从2008年的60.8亿米增加到2010年的80亿米,拉链及其配套行业年产值由2008年的73亿元增加到2010年的105亿元,拉链企业年均产值增长率均在30%以上。据统计,2009年全国拉链的销售额达到340亿元,比2008年增长6%;产量达到380亿米,增长4%;拉链出口量增加了8%。其中福建地区完成销售额在48亿元左右,占全国销售总额的12.6%。福建拉链行业取得的骄人业绩,与福建省拉链同业商会不断完善行业公共服务平台,做好政企和对外交流桥梁,关注专业技术人员的培育,引导企业自主创新,加强行业内部管理,自我约束,自我规范,夯实基础,提高质量,发挥品牌效益是分不开的。

福建是纺织品产销大省,出口量位居全国第五位。经过10多年的发展,福建的布料

行业发展迅速,至今已拥有较大规模的纺纱、织布、后整理、市场销售"一条龙"的完整产业链,全省纺织企业3000多家,规模以上的纺织企业近2000家,从业人员50余万人,年产值近1000亿元。其中,1000多家织造和漂染后整理企业主要集中在泉州地区石狮、晋江一带,配合石狮拥有2000多间商铺的发达布料市场,创造了这个地区兴旺发达的纺纱、织布、印染的完整产业链。近年来福建的休闲面料以及织造、后整理等前端产业得到长足发展,并在国内外市场有相当影响。但全球纺织品进入后配额时代之后,同时来自江浙及更大范围的竞争加剧,为突破狭小区域的局限,由石狮几家布料公司在2006年发起筹建了这一具有板块优势的省级商会——福建省布料同业商会,其目的是"八闽布业同牵手、共舞面料时尚袖"。目前,在福建省同业商会登记的单位会员已有949家,其中,石狮市会员企业600家,晋江、厦门、三明、龙岩等地会员349家。

福建布料同业商会的核心理念是"开放、进取、和谐、分享"。商会通过会内大平台,组织和联结同业者按照市场运行规则,谋求创新与发展。同时以商会作为人才引进的大平台,与各大纺织院校建立战略合作体系,引进技术人才,共建专业培训基地,为会员单位输送后备力量;整合优势管理资源,把触角伸向国内外行业中介组织、研发机构,结盟对接行业先进创新之源,建立创新产业链,提升福建纺织核心价值,从而提升福建面料业的整体实力,打造福建面料在中国以及全球的知名度和美誉度,让会员企业坐享商机。福建省布料同业商会在2009年举办的第七届中国·海峡项目成果交易会上展出了212条科研成果项目,包括印染行业节能减排先进技术23项、纺织布料新材料53项、纺织机械及自动化54项、纺织面料印染和后整理18项、功能性纺织品14项、纺织面料先进工艺31项、纺织面料信息科学7项、成功对接和转化项目12项,并汇编《纺织布料业科技项目成果转化汇编(第三册)》120册。交易会上还展示了商会入选由中国纺织信息中心/国家纺织产品开发中心主办的"中国流行面料入围评审"的24块入围面料,这是商会从100多块参评面料中推荐入选的。

短短的三年时间,福建省布料同业商会就带领福建省布料行业在科研项目上就取得了如此多的成果,其在经济效益上的成果更是巨大。相信在商会的领导下,福建省布料行业将会取得更大的跨越性的业绩。

第二节 异地同业商(协)会的基本情况
——以北京福建茶业商会为例

闽商作为中国十大商帮之一,与晋商、徽商、粤商齐名。相对于民风较为保守的北方和内地,闽商更具开放和向外开拓意识。广大闽商秉持"爱拼会赢"的理念,闯荡南北,创造了巨大财富,形成了广泛的影响力。在外的闽商也建立起了大大小小的各类同业商(协)会,在行业以及会员企业的发展中发挥着愈来愈大的作用。下面仅以北京福建茶叶商会为例,考察福建省异地商会的发展状况,探讨异地商会发展的有效机制和对行业发展的作用。

一、北京福建茶叶商会概述

北京福建茶业商会是北京福建企业总商会茶业商会的简称,是北京福建企业总商会的茶业行业分会,由北京福建企业总商会牵头,并与在京百强闽籍茶叶企业共同发起,由在京经营茶业及相关行业的福建籍和部分非福建籍茶商自愿加入并组成的非营利性组织。会员中囊括了几乎所有在京闽籍茶行业的龙头企业,如满堂香、品品香、溯茗源、林鸿茂、禄鼎生等品牌企业,历年入选全国茶企百强的均有十几家,已经成为北京乃至全国茶行业的中坚力量,也是中国茶业第一街——北京马连道的最主要代表力量。商会倡导"团结、交流、协作、服务"的宗旨,秉承"服务会员企业,服务合作伙伴,服务当地政府,服务家乡政府"的理念,将"提供多样化的务实服务"作为生存基础,努力达成从"服务"到"满意"的转化,以求实现"会员企业满意,合作伙伴满意,当地政府满意,家乡政府满意"的办会目标。

商会的主要任务是整合各方资源,推动行业发展;建立内部交流机制,倡导合作和资源共享,在商会平台上推动成立合资和股份公司、尝试组建茶业金融投资公司和茶文化创意产业公司;积极与各大产茶区合作,推广区域茶业品牌,实现产销对接;对外开展多种合作和推广活动,继续拓展商会发展空间。自2008年1月成立以来,商会始终坚持以服务为根本要务,致力于提供一流服务,打造资源共享平台。凭借在品牌建设、服务创新、商务拓展、团队管理等方面做出的一系列成绩,商会内部凝聚力不断加强,社会影响力不断扩展,在行业内外具备了一定的影响力与知名度。

二、北京福建茶叶商会的组织建设

北京福建企业总商会茶业商会实行理事会制度,执行机构为秘书处,主要任务是服务会员和对外联络,负责执行理事会、常务理事会、会长办公会以及常务会长会的各项决议,组织实施商会年度工作计划,开展商会的日常工作,策划组织各种活动和会议,并提出工作改进建议和设想,做好工作总结。总的来说,商会秘书处主要做好"资源整合、联络联谊、执行实施、创新拓展"等会务工作。商会秘书处下设会员发展部、行政财务部、商务拓展部、融资服务部、宣传编辑部及法律维权部共五个部门,商务拓展部下设商会"泡茶专用水"水站。

商会的健康发展需要正确的决策,而负责将这些决策落地实施的执行人员也是极其重要的,秘书处团队的职业化程度与商会的未来发展前途密切相关,因此商会十分重视秘书处的建设。"能为、敢为、有为",这是商会对秘书处工作人员提出的三个要求。能为,是要有能力,能够有所作为;敢为,是要有信心,要有勇气,敢于有所作为;有为,是要追求结果,追求成效,实现有所作为。在这一思想方针的指导下,商会秘书处从原来的2个人发展到目前的11个人,包括金融服务、商务拓展、会员服务、宣传信息、行政财务5

个部门,已经成功地打造出一支职业化的强大团队。①

商会在借鉴中国特色民主集中制的基础上,在商会平台上建立起相对完善的会议制度,由定期召开的三长联席会议、常务会长办公会、会长办公会组成。完善的会议制度,再配以被赋予监督作用的监事会,形成了"多数人商量、少数人决定、一个人拍板"的民主决策机制。合理的决策机制,为商会的可持续发展起到了保驾护航的作用。

会员企业是商会发展的基础,是商会组织建设的重要部分。会员拓展工作一直是很多商会的核心工作,会员规模也被作为衡量商会影响力的重要指标之一。北京福建茶业商会十分重视会员拓展工作,经过几年的累积经验,商会形成了一套有针对性、规范性的会员发展制度,使会员数量与会员结构并重。就会员在商会内由一般会员、理事单位、副会长单位、常务副会长单位等"上升通道"而言,商会已经形成了一套规范的入会管理与竞争流程,而且门槛不断提高。新加入会员必须从一般职务做起,通过自己对商会的服务和贡献,一步一步做到更高的职务。从会员结构来看,北京福建茶业商会也已经形成了清晰的定位,第一是突破在京企业会员的原籍限制。目前,该商会的会员企业中,不仅有大量福建籍企业家,也有不少福建籍以外的企业家,几乎囊括了马连道茶叶一条街与茶行业相关的所有龙头企业。其二注重各茶叶主产区关联企业在商会中的代表性。比如就产茶大省福建而言,当前已形成闽东、闽南、闽北三大地址为代表的茶叶主产区,而商会在会员发展中会注意到这三大茶叶主产区驻京关联企业在商会内部的平衡分布。这样做既有利于不同地域企业的团结,也有利于强化商会的凝聚力。其三注重行业内细分领域的代表性。比如,茶叶品牌有乌龙茶、绿茶、白茶、红茶等不同的品牌差异,由于经营品类各有侧重,也形成了不同的企业家群体。第四、注重产业链上下游以及行业内关联产业从业企业在商会中的代表性。目前商会内既有做不同品牌茶叶经销的,也有做茶具配套的。比如,一个典型的家族型企业,其家乡会有亲友经营茶园,北京有经销企业,也有物流等做中间环节的,还做资金支持的,往往一个企业就联系了大量产业链上下游的各个环节人脉与资源。②

党团支部建设是商会保持正确发展方向的一个重要保证。在北京福建企业总商会的领导下,发起成立了北京福建茶业商会党支部和团支部。从商会党支部和团总支成立之日起,商会就迅速开展了一系列的丰富活动,包含红色遗迹瞻仰、产茶地考察、风景区旅游、特色文艺会演、交流学习、培训座谈等等诸多方面,受到了党团员及广大群众的欢迎和好评,也得到了组织上的肯定和表彰。

---

① 北京福建茶业商会2008—2012年工作报告。
② 侯耀晨:《集体成长:商会的一个港湾——北京福建茶叶商会创新发展报告之一》,《中国商人》2013年第1期,第66、67页。

三、商会运作机制

(一)金融服务机制

2008年北京福建茶叶商会成立之初,恰逢全球经济危机爆发,是茶企经历困境的一年。马连道茶叶的销量虽然有所攀升,茶商们却依然面临周转资金不足的问题,这多是因为大部分茶企属于小微企业,规模小,固定资产不多,难以从银行获得贷款。而也正是如此严峻的经济形势推动了商会的服务创新,正是普遍性的资金饥渴催生了商会金融服务的诞生。2008年6月,在北京福建茶业商会秘书处的推动下,兴业银行开始走进会员企业,为他们安装pose机,并发放了一些大额信用卡。几个月后,邮政储蓄银行推出了三方联保信贷,由三名持营业执照的个体工商户或个人独资企业主组成一个联保小组,不再需要其他担保,就可以向邮政储蓄银行申请贷款,每个商户的最高贷款额为10万元。就在这项合作开展时,商会一位理事刚好遇到一个机会能在锦绣大地拿到一个地理位置很好的店面。但由于当时是年底,他的大部分资金都在囤积的货物中,没有多余的资金来操作此事。在商会的帮助下,这位会员和其他两家茶商联保,在三天之内从银行贷款10万元,很顺利地拿下了店面。

2010年6月,商会再与民生银行合作,使金融服务实现了批量化、系统化,建立健全商会金融服务体系和理念。同时期,商会还与农业银行展开合作,首次突破了联保贷款中的房产限制;并通过与华夏银行、农业担保公司的三方合作的小额联保将金融服务普惠到全体会员。目前,商会已经可以根据会员企业不同的融资需求推荐组合金融产品,为会员提供量身定制的个性化金融服务,并逐渐向顾问型金融服务模式过渡。由此,商会实现了财务金融自由,为商会的稳步发展奠定了坚实基础。

(二)会员服务机制

相对于融资方面而言,基于一般性的广大会员的服务更是维系会员与商会沟通、交流的情感纽带。北京福建茶业商会的会员服务,非常注重会员性别、家庭以及人与人、心与心在特殊时间的共鸣,而这些情感共鸣又都集中在一些看似平常但需要精心设计的细节上。如很多男会员经常戴着商会统一为大家订制的蓝领带,有的会员开玩笑说:"戴着这样的蓝领带,就好像小时候的红领巾,有找到了组织的感觉!"除了在会员本人的归属感上下功夫,北京福建茶业商会还向会员以及合作伙伴的亲人们展开"情感攻势"。情人节到来的时候,凡是来商会的人,无论会员,还是合作伙伴,都会收到了一小块巧克力,共同分享来自商会的甜蜜情意和美好祝愿。六一儿童节前后,来访的客人则会得到一个棒棒糖,六一儿童节当天,秘书处还亲身给会员的孩子们写贺卡、快递棒棒糖。在重大节日的时候都会给会员和合作企业赠送礼物,有些会员和合作企业离商会比较远,负责送礼物的同志一天下来累得动不了,但是仍然心存喜悦,收到礼物的会员和合作企业也感到意外高兴。看似普通的礼物,但是营造了商会和谐融洽的气氛,也创造了与其他企业合作的良好条件。

在其他方面,商会经常组织各类活动,如节庆活动、商务考察、学习讲座等。每年中秋节,商会都会举行福建地区特有的中秋博饼活动。这种中秋节玩会饼博状元的习俗,三百多年来一直在福建民间流传。来自福建的商人也把它带到了北京。2010年中秋佳节,北京福建企业总商会与各商会秘书处2010年"迎中秋 庆国庆"博饼联谊会在茶业商会会员企业——天丰源茶产业有限公司旗下的六妙茶坊精彩上演。此次活动由北京福建企业总商会主办,茶业商会承办,特邀各商会秘书处以及福建省驻京办等100余名工作人员前来参与。经过一个多小时的角逐,参与此次博饼联谊会的工作人员大多满载而归,安溪商会的吴梅珠更是勇夺状元王,抱走了最高奖项——惠普笔记本电脑一台,并由总商会的郑武秘书长亲自为其颁奖。

2010年6月24日,北京福建茶业商会秘书处全体专职工作人员在北京市兰台律师事务所参加了"真正的执行力"专题讲座培训。此次培训是由北京福建企业总商会组织,针对各商会的秘书处工作人员而进行的,总商会特邀请执行力研究专家、中国企业运营实战专家、汇聚国际教育首席讲师、IEMAL国际注册高级培训师戴正宏先生主讲。在培训开始前,由总商会秘书处的执行副秘书长陈文育为此次讲座致辞,他说,商会的高效运转以及长远发展主要依靠秘书处这一执行机构,秘书处执行的好坏直接关系到商会工作的成败。总商会组织此次培训是为了建设专业化的商会工作者队伍,服务在京闽籍企业,积极推进商会品牌和秘书处队伍建设,与时俱进,团结进取,努力提高商会秘书处工作人员的执行力和整体素质,齐心协力不断开拓商会发展新局面。此次培训的主讲老师戴正宏说,在确立战略目标后,执行便成为第一位的。在两个小时的课程中,他重点讲述了提升执行力的五个关键点所在:责任思维、成果思维、狼性思维、高标准严要求、感恩心态,从战术和战略上剖析了如何去打造一个拥有真正执行力的团队和企业。听完戴老师的精彩讲座后,茶业商会秘书处全体专职工作人员在执行副秘书长汪朝江的带领下,及时地对此次培训的学习心得进行了交流分享,大家都表示要将此次学习的成果运用到商会日常工作中,努力提高自身执行力,用一流的秘书处团队将北京福建茶业商会打造成中国一流的行业商会。

除这些正式活动外,商会每个月给会员搞一次生日庆祝活动,同时,依靠商会党、团组织,利用业余时间组织会员看电视、看电影、爬长城、逛故宫和一些趣味性的游戏活动,不仅可以增进会员之间的了解,也可以帮助会员达到减压和联谊的目的。通过各类活动,极大程度地增强了会员的联系和亲和力,活跃了工作氛围,创造了商会发展的良好人文环境。

(三)商会宣传机制

经过两年的发展,北京福建茶叶商会已经在品牌宣传上形成了自己的特色。商会建立了官网——闽茶网,在新浪网注册微博,创办会刊和简报,实时发布各种信息,从而建立起官网+微博的网络宣传、会刊+简报的纸媒宣传模式,初步完成了全媒体形态的商会传播平台的架构,为商会内部信息共享、对外信息传播提供了及时而有效的支持。

(四)慈善事业机制

北京福建茶叶商会对慈善公益事业的关注,始于成立之初。2008年,在结合会员企业广泛需求的基础上,筹建成立了商会自己的"泡茶专用水"水站。建立之初就确立了"倡导慈善和宣传商会品牌"的原则,水站每卖出一桶水就捐赠0.5元给商会慈善基金,以用于突发灾难援助及水窖的建设。至今已经利用下辖水站成功的建立起长效机制。汶川地震、玉树地震等重大自然灾害中都有商会的一份爱心。在2010年6月的南平洪灾,商会更是集中性的进行了爱心奉献。2010年6月13日以来,福建省持续遭受特大暴雨袭击,造成了历史罕见的洪涝灾害,作为福建在京茶企的娘家,北京福建茶业商会迅速组织会员企业以及在京的福建老乡为灾区人民奉献爱心。在高晨生会长的带头引领下,在秘书处工作人员的大力宣传中,大家积极地响应商会号召,用踊跃的热情掀起了一场"爱心之潮",自7月6日发出捐款倡议起,仅半月商会就收到善款10多万元。

大力发展和参与慈善事业,更彰显北京福建茶叶商会"服务当地政府,服务家乡政府"的办会理念,即是商会回馈社会的良好方式,也树立了商会的良好形象,为商会品牌的树立起了很大的作用。

北京福建茶叶商会自成立以来,不断创新机制,完善组织制度,积极进取,取得了良好的佳绩。商会在北京马连道取得了很大的进步,在其他地区以及与其他企业的合作更取得了长远的发展。在2010北京马连道国际茶文化节中,北京福建茶业商会会员企业品品香、韵和、溯茗源、林鸿茂、永香、年年香、禄鼎生等在"名优茶大赛"中获得佳绩,特别是品品香、溯茗源、韵和三家企业喜获金奖——三个金奖因此全部花落北京福建茶业商会。商会会员北京润易韩香商贸有限公司、北京福茂春经贸有限公司、福建省天丰源茶产业有限公司、北京青云凤翔茶叶有限公司、北京先鸣伟业茶叶有限公司荣获北京福建企业总商会优秀会员企业。因商会取得的发展和进步,商会会长高晨生先生在2010年荣获北京优秀创业企业家称号。

传承卓越,共创未来!在今后的工作中,北京福建茶叶商会更将不断完善商会服务细节,持续创新行业发展模式,努力打造中国一流的行业商会,进一步提升中国茶产业的核心竞争力。

第三节 典型人物

福建省内外同业商(协)会经过几年的发展,力量迅速壮大,引领会员企业取得的业绩斐然。同时,商会涌现出一批优秀的领导人物,他们在业界取得了突出的成就,同时领导商会创新运行机制,完善商会制度,开拓进取,朝着新路子不断前进。

一、福建省拉链同业商会名誉会长施能坑

施能坑,现任福建省拉链同业商会名誉会长、福建浔兴拉链科技股份有限公司董事长、晋江市政协副主席、晋江市总商会会长。施能坑是晋江市深沪镇浔光村人,出身贫苦,但眼界宽阔,精明能干。1984年,施能坑与其兄施能辉瞄准当地乃至全国服装、箱包等行业快速发展的机遇,兴办晋江光华五金制品厂,生产这些产业的辅料——拉链。厂虽小,但起点较高,为以后的事业发展奠定了基础。1992年,施能坑创立福建浔兴拉链科技股份有限公司,并于2006年12月22日正式在深圳证券交易所A股上市。公司创造的SBS品牌产品的产销量十多年来一直位居中国第一,成为拉链业唯一的中国驰名商标。在全球市场仅次于日本"YKK"拉链,成为世界第二大品牌,远销80个国家和地区。

小拉链创出大奇迹!这历程见证了浔兴董事长施能坑的追赶精神。20世纪80年代初,施能坑直接引进当时最先进的设备、技术和人才,并向同行推广,使中国拉链业步入了发展的快车道,大大缩短了与国际拉链产业的差距。十几年来,企业不断壮大,成为集模具开发、拉链生产、电镀、染色为一体的拉链专业化生产的企业集团——晋江浔兴拉链集团公司。

但施能坑志不在此,他的宏愿是追赶世界名牌"YKK"。1993年初,施能坑出国考察归来,他打开皮箱给大家看,箱子里装了100多种国外的新拉链,其中有国际市场上的最新产品"隐形拉链",这在当时国内市场上还是空白。这些新拉链给了他不断创新的灵感。自创业以来,施能坑先后主持开发产品、改进工艺等项目200多项,其中40多项获得专利。特别是广泛应用于女性服装的"隐形拉链"和折强力提高两倍的"双骨拉链"等,均填补了国内空白。

由于地域的差异,拉链的专有名词、规格型号及各项性能指标均差异较大,这给国内外技术交流和国内外贸易造成很大的障碍。在施能坑等人的建议下,中国日用五金标准化中心指定浔兴作为拉链标准制定组长单位。浔兴历经三年终于完成了《拉链术语》国家标准和三项拉链行业标准的制定,为行业与国际接轨奠定了基础。1999年3月,中国拉链中心在浔兴正式挂牌。

如今,中国终于成为世界上最大的拉链制造生产基地,浔兴的地位不容置疑,施能坑的雄心更大了:让浔兴成为跨国公司。20年前,如果有人告诉你,做拉链也能赚大钱,你肯定不会相信,但施能坑做到了。"不管什么行业,不管什么产品,不管做什么事,只要做专、做精了,都有很大的市场,企业都能够不断地发展和壮大。"能把小小拉链做到中国第一、世界第二的规模,施能坑有资格说这话。

二、福建省布料同业商会会长欧阳文咸

欧阳文咸,福建省布料同业商会会长、文兴集团董事长。欧阳文咸16岁就开始做布

料生意,从开始对生意还是一无所知的穷小子到身为文兴集团董事长的他,靠的是自己的用心和骨子里的一种不怕输也不服输的性格。欧阳文咸开始做生意时,只有一个小小的面料批发门市部,几平方米而已,但就是在这几平方米的地方,开始了他的创业之旅。凭着他的经商悟性和敢闯敢拼的劲头,欧阳文咸的生意不断壮大,1990年,他创立了"石狮市文兴布业贸易有限公司",他出色的经商才能,极其敏锐的市场嗅觉,每年推出新产品,不断开拓着生意新局面。从1992年的植绒布面市,一石激起千层浪,文兴布业一发不可收拾,脱颖而出。1995—1996年,T/R水洗布成功推出,新品种的出现在国内休闲市场引起了轰动,一时间风靡全国,深爱广大消费者喜爱。1997年,新品"雪克"涂层上市;1998年,推出了涂尼交织涂绒布。此时,正统、经典的服装面料已不足以表达人类对生命、情感的多层次、多方面的追求,于是文兴集团于1999年从个性化、多元化的时尚主流里首家成功研发和推出了复合面料系列,其严谨、秩序、和谐的特点,再现了现代人的时代性。在欧阳文咸董事长的领导下,文兴坚持弘扬"团结、务实、创新、合作"的企业精神,竭诚为客户和消费者服务,赢得了社会的广泛赞誉。文兴产品已通过国家服装质量监证检验中心测试,完全符合国家标准,2001年被定为"质量达标放心品牌",2002年通过ISO9001国际质量体系认证,2003年文兴牌产品荣获"全国用户满意品牌",并且通过国家质量技术监督总局审核认定为"全国产品质量监督抽查合格企业"。2004年、2009年连续被国家认证为"国家流行面料入围企业";2007—2009年被评为"国家休闲面料开发基地";2009年"文兴"商标荣获了"中国驰名商标"称号。"创新"赋予了文兴人迎风而上的市场驾驭能力,品质的保证是文兴集团享誉布业的制胜法宝。"用好的品质服务中国服装品牌",是深入每个文兴人内心永恒不变的真理。

2006年,福建布料同业商会成立,欧阳文咸担任首任会长。在他的领导下,福建省布料同业商会的会员企业抱团发展,获得了可喜的成绩。每年的"海峡两岸纺织服装博览会",他都组织会员企业积极参与,作为福建省布料企业新品发布的重要平台,同时也作为博取国际潮流趋势的重要方式。通过此,增强了会员企业与市场的联系,同时增加流行趋势信息的收集,建立良好的交流通道,提高产品的研发力度。欧阳文咸还提出管理资源的优势整合,把触角伸向国内外行业中介组织、研发机构,结盟对接行业先进创新之源,建立创新产业链,提升福建纺织核心价值等战略,以商会的平台作用进行福建地区的面料品牌建设和推广,从而提升福建面料业的整体实力,打造福建面料在中国以及全球的知名度和美誉度,让会员企业坐享商机。

三、北京福建茶叶商会会长高晨生

高晨生,北京福建企业总商会常务副会长、北京福建茶叶商会会长、北京满堂香茶叶有限公司董事长,中国茶叶流通协会常务理事,高级经济师。1970年出生于福建省福州市,1989年跟随父亲到北京创建满堂香茶业集团。1992年底,"满堂香"首家入驻北京马连道,1997年,在北京建立了第一家茶叶交易市场"京马茶城"。从2000年起,他先后回到福州创办满堂香福建生态农业有限公司和"海峡茶都",2007年,他又在马连道成立

"北京国际茶城",在京闽两地拥有三座茶城,高晨生是第一人。

高晨生出生于著名的茉莉之乡——福州,16岁就开始学茶,19岁随父北上进京,在茶的世界里尽情挥洒着自己的热情与创造力,一手缔造了茉莉花茶香满京城的不朽传奇。在"中国茶产业的CBD(中央商务区)"北京马连道,提起满堂香高晨生,几乎是家喻户晓、妇孺皆知。高晨生敢闯敢拼,持续创新企业二十几年,成为北京茶市领航者,为福州茉莉花茶的传承和发展做出了贡献。

满堂香如今不仅已成为了北京、天津、青岛、大连等地多家中华老字号的指定茶叶供应商,满堂香开创的"天怿"顶级花茶系列也在全国茶叶连锁品牌巨头华祥苑、九峰等销售渠道中,有力推动了高端福州茉莉花茶在全国的良好形象与影响力。

2008年,高晨生参与创建北京福建茶叶商会,并担任首任会长。在高晨生会长的领导下,商会走出成立时遭遇金融危机的困境,与民生银行、中国农业银行等建立合作关系,解决了会员企业的融资困难。同时,他领导商会创新运营机制和会员服务方式,完善商会机制,使商会迅速发展,在行业内外具备了一定的影响力与知名度,成为中国同业商会的运营典范。

参考文献

文件汇编

1. 福建省工商业联合会编:《福建省异地商会工作会议交流材料汇编》,2011年1月。
2. 福建省工商业联合会(总商会)编:《辉煌五年(2007—2012)》,2012年8月。
3. 李祖可:《提升闽籍异地商会运作水平 为福建科学发展和跨越发展提供更强大的力量支撑——在福建省异地商会工作会议上的将会》,2011年1月8日。
4. 李祖可:《在福建省工商联(总商会)九届五次执委会议上的工作报告》,2011年1月8日。
5. 中共福建省委统战部、福建省工商业联合会:《关于加强异地福建商会工作的若干意见(试行)》,2011年1月。
6. 高晨生:《茶和天下 共创卓越 努力肩负提升中国茶产业核心竞争力的历史使命——北京福建茶业商会2008—2012年工作报告》,2012年12月。

学术专著

1. 王日根:《中国会馆史》,上海:东方出版中心,2007年。
2. 苏文菁:《闽商文化论》,北京:中华书局,2010年。
3. 扬涌泉:《中国十大商帮探秘》,北京:企业管理出版社,2005年。
4. "闽商研究"编委会编:《闽商研究论文集》,2007年。
5. 陈践、彭华民:《社团大时代》,北京:中国经济出版社,2011年。

学术论文

1. 秦诗立、秦琳:《商会制度与国家形态的互动演进》,《上海经济研究》2003年第6期。
2. 肖海军:《论我国商会制度的源起、演变与现状》,《北方法学》2007年第4期。
3. 张高陵:《中国异地商会的渊源与现状》,《中国商人》2011年第3期。
4. 廖新平、吴贵明等:《闽商文化特色探究》,《福建商业高等专科学校学报》2006年第6期。
5. 沈丹阳:《同业商协会改革发展的思考》,《今日中国论坛》2005年第4期。
6. 侯耀晨:《集体成长:商会的一个港湾——北京福建茶叶商会创新发展报告之一》,

《中国商人》2013年第1期。

7.侯耀晨:《互利共赢:会员助力商会跨界运营——北京福建茶叶商会创新发展报告之一》,《中国商人》2013年第1期。

8.中共福建省委统战部课题组:《论福建省异地商会的十大功能》,《福建省社会主义学院学报》2010年第2期。

9.卢爱任:《异地商会发展的机遇与挑战》,《中国商人》2012年第10期。

10、常敏:《异地商会发展及其在社会管理中的作用——基于浙江的实证分析》,《中共浙江省委党校学报》2012年第2期。

网络资料

1.福建省工商联门户网站:http://www.fjgsl.org.cn/NewsView.aspx? NewsID=2563.

2.各商会官方网站。

后　　记

本书所研究之对象——"闽商异地商会"应该说是现代商会与传统会馆的重叠。"异地"指的是非籍贯地、移居地，对于闽商而言，省外与国外都是"异地"；对于在闽经商的非闽籍者，闽是"异地"。本书主要研究闽商在外省的商会组织与在闽经商的非闽籍者的商会组织；国外之"异地"商会在本丛书的写作中已在《闽商发展史·海外卷》中讨论。

基于此，本书以三个板块组成。上篇为"闽籍会馆的商会功能"；中篇为"会馆与商会的并存与交替（1903—1953）"；下篇为"新时期福建省异地闽商商会（1980—2010）"。

本书的撰写具体分工如下：

福州大学苏文菁编写全书的目录纲要，完成全书的统稿，序言、后记的执笔，以及研究写作过程中的统筹。

厦门大学王日根教授、章广博士负责上篇与中篇的写作；福州大学程龙吟老师负责下篇的写作；上海师范大学历史系高红霞教授特别提供了福建人在上海和上海市福建商会的资料。

由于时间较短、调研不足，且商会工作的动态性。我们认为，本书仅仅是闽商异地商会研究的第一块基石，期待有更多的学人与有识之士关注闽籍异地商会，共建中国商业文化与海洋文化的知识体系。此为记。

苏文菁
2016 年 5 月